CHARLES DEJOB

L'INSTRUCTION PUBLIQUE

EN FRANCE ET EN ITALIE

AU DIX-NEUVIÈME SIÈCLE

Napoléon Ier
et ses lycées de jeunes filles en Italie.
L'enseignement supérieur libre
en France.
Villemain en Sorbonne.
Des éditions classiques,
à propos des livres scolaires de l'Italie.

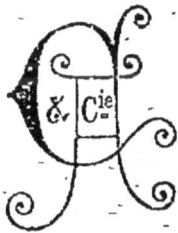

PARIS

ARMAND COLIN ET Cie, ÉDITEURS

5, RUE DE MÉZIÈRES, 5

L'INSTRUCTION PUBLIQUE

EN FRANCE ET EN ITALIE

1164

AU DIX-NEUVIÈME SIÈCLE

DU MÊME AUTEUR :

Marc-Antoine Muret. Un professeur français en Italie dans la seconde moitié du XVIᵉ siècle. Paris, Thorin, 1881, in-8°.   7 50

De Renato Rapino. *Ibid.*, 1881, in-8°.   3 50

De l'Influence du Concile de Trente sur la littérature et les beaux-arts chez les peuples catholiques. *Ibid.*, 1884, in-8°.   5 »

Mᵐᵉ de Staël et l'Italie, avec une bibliographie de l'influence française en Italie de 1796 à 1814. Paris, A. Colin et Cⁱᵉ, 1890, in-18 jésus.   3 50

TOULOUSE. — IMP. A. CHAUVIN ET FILS, RUE DES SALENQUES, 28.

CHARLES DEJOB

L'INSTRUCTION PUBLIQUE

EN FRANCE ET EN ITALIE

AU DIX-NEUVIÈME SIÈCLE

Napoléon Ier
et ses lycées de jeunes filles en Italie.
L'enseignement supérieur libre
en France.
Villemain en Sorbonne.
Des éditions classiques,
à propos des livres scolaires de l'Italie.

PARIS

ARMAND COLIN ET Cie, ÉDITEURS

5, RUE DE MÉZIÈRES, 5

PRÉFACE

De nos jours, les progrès de l'instruction publique sont subordonnés à deux conditions : l'initiative de l'État, l'abnégation des maîtres.

Dans une société démocratique où le temps n'a pas encore, quoi qu'on dise, fondé les mœurs de la liberté, rien de grand et de durable ne peut se faire que par l'État. Il ne s'ensuit pas qu'il doive interdire ou entraver les entreprises indépendantes ou même rivales. Loin de là : supprimer la rivalité, c'est-à-dire l'émulation, serait préparer sa propre décadence ; il doit au contraire stimuler l'activité des individus et de ce qui reste de corps constitués, mais sans s'abuser sur les ressources que cette activité peut offrir. Il faut qu'il sache qu'il détient aujourd'hui une telle part de la force publique que seul il peut être libéral dans tous les sens du mot. Convaincu de son inquiétante responsabilité, il faut qu'il se défende énergiquement de l'esprit d'indifférence, de coterie et de parti, parce qu'on ne sait qui réparerait ses fautes et parce qu'il est probable qu'au contraire ses amis et ses ennemis renchériraient sur ses erreurs.

D'autre part l'abnégation chez les professeurs devient plus difficile parce qu'ils sont plus en vue qu'autrefois. Il suffit d'interroger le roman et le théâtre contemporains pour apprendre qu'ils font dans le monde une tout autre figure que jadis. L'abnégation (et ce mot signifie non pas l'application au travail, mais, ce qui est fort différent, l'oubli de soi) n'en demeure pas moins pour eux la plus nécessaire des qualités, puisqu'ils doivent se proportionner à la jeunesse, c'est-à-dire se dépouiller jusqu'à un certain point de la supériorité du talent, des connaissances et de l'âge. Qu'ils s'adressent d'ailleurs à un public juvénile ou à un public mûr, il leur faut accroître sans cesse la somme de leur science, faire participer leurs auditeurs à ce progrès, et cependant se régler toujours moins sur l'étendue de leur propre capacité que sur celle de l'auditoire. Ils doivent cultiver leur talent et toutefois ne pas s'y complaire; ils ne l'ont pas reçu pour en faire simplement jouir le public, mais pour l'en faire profiter.

Ces deux pensées forment l'unité du volume qu'on va lire : les deux premières des études qui le composent se rapportent à l'une, les deux suivantes à l'autre. Peut-être en effet voudra-t-on bien y reconnaître autre chose que de simples monographies, quoique le détail y ait été traité avec le soin qu'on apporte d'ordinaire aux ouvrages de ce genre. On verra d'un côté un État créant dans un autre État, c'est-à-dire au milieu de difficultés toutes particulières, une œuvre qui, après plus de quatre-vingts ans, est aussi florissante qu'au premier jour, et l'on remarquera que les divers essais tentés à ce propos en Italie sous la domination française ont précisément réussi dans la proportion où le gouvernement en avait assumé la responsabilité. D'autre part on verra en France des établissements entourés dès leur naissance de la faveur publique, longtemps soutenus par le talent ou même par le génie de leurs professeurs, par l'assiduité de leurs abonnés, par le désintéressement de leurs fondateurs, décliner après avoir rendu d'importants services, et disparaître, sans même laisser l'espérance que d'autres puissent durer aussi longtemps.

Cette première et cette deuxième étude se confirment en ce que l'une fait la contre-partie de l'autre; la troisième et la quatrième se confirment plus directement. Le cours d'un professeur brillant et même à certains égards fort soucieux de ses devoirs, puis des éditions scolaires qui font honneur non seulement à leurs auteurs mais à l'Université nous montreront les divers inconvénients qui peuvent naître de la complaisance pourtant pardonnable d'un professeur pour la dextérité de sa parole ou pour l'étendue de son érudition.

C'est parce que toutes les parties de ce livre se relient à des questions générales qu'en reprenant ici l'histoire des Athénées j'en ai changé le titre. En comparant le morceau intitulé *L'enseignement supérieur libre en France* avec l'article publié en 1889, dans la *Revue internationale de l'enseignement*, on trouverait que la nouvelle étude ne diffère pas seulement de ma première esquisse par une étendue à peu près double et par quelques erreurs de moins; car la notice de 1889 visait seulement à faire connaître et apprécier quelques établissements érigés à la fin du dix-huitième siècle : l'étude nouvelle, outre qu'elle embrasse aussi la curieuse Société des Bonnes Lettres, fondée par les royalistes de la Restauration pour faire échec à l'Athénée, vise à déterminer par un historique approfondi la mesure dans laquelle chez nous l'enseignement supérieur libre peut servir la cause de la science. La chute de l'Athénée, après une glorieuse carrière, n'est plus expliquée seulement par des circonstances passagères, mais par des raisons qui tiennent à la transformation des mœurs et qui autorisent des conjectures sur l'avenir.

Pour l'étude par laquelle s'ouvre ce livre, ce

n'est pas seulement par la pédagogie qu'elle se rapporte à l'histoire générale. On a pu entrevoir, par une des lignes qui précèdent, qu'elle se rattache aussi à la vaste et belle question sur laquelle j'ai déjà essayé d'appeler, par un autre ouvrage, l'attention des historiens : l'heureuse influence exercée par la France sur l'Italie entre 1796 et 1814. Le moment serait venu d'en présenter le tableau. Les Italiens ont beaucoup écrit sur cette période de leur histoire, à laquelle ils accordent avec raison une importance capitale; il ne suffirait certainement pas de lire les nombreux articles ou volumes qu'ils y ont consacrés ; mais le Français qui entreprendrait de l'exposer se sentirait guidé dès ses premiers pas, et la satisfaction qu'il ressentirait tantôt à entendre proclamer les services alors rendus par la France, tantôt à lui découvrir de nouveaux titres à la reconnaissance, le payerait amplement de sa peine. Il n'aurait pas à craindre de paraître réclamer pour elle une orgueilleuse supériorité. Toutes les nations sont à tour de rôle redevables les unes aux autres. En rendant compte de mon dernier livre dans la *Cultura*, M. Zannoni disait fort justement que l'Italie avait tant fait pour la France qu'elle entendait volontiers un Français rappeler ce que la France avait fait pour elle. Certes nous honorons la mémoire de Vercingétorix et nous sommes avec lui de cœur dans sa résistance à Jules César, mais nous savons gré aux Romains d'avoir aboli chez nous les sacrifices des druides, et d'avoir mis la Gaule au rang des pays civilisés; nous nous rappelons avec plus de plaisir les victoires de Fornoue, d'Agnadel et de Marignan que la défaite de Pavie, mais nous remercions l'Italie de la Renaissance de nous avoir donné le goût des arts. Le matin de la journée de Coutras, le Béarnais rappelait à ses cousins qu'ils étaient Bourbons comme lui et promettait de se montrer leur aîné; à quoi ses cousins répondaient par la promesse de se montrer ses dignes cadets: la France et l'Italie ont joué tour à tour l'une vis-à-vis de l'autre le rôle d'un aîné qui forme ses cadets et se réjouit de se voir égaler par eux. Il faut donc espérer que l'exemple donné depuis longtemps par M. Rambaud, lorsqu'il décrivit l'action bienfaisante de la France dans la vallée du Rhin au temps de la Révolution et de l'Empire, sera enfin suivi. Au reste, on n'en est déjà plus à le souhaiter; car on dit qu'une thèse de doctorat portera bientôt sur l'administration impériale en Dalmatie, qu'on en projette une autre sur l'administration impériale en Italie, qu'on travaille en ce moment à l'histoire de la Belgique sous le gouvernement français. Je souhaite d'autant plus volontiers le succès de ces trois projets que deux de ceux qui les ont formés me rappellent d'anciens et agréables souvenirs.

L'histoire des collèges fondés par les Français en Italie a été surtout écrite à l'aide du journal officiel du premier royaume d'Italie et des Archives de Milan que M. Cesare Cantù m'a encore une fois gracieusement ouvertes; mais j'ai reçu d'importantes communications de M. Malagola, directeur des Archives de Bologne, que M. le sénateur Capellini avait eu l'obligeance d'intéresser à mes recherches, de M. Benedetto Croce, l'aimable érudit napolitain, de M. Flamini, jeune et déjà savant professeur de Turin. MM. Luigi Ferri et Alessandro d'Ancona, M. le baron Manno, MM. Novati, Bernardo Morsolin, Giuseppe Biadego, Ach. Neri m'ont également prêté leur aide, ainsi que MM. Debidour, Mérimée, Bayet et Astor, qui ont mis leurs amis à ma disposition.

Quelques-unes des additions faites à l'histoire de l'Athénée sont dues à d'utiles avis que MM. Aulard et Chuquet m'ont donnés en rendant compte de mon premier travail sur cet établissement.

D'autres personnes m'ont fourni ou procuré quelques documents; on verra leurs noms au cours de ce travail. J'offre ma gratitude à tous les érudits dont l'amitié ou la courtoisie a facilité mes investigations.

NAPOLÉON IER

ET

SES LYCÉES DE JEUNES FILLES EN ITALIE

CHAPITRE PREMIER.

Goût de la société française sous Napoléon Ier pour la langue
italienne, que de sots propos et des mesures oppressives
semblaient menacer. — Représentation de nos pièces de
théâtre, et enseignement de notre langue en Italie. — Napoléon Ier réorganise en Italie l'instruction publique.

« Les Italiens avaient absolument abandonné
et méprisé leur langue : arrivent les Français,
et, avec leur outrecuidance naturelle, ils veulent
interdire à la meilleure partie de l'Italie l'usage
de l'idiome national. Une indignation générale
s'élève dans toute l'Italie ; on n'épargne ni peine
ni étude pour recouvrer le patrimoine délaissé,
dont un tyran insolent et insensé voulait nous
ravir les derniers restes. » Ainsi s'exprime Pietro Giordani dans une de ses lettres. Au pre-

1

mier abord, on qualifierait volontiers d'absurde l'imputation que l'ancien panégyriste de Napoléon Ier lance ici contre le gouvernement impérial : tout au plus l'excuserait-on par la fureur où le jetaient ceux qui voulaient *intedescare* l'Italie, qui décachetaient les lettres des patriotes et auxquels il adresse, quelques lignes plus bas, le défi d'une courageuse exaspération.

Toutefois, la colère de Giordani ne manque pas d'une apparence de fondement. Usant de ce qu'on appelle le droit de la conquête, Napoléon avait un instant imposé à toutes les parties de la péninsule qu'il annexait à son empire, l'emploi du français dans les affaires judiciaires et dans les actes notariés; et plus d'un Italien avait vu dans cette mesure, non pas simplement la pratique constamment suivie pour assurer la prédominance des vainqueurs, mais une tentative pour évincer progressivement leur langue au profit du français.

Cette crainte était-elle purement chimérique? Assurément, ni Napoléon, ni les Français en général n'avaient conçu l'extravagant projet de faire désapprendre la langue de Dante et de Petrarque. L'inquiétude fort respectable dont nous parlons s'explique surtout par une ombrageuse délicatesse qui annonçait le réveil du patriotisme. Les promesses de Napoléon, la fondation de républiques censées autonomes, d'un royaume

où les Lombards, les Vénitiens, les Romagnols
cessaient d'être des étrangers les uns pour les
autres, donnaient aux Italiens, dans l'assujet-
tissement même, un avant-goût de l'indépendance ; et, comme c'était surtout leur littérature, dont ils étaient fiers, comme c'est là
surtout, dans le patrimoine d'un peuple, le bien
que ses vainqueurs lui interdisent le moins de
réclamer, il revendiquait parfois cette gloire avec
plus d'âpreté que d'à-propos. Par exemple, un
certain Romaniaco s'était imaginé que l'*Histoire
critique de la République romaine*, de Lévesque,
dirigée contre l'esprit républicain, visait à mor-
tifier l'Italie (1). Cependant il n'est pas impossible que l'espérance de voir notre langue sup-
planter celle de nos voisins, ait été caressée par
quelques Français. Nos victoires avaient alors
tourné bien des têtes, et la France était non
moins infatuée de son génie que de ses conquêtes : elle comptait un grand siècle de plus que
cent ans auparavant ; elle tenait plus que jamais

(1) *Giornale italiano* du 12 mai 1805. Une preuve que chez
les Italiens de cette époque les plus amères représailles contre
les prétentions littéraires des Français n'impliquaient pas la
révolte contre la suprématie politique de la France, c'est que
Cattaneo, dans l'année où il qualifie, comme on le verra tout
à l'heure, notre littérature, donne, dans son *Discorso sull'
apparecchio allo studio della storia universale*, les plus grands
éloges au prince Eugène et à son secrétaire Méjan. Ajoutons
qu'en 1825 il chanta la venue de l'empereur d'Autriche en
Italie.

à sa tradition littéraire, parce que Voltaire avait fortifié en elle le respect de Boileau ; à l'école de Condillac, elle avait même appris à renchérir sur l'Art Poétique : les qualités que Boileau avait déclarées nécessaires, elle les croyait suffisantes ; la clarté, l'élégance, la finesse lui paraissaient à la fois l'idéal du style et le cachet de sa propre langue ; elle applaudissait à des tragédies, à des épopées que Boileau eût taxées de prosaïques : quelques beaux esprits ont pu prendre alors au pied de la lettre le mot sur le clinquant du Tasse, sur les faux brillants de l'Italie, et, tandis que jusque-là les lecteurs de Boileau, de Voltaire, de Jean-Jacques étaient demeurés sensibles au charme de la poésie italienne, ils purent croire qu'en donnant à nos voisins notre idiome, après lui avoir donné notre Code, nous lui imposerions un second bienfait. N'avait-on pas entendu cette étonnante réflexion de Mercier dans un rapport aux Cinq-Cents ? « Je croyais qu'il n'existait plus d'autre langue en Europe que celle des républicains français ! » L'hyperbole déclamatoire, la boutade impertinente se mêlent vite en France aux naïves suggestions de la vanité, et ceux d'entre nous qui n'y donnent pas ne les découragent point assez résolument ; il nous semble qu'un propos en l'air ne tire pas à conséquence, et, quoique persuadés que l'Europe a les yeux fixés sur nous, nous oublions qu'elle nous écoute. De sots propos sont pourtant toujours relevés. En 1811, Angeloni, ancien membre du gouvernement de la république romaine, qui depuis, impliqué dans un complot contre Bonaparte, avait subi dix mois de captivité, racontait que deux ou trois ans auparavant on soutenait qu'il fallait supprimer la langue italienne (1), qu'il avait plusieurs fois soutenu de longues discussions à ce sujet, contre des Français qui ne savaient d'autre langue que la leur, et auxquels il avait représenté la difficulté de l'entreprise. De son côté, Foscolo s'écriait dans son *Hypercalypsis* : « Un Gaulois s'engraissera des fruits de la terre féconde entre toutes et criera : Oubliez la langue de vos pères, qui n'est que vanité ! Parlez la nôtre, qui renferme les paroles de la sagesse et qui résonne admirablement sur le théâtre. »

Du reste, quelques étrangers, et notamment des Italiens même, avaient, soit pour faire leur cour à la France, soit parce qu'ils subissaient son prestige, autorisé par leurs doctrines les prétentions de notre vanité. Ainsi, le savant abbé piémontais Denina, tout en maintenant que

---

(1) *Che la lingua italiana dovesse mettersi in fondo.* Préface de son livre : *Sopra la vita, le opere e il sapere di Guido d'Arezzo*, Paris, 1811, écrit contre les *Recherches* de Villoteau *sur l'analogie de la musique avec les arts qui ont pour objet l'imitation du langage...* Paris, 2 tomes in-8°, 1807.

l'italien était plus riche, mieux fait pour la poésie que le français, avait affirmé publiquement que notre littérature comprenait plus de livres utiles ou agréables, que le dialecte des Piémontais s'en approchait plus que de l'italien, et que si l'obligation d'employer le français dans les actes devait les gêner d'abord, ils s'en trouveraient bien par la suite; aussi indiquait-il les moyens de leur inculquer notre idiome : il faudrait, disait-il, reprendre l'usage d'enseigner le catéchisme en piémontais, puis faire prêcher en français ; de plus, on ferait jouer des pièces dans le patois local, en attendant qu'on eût des troupes d'acteurs français (1). Or, quoique Denina louât beaucoup le prince Eugène et Napoléon, et qu'il eût accepté la charge de bibliothécaire de l'empereur, il ne faudrait pas voir en lui un traître à son pays : M. de Mazade nous apprend que, longtemps après, le patriote Montanelli aimait à répéter que l'Italie finissait au Tessin, et Victor Amédée II considérait le Piémont comme n'étant ni français, ni italien (2). Lorsqu'Alfieri commença à écrire pour le théâtre, il était obligé de rédiger ses plans en fran-

---

. (1) *Dell' uso della lingua francese, discorso in forma di lettera, diretto a un letterato francese*, Berlin, 1803. Réserve, X, 1195 A, à la Bibliothèque nationale de Paris.

(2) Tivaroni, *L'Italia prima della Rivoluzione francese*, Turin-Naples, Roux, 1888, p. 525.

çais, et pour acquérir une pratique facile de l'italien, il dut recommencer ses voyages en Italie.

D'autres, comme s'ils avaient pressenti que la France allait fournir pendant cinquante années le livret original des plus beaux opéras, donnaient une nouvelle tournure à la vieille querelle des glückistes et des piccinistes : le Suisse Escherny, dans un *Fragment sur la Musique*, déclarait notre langue très mélodieuse (1); le Sicilien Ant. Scoppa soutenait que l'accent en français était plus énergique qu'en italien, que notre idiome fournissait plus aisément des vers iambiques et anapestiqués, les plus heureux de tous, qu'en général les Français sont naturellement poètes, que chez nous les gens du peuple retiennent facilement les airs, et les personnes bien élevées sont bonnes musiciennes, ce qui, d'après lui, se rencontre rarement en Italie; si la France n'avait pas encore produit beaucoup de bonne musique, c'était, à l'entendre, parce qu'elle n'avait pas assez confiance en elle-même, que les librettistes n'appropriaient pas assez les vers aux exigences du chant, qu'on mettait trop souvent les paroles sur de vieux airs choisis au hasard, qu'on goûtait trop les accompagnements

(1) Paris, 1809. Voir, sur la querelle des partisans des *Noces de Figaro* de Mozart, et des partisans du *Matrimonio Segreto* de Cimarosa, un article signé L. V. P. dans la *Gazette de France* du 28 décembre 1808.

bruyants, enfin que le pouvoir n'encourageait pas assez l'étude du chant (1). Dès 1803, c'est-à-dire l'année même du livre de l'abbé Denina, Scoppa avait sous un autre titre donné une ébauche de cette théorie : le français Dépéret ne croyait donc scandaliser personne en lisant dans cette même année, à l'Académie de Turin, un Mémoire où il disait : « La langue française est peut être de toutes les langues vivantes et analogues la plus éloquente, la plus énergique et la plus propre à la déclamation, parce que l'accent syllabique y est entièrement subordonné à l'accent oratoire et qu'elle est sans prosodie... J'ai entendu en Italie déclamer de très beaux vers et prononcer des discours oratoires par des hommes habiles et j'ai le plus souvent senti que l'accent syllabique de cette langue, en rendant trop sensible le son partiel de chaque mot, suspendait l'élan de la voix, l'entrecoupait, et nuisait entièrement à ce son fondamental qui, produit par le sentiment, doit retentir et s'étendre depuis la première jusqu'à la dernière syllabe d'une phrase ou d'une période. »

Mais ces prétentions, encouragées par les uns,

(1) Son livre : *Les vrais principes de la versification développés par un examen comparatif entre la langue italienne et la française* (Paris, 1811-1814, 3 vol. in-8°) a été, au cours de la publication, l'objet d'un rapport intéressant de Choron; on y trouve, au milieu de paradoxes, des vues neuves et justes.

impatientaient les autres. Nous avons mentionné,
dans notre livre sur Mme de Staël et l'Italie, la
fermeté avec laquelle certains Italiens rappelè-
rent alors les droits de leur littérature au respect des nations ; d'autres allèrent encore plus
loin. Angeloni, dans un ouvrage précité, répli-
quait en ces termes à Escherny qui avançait que
les langues modernes ne sont pas lyriques :
« Fort bien! mais à condition que vous l'enten-
diez seulement des langues qui, comme le français, écorchent les oreilles ; » il le raillait de
s'en prendre aux chanteurs de notre Opéra de
ce qu'ils criaient, et l'engageait à s'en prendre
plutôt à la langue sourde qui les y forçait ; à
l'auteur d'un article sur les occupations de la
classe des Beaux-Arts à l'Institut de France, il
répondait que, pour rendre notre langue musicale, il faudrait en refondre tous les sons, et que
tous les Instituts du monde n'y suffiraient pas :
il accordait à sa colère le soulagement de défi-
gurer les noms français, écrivant à l'italienne
Boalò pour Boileau, afin, disait-il, d'en rendre
la prononciation possible aux Italiens, *qui ne
peuvent presque pas s'imaginer qu'il y a au monde
une orthographe aussi étrange où tantôt quatre ou
six consonnes d'un même mot sont réputées super-
flues, tantôt trois voyelles sont employées pour exprimer un même son.* Corniani, dans ses *Secoli
della letteratura italiana* (1796), retournant con-

tre les Français le mot de Boileau, avait dit qu'il
voulait montrer à ses compatriotes l'or qu'ils
possèdent, pour qu'ils ne se laissassent plus
éblouir par le clinquant étranger. Dans un langage plus mesuré, De Velo, professeur à l'université de Pavie, publiait en 1810 des leçons
qu'il y avait faites deux ans auparavant sur l'éloquence, où, non content d'affirmer que sa nation
avait inspiré tous les chefs-d'œuvre des lettres
et des arts, il imputait à l'étranger, particulièrement à la France, tous les défauts qui s'étaient
ensuite glissés dans les productions de sa patrie.
Le journal dirigé par Monti, le *Poligrafo*, dira
bientôt avec une précision encore plus hardie
que Marini et Achillini avaient *mendié* presque
tous leurs défauts en France (1). Amanzio Cattaneo, professeur de belles lettres au Lycée du
Mincio, lut à l'Académie de Mantoue, le 1er juillet 1807, un discours où il qualifiait la langue
et la littérature d'outre-mont d'ordure malpropre,
lordante sozzura.

Mais les patriotes italiens, quand ils voulaient
être justes, convenaient qu'ils n'étaient pas seuls
à réclamer contre l'impertinence de quelques
individus et les mesures génantes du gouvernement : tout en relevant les appréciations fà-
cheuses de Boileau et de Bouhours, Angeloni

_____

(1) Page 136-138 du premier volume.

rendait hommage à Régnier-Desmarais, à Ménage, pour le zèle avec lequel ils s'étaient essayés dans la langue poétique de son pays; il louait du premier sa traduction en italien d'*Anacréon*, des huit premiers livres de l'*Iliade*, du deuxième ses *Origini italiane*, ses *Annotazioni sopra l'Aminta del Tasso*; il citait cette généreuse déclaration de Malte-Brun : « Les classiques italiens ont fondé la littérature moderne et en sont encore les chefs et les princes, quoi qu'en ait pu dire l'impuissante envie des autres nations. » Il citait ces paroles plus belles encore de Ginguené : « La langue italienne n'est plus pour nous un objet de pure curiosité. A mesure que l'Italie devient plus française, il devient pour les Français d'une nécessité plus urgente d'entendre la langue de ce beau pays qui la conservera sans doute. Ce serait un triste fruit de notre influence sur ses destinées, si elle s'étendait jusqu'à effacer peu à peu, du nombre des langues modernes, celle qui en est reconnue la plus belle, la plus riche, la plus féconde en chefs-d'œuvre de tous les genres; c'en sera un très heureux, au contraire, si nous nous trouvons engagés et comme forcés à étudier enfin, avec l'attention dont elle est digne, cette belle langue et les grands écrivains qu'elle a produits (1). »

(1) Le passage de Malte-Brun est extrait du *Journal de l'Em-*

Honneur à Ginguené pour avoir ainsi défendu
la gloire d'un peuple non encore affranchi !
Trop souvent homme de parti dans les questions de politique intérieure et de religion, sec
et hautain dans les relations privées, il a, en
écrivant ces lignes, pratiqué celle de toutes les
vertus qui est la plus populaire en France, le
respect du faible. Bien plus, il admettait, ce qui
est encore plus rare, que les Italiens se permis-
sent de revendiquer eux-mêmes la considération
qui leur appartenait ; car il louait un discours
prononcé par Foscolo à l'université de Pavie,
pour la force des pensées et surtout pour le patriotisme, *la véhémence entraînante qui, loin de
blesser en nous l'orgueil national, nous fait pour
ainsi dire adopter le sien* (1).

C'est une joie pour nous de le constater : de
même qu'il s'est trouvé des Français pour ré-
prouver la spoliation des musées italiens, il s'en
trouva pour repousser la velléité, le rêve aussi
coupable que ridicule de faire tomber une langue en désuétude. On peut le dire hardiment :
la grande pluralité des esprits cultivés de France
s'intéressait à la littérature italienne ; le même
Mercure qui avait publié le vœu de Ginguené

---

piré du 26 juin 1810 ; celui de Ginguené, du *Mercure de
France* du 29 octobre 1808.

(1) *Mercure de France* du 24 février 1810.

traduisit, les 14 et 28 septembre 1811, une page de l'*Ape subalpina* contre les Italiens qui écrivaient en style francisé, et des articles de circonstance n'épuisaient point ces bonnes dispositions. La France était alors le pays où l'on étudiait avec le plus d'amour et d'intelligence la littérature italienne. Nous ne rappellerons pas tous les critiques qui s'en occupèrent avec goût et savoir dans des feuilles spéciales. Nous citerons seulement Amaury Duval pour ses comptes rendus dans la *Décade* et dans le *Mercure étranger*; Marie-Joseph Chénier, qui, à la suite de son conte, *Le maître italien*, prouve l'étendue de ses connaissances par un aperçu des richesses de la langue italienne; Dacier, qui, dans son *Tableau historique de l'érudition française*, n'omet aucun des savants travaux publiés de son temps au sud des Alpes. Nous rappellerons surtout que Ginguené commençait alors la tradition brillamment continuée après lui par Fauriel, Ozanam et M. Gebhart : esprit moins ouvert, moins pénétrant que ses successeurs, il a mérité pourtant que Sismondi et Giordani le dédommageassent des appréciations dédaigneuses émises par Féletz, par Mme de Genlis et par Châteaubriand, sur son *Histoire littéraire de l'Italie*.

A la vérité, Ginguené se plaint que le public français montre peu d'empressement pour la littérature italienne; mais l'accueil fait à Giulia

Beccaria par la société d'Auteuil, l'influence affectueuse que Fauriel exerça sur le jeune Manzoni, les nombreuses éditions et traductions publiées à cette époque, prouvent qu'il se montre là bien exigeant. On n'achetait pas assez, paraît-il, des éditions récemment publiées en France du *Tacite* de Davanzati et des *Lettres* de Bentivoglio : cela se peut; mais entre 1741 et 1815, il a paru cinq ou six versions françaises du *Roland Furieux*, dont une a été réimprimée sept fois et une autre cinq durant cette période. Dans le même laps de temps, on a imprimé ou réimprimé huit fois chez nous des traductions du *Décaméron*, dix fois des traductions de la *Jérusalem Délivrée* (1). La classe cultivée donnait alors, en France, une preuve encore plus incontestable de son estime pour la langue italienne par l'empressement qu'elle mettait à l'apprendre. Il est vrai que les événements de la péninsule avaient déjà commencé à offrir aux amateurs les séduisantes leçons de patriotes obligés, comme jadis les savants de Constantinople, de gagner leur pain dans l'exil, et que, en attendant qu'un Foscolo donnât des conférences à Londres, qu'un Daniel Manin, chez nous, ac-

(1) Voir les recherches bibliographiques de M. G.-J. Ferrazzi sur Arioste, de M. Bacchi della Lega sur Boccace, et la réimpression que M. Guasti a donnée du livre de Serassi sur le Tasse; on y verra aussi les éditions françaises du texte de ces classiques.

ceptât des élèves, des hommes distingués, tels
que Buttura et Biagioli à Paris, Urbano Lampredi et Filippo Pananti à Sorèze, distribuaient
un enseignement très apprécié. La liste des
souscripteurs à la *Préparation à l'étude de la
langue latine* par Biagioli, sous la Restauration,
prouve l'étendue de sa clientèle; il se glori-
fiait, sans doute, d'avoir eu *pour seul et unique
maître l'immortel Dumarsais*, et Ginguené avait
dit spirituellement de lui, en recommandant sa
Grammaire italienne élémentaire et raisonnée :
« Si je ne craignais de lui faire tort dans le
monde, s'il ne fallait pas être très réservé dans
des accusations de cette espèce, je le croirais
entaché d'idéologie. » Mais ce disciple de nos
idéologues n'en était pas moins un intraitable
défenseur de Dante, et personne, à Paris, ne
lui en voulait de ne pas capituler sur ce point.
De moindres talents suffisaient encore à rappeler sur les bancs des dames élégantes et des
hommes à barbe grise. Boldoni a enseigné vingt-
cinq ans dans ce brillant Athénée dont nous
raconterons l'histoire : à Lyon, un Niçois instruit, mais fort médiocre, nommé Rusca, fondait une *Società d'emulazione italiana*, dans laquelle il commentait les auteurs de son pays;
Silvio Pellico se moque de lui et des Lyonnais,
parce qu'il déclamait devant un auditoire qui ne
l'entendait pas, et parce qu'il soutenait dans les

journaux d'indécentes querelles avec un rival ; mais comme ces auditeurs payaient, il est, ce me semble, tout au plus permis de sourire de leur naïve bonne volonté. Au surplus, dès 1785, l'*Année littéraire* disait que *les dames françaises apprenaient l'italien avec autant de soin que leur propre langue, et que les hommes trouvaient beaucoup plus commode de l'apprendre que le latin qu'ont appris leurs pères*. M. Aulard constate que Danton, qui, comme Robespierre, savait très bien l'anglais, parlait aussi italien (1).

Sur le sol italien également, en pays conquis, on peut dire d'une façon générale que les Français qui furent chargés à un titre quelconque de diriger l'esprit public, professèrent le plus sincère respect pour la gloire littéraire de l'Italie. On sait les égards de Championnet pour ses grands souvenirs ; M. Ademollo a retracé ceux du général Miollis, pour l'illustration passée et présente du peuple qu'il gouvernait avec autant d'intégrité que de fermeté ; Moreau de Sᵗ-Méry, dans les duchés de Parme, Plaisance et Guastalla, témoigna des mêmes sentiments.

---

(1) *Orateurs de la Législative et de la Convention* (Paris, Hachette, 1886, II, p. 174-175). Sur Rusca, voir p. 183 du 1ᵉʳ vol. des *Curiosità e ricerche di Storia subalpina*, publication dirigée par M. Nicom. Bianchi (Rome, Turin, Florence; Bocca, 1875); Ginguené est plus indulgent pour Rusca (*Mercure de France* du 24 février 1810). Le passage de *L'Année littéraire* est tome II, lettre 10.

Parmi les agents inférieurs, Charles Jean La
Folie, tantôt journaliste, tantôt employé dans
l'administration du vice-roi qu'il a plus tard racontée, publiait en 1810 des *Tavole cronologiche
degli uomini più illustri d'Italia dal tempo della
Magna Grecia fino ai giorni nostri* ; Aimé Guillon,
précepteur des pages du prince Eugène, un des
principaux rédacteurs du journal officiel, a pu
ne pas comprendre la beauté des fameux *Sepolcri*
d'Ugo Foscolo, et s'attirer par là quelques ennuis,
mais l'esprit de ses articles prouve qu'il ne l'a
pas niée de parti pris : il préférait le style facile
de Monti au style travaillé de son rival ; rien de
plus : il loue en effet de très bon cœur, non
seulement des poésies en l'honneur de Napoléon,
mais des traités techniques, des tableaux, Canova
et les *Secoli* de Corniani. Il défend Alfieri contre
Pietro Schedoni, qui accusait ses tragédies d'offenser la morale et de troubler l'ordre public
par des maximes républicaines ; il réfute avec
modération les attaques du poète d'Asti contre
Racine, et avertit que la tragédie et la comédie
françaises ont des obligations à l'Italie. Se faisant
Italien de cœur, il proteste que les étrangers, et
notamment les Français, ne sont pas seuls à
avoir produit de bons romans, ce qu'il prouve
par les poèmes chevaleresques et les nouvelles
de l'Italie ; il fait observer que le *Paolo e Daria*
de Gasparo Visconti est bien antérieur à Paul et

Virginie, et loue les Italiens de préférer les vers à la prose pour les romans. Ailleurs, il félicite Hager, qu'il appelle son compatriote, parce qu'ils sont tous deux sujets du royaume d'Italie, de soutenir contre le Français (lisez le Sarde au service de la France) Azuni, que la boussole n'est pas d'invention française; il voudrait seulement que l'invention en fût rapportée, non aux Chinois, mais aux Italiens (1).

Le zèle de Guillon pour sa patrie adoptive ne lui a pas coûté seulement des phrases de compliment, il lui a coûté aussi des études assez sérieuses. Foscolo, Monti même, quand la *Spada di Federigo* eut essuyé quelques critiques dans le *Giornale italiano*, ont pu prétendre qu'il n'entendait ni la langue ni la littérature de leur pays : ils auraient été mal fondés à lui refuser le mérite d'une lecture considérable. Il faut en accorder autant à Hesmivy d'Auribeau, ecclésiastique français, qui avait passé en Italie le temps de la Révolution, et que Napoléon nomma professeur de littérature française à l'université de Pise; dans le fatras ampoulé de son discours d'ouverture de 1812, on démêle un réel travail; car, s'il est aisé d'appeler Pétrarque un génie sans égal, il l'était moins pour un Français de

---

(1) Voir ses articles du 12 janvier 1807, des 4, 5 et 9 décembre 1809, du 19 juillet 1810 dans le *Giornale italiano*.

rassembler les éloges que les écrivains du moyen âge ont donné à Pise, d'énumérer les grands hommes qu'elle a produits. Tout médiocre qu'il est, ce discours respire une sincérité touchante ; l'auteur ne cache pas que le gouvernement le charge de travailler à ce que *les Italiens et les Français soient tellement confondus entre eux qu'ils ne forment plus qu'une même famille*, la plus polie et la plus éclairée de l'univers ; mais, quand il parle de la France, il est aussi loin du ton de supériorité que de la fausse modestie : « Renonçons, » dit-il, « de part et d'autre avec une égale franchise aux anciens préjugés, aux préventions nationales... On peut être fort bon Français, disait La Harpe, sans regarder exclusivement sa langue comme la première du monde... Au lieu donc de nous déprécier ou flatter à l'excès, unissons sincèrement nos efforts pour augmenter nos mutuelles richesses ! » Chargé d'enseigner le français aux jeunes Pisans, il veut si peu leur faire oublier l'italien qu'il leur dit : « Défendez-vous sévèrement d'emprunter de la langue française, toute belle qu'elle est, aucune de ces locutions que les véritables gens de lettres en France gémiraient sans aucun doute de voir se mêler à vos discours ! »

Mais, dès lors, une réflexion s'impose : si Angeloni, qui écrivait à Paris, déjà suspect par ses antécédents, sous l'œil de Napoléon ; si

Monti , Foscolo , Cattaneo , professeurs à la nomination du prince Eugène, ont pu s'exprimer avec liberté sur la même matière ; si Auribeau et Guillon, tous deux fonctionnaires français, marquent tant de ménagements , il faut croire que le gouvernement ne nourrissait pas de trop noirs desseins contre l'indépendance littéraire de l'Italie. Pour le *Giornale italiano* surtout, le cas est curieux : dans cette feuille officielle, des rédacteurs qui ne signent que par des initiales, mais qu'évidemment l'autorité connaissait, se prononcent très franchement. Le 7 mai 1809, par exemple , le journal accueille une très vive réfutation d'un article où il avait jugé sévèrement une traduction italienne des *Jardins*, de Delille ; l'*Aiace*, de Foscolo, où l'on dit en Italie que la police impériale vit des allusions hostiles , est jugé bien ou mal dans le numéro du 15 décembre 1811 , mais sans ombre d'insinuation. Si, dans les numéros des 24 et 26 février 1809, l'autobiographie d'Alfieri est qualifiée d'œuvre orgueilleuse, qu'il eût mieux valu ne pas publier, un autre rédacteur, le 18 août de la même année, décerne l'immortalité au poète d'Asti. Rien, en un mot, à l'adresse des écrivains d'Italie qui ressemble à la malveillance systématique que l'empereur passait pour encourager, en France, à l'égard de nos écrivains indépendants. La presse était surveillée tout aussi rigoureusement en Italie que chez nous ; mais le langage du *Giornale italiano* montre que l'autorité française n'avait pas, sur le point qui nous occupe, les intentions suspectées assez tard par Giordani.

Elle le prouva au surplus en révoquant, le 9 avril 1809, pour la Toscane, le 10 août de la même année pour les Etats de l'Eglise, l'obligation d'employer notre langue dans les actes notariés et devant les tribunaux ; seuls, le Piémont, la Ligurie et le Parmesan y demeurèrent soumis. Quant au royaume d'Italie et au royaume de Naples, ils y avaient naturellement échappé. Ajoutons que le gouvernement, aussi bien dans les provinces réunies à l'Empire que dans celles que Beauharnais administrait sous l'étroite tutelle de Napoléon, a protégé de toutes ses forces la littérature italienne. Je n'entends pas seulement par là les pensions, les titres donnés à Monti, à Cesarotti, à une foule d'écrivains ou de savants ; on pourrait n'y voir que le dessein de payer des dithyrambes ou de s'assurer des hommes qui influaient sur l'opinion publique ; mais la fondation d'une Académie modelée sur l'Institut de France, la réorganisation de la Crusca, restaurée spécialement en vue de conserver l'intégrité de l'idiome national, les prix donnés aux auteurs des ouvrages les plus pure-

ments écrits, les instructions ministérielles,
comme celle de Scopoli, directeur général de
l'instruction publique sous Beauharnais, qui, en
instituant des concours d'opéra, requérait expressément *la purità dello stile e della lingua* fournissent des arguments péremptoires. Un petit
détail montrera l'esprit dans lequel le gouvernement français entendait les rapports avec les
lettrés d'Italie : le célèbre imprimeur Bodoni
avait été traité d'une manière si flatteuse par
Beauharnais et par Murat, qui, tour à tour,
avaient essayé de lui faire quitter Parme, l'un
pour Milan, l'autre pour Naples, qu'il avait commencé, pour leur marquer sa reconnaissance,
une édition in-folio des classiques français ; or,
en 1813, un voyageur français, se persuadant
que Bodoni ne méritait pas sa réputation, écrivit contre lui ; c'était assurément une attaque
injuste ; mais il était parti jadis de l'imprimerie
de Bodoni une imputation calomnieuse contre
les Didot, et ceux-ci n'avaient eu pour dédommagement qu'un article de Ginguené ; Bodoni
ne s'en plaignit pas moins à M. de Pommereul,
directeur général de l'imprimerie et de la librairie en France, et M. de Pommereul fit saisir la
brochure, puis écrivit à l'imprimeur italien une
lettre de consolation (1).

(1) *Vita del cavaliere G.-B. Bodoni*, Parme, 1816, par Gius.

Napoléon a beaucoup moins songé à faire oublier aux Italiens leur langue qu'à étendre chez eux la connaissance de la nôtre, intention beaucoup moins tyrannique, on en conviendra. C'est peut-être dans ce dessein qu'il établit, en 1806, une troupe permanente de comédiens français à Milan, en quoi il ne commençait pas à exécuter le plan d'éviction proposé par Denina, puisqu'il établit bientôt après, dans la même ville, une troupe permanente d'acteurs italiens (1). Mais l'entreprise offrait bien des difficultés : une troupe lyrique étrangère peut donner des représentations très suivies, parce que l'auditoire, sans comprendre les paroles, peut se plaire à la musique; il n'en est pas de même pour une troupe purement dramatique. Le désir d'amuser la garnison française entrava encore davantage le succès : il aurait fallu jouer surtout les chefs-d'œuvre de notre répertoire.

de Lama. L'article de Ginguené pour les Didot est dans le *Mercure de France* du 29 juillet 1809.

(1) Le décret du 12 août 1807, qui décide qu'une troupe italienne sera formée sous la protection et avec subvention du gouvernement, ordonne qu'elle jouera à Milan et dans les principales villes du royaume, et que nulle troupe italienne ne pourra jouer en même temps qu'elle dans une ville à l'époque (annoncée à l'avance) où elle y donnera des représentations (*Giornale italiano* du 22 août 1807; 11 juillet 1812; 30 août 1812). En fondant cette troupe, le gouvernement français donnait satisfaction à un des vœux émis par Londonio en 1804, dans ses *Succinte osservazioni di un cittadino milanese sui pubblici spettacoli teatrali della sua patria.*

d'abord parce que la bonne compagnie serait volontiers venue les voir, les rédacteurs italiens du *Poligrafo* de Monti étant d'accord avec les rédacteurs, en partie français, du *Giornale italiano*, pour les louer; ensuite parce que, connaissant par avance ces pièces pour les avoir lues, elle en aurait plus facilement suivi la représentation. Au contraire, pour amuser nos militaires, on se jeta dans la nouveauté, et point toujours dans la plus délicate; on donna surtout les farces des petits théâtres de Paris, des Variétés, du Vaudeville, ou quelquefois, en représentant le répertoire de la Comédie française, on l'assaisonna de mots et de gestes licencieux. Le genre de comique qui plaisait à nos braves obtenait encore bien plus la préférence de certaines *donnicciuole*, de certaines *ragazzine*, dont la présence n'était évidemment pas sans rapport avec la leur; ces demoiselles, fort paisibles quand on donnait des pièces lubriques ou lestes, s'ennuyaient au *Misanthrope* et troublaient la représentation *comme une bande de moineaux babillards*. Les acteurs achevèrent d'éloigner le public indigène en ne prenant pas la peine de ralentir leur débit, en ne donnant pas assez de pièces à spectacle, en ne se conformant pas, pour le prix des places, aux habitudes du pays. Enfin, on ne les avait pas recrutés parmi les meilleurs de la capitale : Mlle Raucourt, qui dirigea d'ordinaire le théâtre français de Milan, n'était plus dans l'éclat de la jeunesse et de la faveur publique quand on lui confia cette fonction ; sauf Mme Vanhove, ou, si l'on aime mieux, Mme Talma, qui ne parut qu'un instant, sauf Mme Grasseau et ses filles, elle n'eut guère que des collaborateurs d'un talent médiocre ou inégal. Aussi, excepté les jours où le vice-roi se montrait dans sa loge, la salle était-elle fort peu garnie de spectateurs. Vers la fin de l'Empire, la troupe espaça beaucoup ses représentations, et, quand elle les cessa, au retour des Autrichiens, il ne paraît pas qu'on l'ait fort regrettée (1).

Un moyen plus sûr de faire naître, ou plutôt d'entretenir le goût de notre littérature, consistait à enseigner notre langue. Le gouvernement y travailla tantôt en subordonnant certaines faveurs à la connaissance du français, tantôt en l'enseignant. D'un côté, un décret de Beauharnais, du 15 novembre 1808, décida que les candidats aux chaires de toutes les Facultés seraient,

(1) Voir, sur ces représentations, qui avaient lieu le plus souvent au théâtre de la Canobiana, des articles du *Giornale italiano* du 9 janvier et du 12 mars 1807, du 21 avril et du 27 mai 1808, du 6 février 1809, du 28 novembre 1810, du 5 juin, des 4 et 29 octobre, du 22 novembre, du 10 décembre 1811, du 24 janvier, du 18 mars, du 8 avril 1814, et une lettre de S. Pellico, p. 179 du 1er vol. des *Curiosità... di storia subalpina* précitées.

entre autres matières, examinés sur le français, et Fontanes, dans une lettre du 22 février 1811 au recteur de Pise, l'informe que les écoles consacrées dans le ressort de cette Académie à l'enseignement du français obtiendraient pour leurs chefs la dispense du diplôme décennal et pour leurs élèves celle de la rétribution due à l'Université (1). D'autre part, on institua des cours de français dans les Lycées et dans les Facultés. Sans doute, ces mesures inspiraient quelques inquiétudes à certains Italiens; mais les esprits avisés ne s'arrêtaient pas à leurs soupçons, plus respectables que fondés : « Quelques personnes, « disait Scopoli dans un rapport au ministre, » murmurent de voir introduire l'étude du français jusque dans nos gymnases, craignant qu'une langue étrangère n'en bannisse la nôtre ou n'en corrompe la pureté. Mais un penseur a par avance réfuté cette erreur en faisant remarquer que, s'il était possible d'apprendre toutes les langues vivantes de l'Europe, les progrès de nos connaissances seraient plus grands et plus nombreux. Si la richesse du langage va de pair avec la civilisation et si, à proprement parler, il n'y a pas de synonymes, la nation où l'on apprendrait le plus de langues

---

(1) Voir ces décisions dans le *Giornale italiano* du 3 décembre 1808, et dans le discours précité d'Auribeau.

étrangères serait plus riche d'idées et, par suite, plus forte de pensée. » Ce n'est pas le lieu de chercher s'il n'y a pas quelque excès dans la réflexion que Scopoli emprunte ici à Condillac; mais le fait même que la réflexion est d'un Français marque bien que l'enseignement de notre langue en Italie n'était pas uniquement inspiré par une pensée d'intérêt; d'ailleurs, la pièce où Scopoli l'insère, porte avec elle la preuve manifeste que le gouvernement n'entendait pas condamner l'Italie à ne voir que par les yeux de la France : c'est, en effet, un rapport daté du 1er avril 1813 sur la mission que le prince Eugène lui avait confiée d'étudier les établissements d'instruction publique en Allemagne (1).

Ce n'est pas tout : de même qu'en France le

(1) Le passage cité du *Rapport* de Scopoli se lit aux pages 32-33 de l'extrait que M. Giuseppe Biadego en a publié à Vérone en 1879. M. Biadego y a joint d'utiles éclaircissements; j'en détacherai une preuve touchante des bonnes relations dans lesquelles les officiers français et la population devaient vivre à Vérone : Le 15 octobre 1813, peu de temps avant que nos soldats abandonnassent l'Italie, un militaire français, offrant à la ville un ouvrage de sa composition, écrivait sur le volume : « Déposé à la Bibliothèque publique de S. Sébastien à Vérone, comme un témoignage de souvenir et d'attachement que je désire laisser aux habitants de cette ville où j'ai passé trois années avec ma famille... » Vers le même temps, quelques pauvres Espagnols, internés dans un village du Forez, offraient à l'église une corbeille tressée par leurs mains en souvenir du bon accueil qu'ils avaient trouvé dans le pays. On saisira l'analogie de ces deux faits.

grand-maître de l'Université ne se hâtait pas de remplir les cadres, préférant une chaire vide à une chaire mal occupée, de même on procéda en Italie avec une lenteur consciencieuse. De plus, on aurait pu réserver ces chaires à des Français, tant pour faire vivre quelques nationaux aux frais des sujets de Beauharnais que pour s'assurer des agents de propagande ; car nul ne dira que la France n'aurait pu fournir quinze à seize maîtres sachant assez l'italien pour enseigner le français dans autant de Lycées. Au contraire, on décida que ces chaires, comme toutes les autres, seraient données au concours, sauf le cas où les publications antérieures d'un candidat autoriseraient à le dispenser de l'examen ; et on attendit patiemment que des sujets convenables se présentassent. Ainsi, sous l'Empire, Pise n'a jamais eu de Lycée et le Lycée de Turin n'a jamais eu de professeur de français. Quant à la nationalité des maîtres qui enseignèrent notre langue dans les Lycées ou Facultés du prince Eugène (car dans les Facultés comme dans les Lycées c'était tout autant notre langue que notre littérature qu'on enseignait), on trouve à peu près deux Italiens pour un Français.

Malheureusement l'enseignement des langues vivantes est le plus difficile de tous à bien établir, peut-être parce qu'ici l'insuffisance des maîtres et des élèves se découvre plus aisément :

on ne demande à l'homme qui enseigne une langue ancienne ni de la bien prononcer ni de connaître ces mille nuances, ces mille expressions familières qui font le désespoir des étrangers ; on admet que bien des points de la civilisation antique lui échappent puisqu'ils demeurent mystérieux pour tout le monde ; quand il a mis la moyenne de ses élèves en état d'expliquer à livre ouvert des passages faciles ou d'écrire avec une correction suffisante quelques pages de latin, on le tient quitte et avec raison puisqu'avec cette somme de capacité ils sont en mesure de profiter des aperçus qu'il leur ouvre sur le génie de l'antiquité. Le maître qui enseigne une langue vivante, à supposer même qu'on le dispense de contribuer autant que ses collègues à former l'esprit de l'élève, a bien plus à craindre de prêter au ridicule, et par l'imperfection presque inévitable et facile à constater des connaissances qu'on emporte de son cours, de se déconsidérer. Puis la France avait dû faire ici comme pour la troupe de comédiens de Milan : elle n'avait pas envoyé ses plus habiles sujets, et le gouvernement n'avait pas eu, autant qu'il le souhaitait, l'embarras du choix. Il faut d'ailleurs reconnaître que, sous l'Empire comme au reste dans les deux siècles précédents, le corps enseignant ne comptait pas en France beaucoup d'hommes distingués : combien peu de professeurs du dix-septième siècle et du dix-huitième dont le nom, je dis simplement le nom, soit arrivé jusqu'à nous! On n'en faisait pas moins de bonnes études parce que, dans un pays où les gens du monde savaient lire et causer, c'était surtout une bonne discipline morale et intellectuelle qu'il importait d'offrir dans les maisons d'éducation : la rectitude d'esprit, la gravité des maîtres suffisaient avec l'aide de la tradition. Mais en Italie, pour cet enseignement nouveau, la tradition manquait. Ces diverses raisons expliquent pourquoi les cours de français n'eurent pas absolument partout le succès désiré. Le *Giornale Italiano* dans deux articles, l'un du 8 mai 1809, l'autre du 18 avril 1811, faisait remarquer qu'on n'y employait pas toujours de bonnes grammaires, de bonnes méthodes, et que par suite le résultat ne répondait pas invariablement à la peine prise. Il est évident néanmoins que les efforts tentés simultanément dans les plus grandes villes de l'Italie pour répandre notre idiome n'ont pas été perdus.

Aussi bien toutes les branches de l'instruction publique furent alors notablement perfectionnées. Certes l'Italie comptait, à la fin du dix-huitième siècle, des écoles florissantes où des hommes supérieurs avaient formé de brillants élèves : une génération qui comprenait Monti, Foscolo, Volta, Canova, n'avait assurément pas grandi

dans l'ignorance. Mais les lumières étaient presque toutes concentrées dans le Nord de la Péninsule. M. Tivaroni nous révèle, par exemple,
que dans certaines provinces des Etats de l'Eglise,
aucun paysan ne savait ni lire ni écrire, que dans
le royaume de Naples, plus arriéré par endroits,
disait Genovesi, que le pays des Samoyèdes, ces
connaissances élémentaires étaient rares parmi
la bourgeoisie même, que le papier, les livres y
coûtaient si cher que les écoles de campagne s'en
passaient, enfin que dans ces deux Etats l'histoire et la géographie ne faisaient point partie
d'un cours complet d'instruction (1).

Les Français firent deux choses : premièrement, ils firent pénétrer l'enseignement dans les
pays où il n'avait point encore d'accès ; car ils
ne s'en tinrent pas à fonder sur le papier des
maisons d'éducation, puisque le même M. Tivaroni constate que le royaume de Naples, à la
fin du règne de Joachim, possédait trois mille
écoles primaires gratuites avec cent mille élèves (2) ; secondement, ils établirent un système
d'éducation coordonné ; auparavant le zèle d'une
corporation religieuse, le talent d'un maître, une
réforme partielle émanée du gouvernement, as-

_____

(1) *L'Italia prima della rivoluzione francese*, p. 290, et
p. 369 et suiv.

(2) *L'Italia sotto il dominio francese* (Rome, Turin, Naples,
Roux, 1889, p. 266 du 2ᵉ volume).

suraient ici un bon enseignement élémentaire, ailleurs faisaient fleurir un collège ou jetaient un éclat subit sur telle science : désormais l'enseignement fut à la fois complet et gradué. Nous n'entreprendrons pas de tracer le tableau de toutes les mesures prises à cet effet par Napoléon et par ses lieutenants : nous nous bornerons à renvoyer au Recueil de ses Lois et Règlements concernant l'Instruction publique, à l'excellent *Rapport sur les établissements d'Instruction publique des départements au delà des Alpes fait en 1809 et 1810, par une commission extraordinaire composée de MM. Cuvier, conseiller titulaire, de Coiffier, conseiller ordinaire et De Balbe, inspecteur général de l'Université*, enfin aux historiens italiens qui, pour la plupart, s'accordent à louer cette partie du gouvernement de Napoléon (1). M. Cantù a mieux que personne caractérisé l'ensemble de ces mesures; après avoir montré comment Napoléon imposait l'obligation du travail aux compagnies savantes, souvent suspectes de préférer les conversations agréables aux lectures pénibles, après avoir rappelé que l'Institut italien, fondé par l'empereur, devait

---

(1) Cantù, *Dell' indipendenza italiana, cronistoria*, 1er vol.; Zobi, *Storia civile della Toscana dal 1787 al 1848* (Florence, Molini, 1851), p. 431-435, 458 et suiv., 713-715 du 3e vol.; Cusani, *Storia di Milano dall' origine ai di nostri* (Milan, typogr. Albertari, 1867), 6e vol., p. 104-106, 132-133, 349-350.

rendre compte des livres ou machines soumis à son examen, exécuter des expériences, proposer une liste de trois noms pour les places vacantes dans les Universités, il ajoute : « C'était une institution moins spéculative que pratique, qui visait encore moins au progrès des lettres qu'à celui de la civilisation; et l'histoire ne peut taire l'effet que ces réformes produisirent sur une époque que pourtant de violentes commotions rendaient bien peu favorable aux études, aux beaux arts, à l'industrie. »

Mais, dans l'ordre de l'instruction publique, un point particulier nous arrêtera : les collèges de jeunes filles fondés en Italie par Napoléon Ier. D'abord la matière est neuve ; car les historiens, sans méconnaître l'importance de ces établissements, les ont à peine signalés d'un mot. Puis l'éducation des femmes en Italie appelait une réforme bien autrement urgente que celle des hommes. Ces deux raisons justifient notre choix.

CHAPITRE II.

Dans une satire d'Alfieri, un noble passe marché avec un prêtre pour l'éducation de ses enfants. Le précepteur en expectative proteste qu'il sait très bien le latin. « Votre latin, » répond le seigneur, « sent son antiquaille; ne me faites pas d'eux de petits docteurs; qu'ils sachent seulement parler un peu de tout pour ne pas faire figure de bois dans la conversation. » Puis, il rabat la prétention du pauvre homme qui voudrait être payé au moins autant que le cocher, et l'avertit qu'il devra se lever de table quand on apportera le dessert. Tout est réglé, quand le noble s'aperçoit qu'il a omis un petit détail : « J'oubliais : vous ferez faire de temps en temps un semblant de lecture à ma fille, Métastase, les

ariettes ; elle en est folle. Elle étudie toute
seule, car je n'ai pas le temps de m'occuper
d'elle, et la comtesse encore moins. Mais vous
les lui expliquerez. Dans deux ans, je compte la
mettre au couvent pour qu'on achève d'orner
son esprit. »

> *Mi scordai d'una cosa : la ragazza*
> *Farete leggicchiar di quando in quando*
> *Melastasio, le ariette; ella n' è pazza.*
>
> *La si va da sè stessa esercitando:*
> *Ch' io non ho il tempo e la Contessa meno;*
> *Ma voi gliele verrete interpretando,*
>
> *Finchè un altro par d' anni falli sieno;*
> *Ch' io penso allor di porla in monastero,*
> *Per ch' ivi abbia sua mente ornato pieno.*

Quand c'est sur un pareil ton qu'un père
traite de semblables matières, on devine ce que
doit être l'instruction publique. Parini confirme-
rait au besoin le témoignage d'Alfieri sur l'indifférence des hautes classes en Italie à la fin du
dix-huitième siècle pour l'éducation des filles.
Les historiens vont nous prouver que ce ne
sont point là des boutades de satiriques.

Voici, d'après un érudit italien, comment
l'éducation des filles était comprise avant l'arrivée des Français dans une des plus grandes villes de l'Italie : « A Naples, en fait d'institutions
féminines, il y avait le conservatoire du Saint-
Esprit avec soixante religieuses et cent soixante-

trois enfants nées de mères qui exerçaient la
prostitution. Comme on y dotait les filles, les
femmes honnêtes employaient cadeaux et recom-
mandations à se faire passer pour courtisanes.
Le principal objet de l'éducation consistait à préparer le service de la chapelle. Il y avait d'autres
maisons pour les repenties, pour les filles en
danger, pour les filles tombées ; on y recevait
plusieurs milliers de vierges et de non vierges,
qui, grâce aux aumônes, trouvaient un morceau
de pain à manger, et à qui leur quenouille donnait des habits. Le nombre total de ces conser-
vatoires était de quarante-cinq, dont plus de
vingt renfermaient environ cinq mille pauvres
femmes, la plupart sous la direction du clergé
qui les préparait seulement à la vie mystique.
Dans la maison royale du petit Carmen, près le
Marché, il n'y avait point de religieuses : on enseignait à deux cent trente jeunes filles à tisser
le fil, la soie et le coton (1). » Ainsi, des ateliers
de charité, peuplés en partie de filles de mauvaise vie ou de mauvaise extraction, et plus
semblables à notre maison des Madelonnettes ou
à des hospices qu'à nos ouvroirs, tels étaient
les pensionnats féminins de Naples en 1789.
Certes, les provinces du nord ne se réglaient

(1) Tivaroni, *L'Italia prima della rivoluzione francese,*
p. 371.

pas sur ce modèle. Nous avons nous-même montré ailleurs que beaucoup d'Italiennes, à cette époque, se piquaient, non seulement de poésie, mais de science, que plusieurs occupaient des chaires publiques (1). Mais c'était précisément l'ignorance, l'insignifiance générale du sexe qui, en excitant le dépit de quelques femmes de cœur, les avait portées à rivaliser de savoir avec les hommes. A la fin du dix-huitième siècle, les grandes dames de Milan n'étaient ni plus corrompues ni plus frivoles que les grandes dames de Paris, dont les faiblesses ont fait alors assez de bruit ; mais, faute d'étude, de lecture, de conversation, elles étaient beaucoup moins capables de ces échappées de raison, de ces accès d'enthousiasme pour toutes les grandes causes, qui honoraient chez nous l'aristocratie féminine. Dans des couvents où les luttes religieuses n'avaient point, comme chez nous, retrempé le catholicisme, elles apprenaient la superstition et la paresse ; le monde trouvait son compte à cette éducation et la conservait soigneusement.

De là, un étrange affaissement de l'esprit public. On en connaît, sous le nom de sigisbéisme, le témoignage le plus curieux. Un trait moins connu en France montrera combien la conscience

(1) *Madame de Staël et l'Italie* (Paris, Colin, 1890), p. 67-75.

était égarée, même dans les familles à qui le génie et la gloire semblaient donner mission de guider les autres : en 1806, quand mourut le comte Carlo Imbonati, avec lequel la mère de Manzoni, abandonnant son époux, avait parcouru l'Italie et la France, Manzoni le célébra dans une composition poétique, qu'il dédia à sa mère et publia, du vivant même de son père, sans se douter qu'il déshonorait par là l'une et l'autre. Ainsi, à cette date, l'homme qui plus tard composera un des livres les plus purs, les plus délicatement édifiants qu'on ait jamais lus, croyait faire œuvre de bon fils en chantant un nom que son père ne pouvait entendre sans rougir, en essuyant des larmes qui n'étaient malheureusement pas celles du remords, en révélant aux contemporains et à la postérité cette coupable douleur ! Et c'était à une fille de Beccaria que s'adressait l'étonnant hommage de cette piété filiale, et sa tendresse maternelle en était accrue !

A plus forte raison ne pouvait-on compter sur la plupart des femmes italiennes pour conserver ou refaire le patrimoine des familles. Une des choses qui surprirent à Paris le marquis Malaspina, quand il visita la France en 1786, ce fut de voir à combien d'emplois se prêtait la souple intelligence de la Française, et quelle somme d'activité on pouvait obtenir d'elle, alors qu'ailleurs le sexe ne lui semblait propre qu'à mettre des enfants au monde ou à végéter dans des couvents. Personne ne me reprochera de citer presque tout au long la spirituelle analyse que M. d'Ancona donne dans la *Nuova Antologia* du 16 décembre dernier, de cette partie de sa relation de voyage : « Malaspina a besoin à Paris de faire réparer sa montre, et c'est une femme qui la lui répare ; il lui faut des souliers, une femme lui en prend mesure. Les églises ont des femmes pour gardiennes ; à la bibliothèque du roi, beaucoup de lectrices ; des femmes aux tribunaux pour enregistrer les actes. Il apprit que dans certaines contrées de la France les femmes exerçaient le commerce de préférence aux hommes, et il affirme que, généralement, une Française parvient plus vite à la maturité de la réflexion qu'un Français. Les marchandes ont des manières qu'une femme de la meilleure éducation pourrait leur envier ; elles occupent leurs moments de loisirs, en attendant les clients, à la lecture. Sur l'article de ces marchandes l'admiration de Malaspina prend feu comme celle de Sterne racontant son aventure avec la jolie gantière. »

A peine la France avait-elle pris pied au delà des Alpes, qu'un effort fut tenté pour changer l'éducation des femmes d'Italie : la République cisalpine, instituée et surveillée par nous, ne comptait pas encore cinq mois d'existence lorsqu'elle s'en occupa. Le 28 brumaire an VI, 18 novembre 1797, son ministre de l'intérieur envoya une circulaire à toutes les maisons religieuses ou laïques vouées à l'éducation des filles, pour les informer que « les soins paternels du Directoire exécutif, pour préparer à la République un bonheur durable, s'étaient tournés vers l'éducation républicaine des filles, » que la citoyenne veuve Visconti Saxy avait été chargée de la surintendance sur toutes les personnes adonnées à l'instruction du sexe, notamment dans les couvents, et qu'on espérait que celles-ci voudraient bien se conformer aux observations qu'elle pourrait leur faire (1). Le choix fait pour la fonction de surintendante était heureux : Mme Visconti, née Carlotta de Saxy, était entrée par son mariage dans une des familles qui donnaient alors le plus de gages à la France, puisque, sans parler d'Ennio Quirino Visconti, bien-

(1) Voir les instructions et les arrêtés du ministre aux pages 34-41 et 70 du 4e vol. de la *Raccolta delle leggi, proclami, ordini ed avvisi pubblicati in Milano nell' anno VI°.* Ce recueil, édité à l'époque même par Veladini, est devenu si rare que, non seulement on ne le trouve pas à la Bibliothèque nationale de Paris, mais à Rome même M. Zannoni l'a vainement cherché pour moi. C'est grâce à M. Lev. Robecchi, le libraire érudit de Milan, que j'ai pu le consulter. — Le comte Litta, dans le livre cité un peu plus bas, ne donne pas la particule à Mme de Saxy; il dit que son père avait pour prénom Gianluigi. Il existait en Provence une famille noble appelée Saxi. Je ne sais si la surintendante en descendait.

tôt ministre de la République romaine, puis Français de fait et de cœur, Francesco Visconti acceptait une place importante dans le gouvernement de la Cisalpine, et qu'un autre Visconti ira sous peu étudier au collège de Sorèze ; d'autre part, cette famille était une des plus illustres de la Lombardie. La surintendante devait avoir un âge respectable, puisque le comte Pompeo Litta, dans les *Famiglie celebri Italiane*, dit qu'elle avait été la troisième et dernière femme d'Alessandro Visconti, mort en 1757. Enfin, le même historien souscrit aux éloges que le ministre de 1797 donnait à Mme de Saxy-Visconti, puisqu'il l'appelle « une femme très distinguée par quelques œuvres destinées à l'éducation du peuple. »

A la vérité, les divers programmes rédigés par elle et fortifiés par le droit de visite conféré à la surintendante sur tous les établissements d'éducation féminine, eurent pour objet de tempérer autant que de seconder l'effet des principes que la France apportait en Italie. Le préambule en est invariablement consacré à l'importance de prémunir les élèves, dans l'intérêt de l'ordre public, contre l'abus des mots de liberté, d'égalité, de souveraineté populaire : on sentait que les folies ruineuses, sinon sanglantes qui s'étaient mêlées dans la Cisalpine à l'enthousiasme pour le nouveau régime, risquaient de tout compromettre ; aussi, les programmes recommandaient expressément d'expliquer que la liberté consiste pour une nation à faire ses propres lois et non à y désobéir, que l'égalité devant la loi n'implique pas le mépris des supérieurs, et que la souveraineté du peuple n'est pas le règne de la licence. On y exprimait la confiance la plus courtoise dans le zèle et l'habileté des religieuses pour l'éducation des filles ; on y considérait comme une des autorités dont la Révolution n'affranchissait pas l'Evangile, cette *expression la plus pure de la loi naturelle* ; et c'était peut-être pour faire abandonner les *robes à la guillotine* réprouvées dans une ode célèbre de Parini qu'on recommandait aux enfants les habits de leur pays. Mais aussi ces programmes, sans récriminer d'un seul mot contre le passé, prescrivaient de former les élèves à une piété toute différente de celle que jusque-là les jeunes Italiennes apprenaient, puisqu'on prescrivait de les former aux vertus morales et sociales. La surintendante se réserve de leur expliquer la Constitution et même le recueil des lois de la Cisalpine ; mais elle compte sur les maîtresses pour façonner le caractère des jeunes filles. La franchise est spécifiée parmi les qualités qu'on devra leur enseigner ; les maîtresses s'interdiront de frapper les élèves. On fera lire des livres qui leur donneront une idée précise des droits de l'homme et

des avantages qu'on trouve à remplir les devoirs
sociaux et les devoirs propres à chaque condition. On accoutumera les jeunes filles à la plus
grande propreté du corps, des dents et des
mains, « aussi nécessaire qu'utile à la santé. »

Quant à l'instruction, dans les établissements
d'un ordre supérieur, outre les travaux de leur
sexe, les élèves apprendront à lire et à écrire en
italien, et, si cela se peut, en français; elles
sauront autant d'arithmétique qu'il leur en faudra
pour l'usage de la vie; on leur fera connaître le
prix des denrées, et les pensionnaires des couvents seront employées à tour de rôle dans l'administration du monastère. Elles apprendront
un peu de géographie, surtout celle de leur patrie. Surtout, on leur fera connaître les parties
les plus intéressantes de l'histoire naturelle pour
qu'elles touchent du doigt en quelque sorte la
Providence. « On leur donnera une idée de
l'histoire universelle si bien traitée par Bossuet; » elles étudieront l'histoire de leur pays.
Pour les écoles réservées aux enfants pauvres,
en sus des travaux à l'aiguille, on y enseignera
seulement, et dans la mesure où ce sera prati-
cable (*per quanto è fattibile*) la lecture, l'écriture;
mais l'éducation hygiénique et morale y sera la
même que pour les enfants des riches : l'eau et
un peu de diligence ne coûtent rien, dit Mme de
Saxy-Visconti; donc, tout le monde peut être

propre ; à plus forte raison, pour les écoles inférieures et pour les écoles plus relevées, elle
propose un même modèle de vertu.

Quelque modeste que fût ce programme, surtout pour les petites écoles, on voit qu'il témoignait la volonté de réveiller l'intelligence,
de relever le cœur de la femme italienne. L'erreur
de nos amis de la Cisalpine, la nôtre aussi, car
ils s'inspiraient de nous dans tous leurs actes,
consistait seulement à procéder en ces matières
délicates par voie d'autorité au lieu de procéder
par voie d'exemple. L'Etat peut régler les conditions auxquelles on obtiendra des diplômes
publics, pénétrer même dans les établissements
particuliers pour y exercer une sorte de police ;
mais là s'arrête son droit. Il n'a pas qualité pour
imposer un plan d'éducation, surtout un plan
qui comporte de la politique, d'exiger, comme
le fait Mᵐᵉ de Saxy-Visconti, qu'on plante un
arbre de liberté dans les couvents, qu'on n'y
emploie pas d'autre appellation que celle de citoyenne, qu'on proscrive la lecture des biogra-
phies d'ascètes. Imposer ce plan, c'était le rendre
odieux à la moitié des maîtresses qui, si l'on s'y
fût pris d'une autre manière, en eussent accepté
une partie et la plus essentielle. Enfin, par la
raison même qu'on rédigeait des programmes
obligatoires pour toutes les écoles, on n'entrait
pas, par crainte de multiplier les résistances,

dans les minutieuses exigences qui sont nécessaires toutes les fois qu'on propose une réforme
à laquelle il faut tout d'abord façonner ceux à
qui l'on en remettra l'application. Il aurait mieux
valu fonder en Lombardie un ou deux établissements dont, sans violenter personne, on eût
rédigé la règle en toute liberté.

Napoléon, devenu empereur, n'oublia ni ce
qu'il y avait d'excellent, ni ce qu'il y avait de
défectueux dans la tentative que nous venons
de raconter. On sait comment il a repris et modifié pour la France le plan tracé par Mme de
Maintenon. Comme elle, il voulait qu'on formât
tout d'abord les jeunes filles à une dévotion, tout
ensemble exacte et raisonnable, et que l'on cul-
tivât leur raison plus que leur imagination;
mais, tandis que Mme de Maintenon avait entendu pourvoir à un besoin particulier de son
temps, il voulait pourvoir à un besoin général
du sien. Vivant dans une société aristocratique,
c'est-à-dire établie sur l'inégalité des classes, la
fondatrice de Saint-Cyr avait travaillé pour les
filles des gentilshommes pauvres; elle avait pour
objet de les préparer à soutenir et l'illustration
de leur naissance et la médiocrité de leur fortune; c'est sur l'exiguïté de leur patrimoine
qu'elle réglait la simplicité, la gravité de l'éducation qu'elle leur offrait, en les séparant à la
fois des filles de la noblesse riche et des filles

de la bourgeoisie. Napoléon, travaillant pour une société démocratique, admettait à Ecouen des enfants de toutes les classes, pourvu que leurs pères eussent bien servi l'Etat; c'est à elles toutes qu'il voulait que l'uniforme et une règle sévère enseignassent l'esprit d'égalité, d'économie, de discernement. Puis, s'il fallait continuer à former des femmes chrétiennes, il fallait les préparer à vivre dans un monde qui n'était plus fort chrétien, où l'hérétique, l'athée même, avaient légalement le droit de propager leurs doctrines, où, en matière de politique aussi, les esprits, sinon la presse, étaient définitivement affranchis; il ne suffisait donc plus de préserver les jeunes filles des écarts du mysticisme; il fallait les former à la tolérance, les préparer à entendre sans scandale les libres discussions. Aussi prenait-il des mesures pour que toute la partie saine de la philosophie du dix-huitième siècle pénétrât dans ses maisons d'éducation.

Si ces innovations d'une prudente hardiesse devaient rencontrer l'approbation du public français, combien ne devaient-elles pas être accueillies plus favorablement encore en Italie, où elles étaient plus nécessaires, par tous les bons esprits qui souhaitaient une régénération de leur patrie et se sentaient impuissants à l'accomplir seuls !

Ce fut à Bologne que le gouvernement français tenta son premier, son moins heureux essai. La maison qu'il y fonda ou plutôt dont il consentit à prendre le patronage, ne fit jamais que végéter parce que, au moment où le prince Eugène accorda (19 décembre 1805) à une Française, Mme Thérèse Laugers, une subvention et le titre de *Casa Giuseppina* pour le pensionnat qu'elle venait d'établir dans cette ville, les esprits n'étaient point assez préparés, parce qu'on ne prit à Bologne que des demi-mesures, enfin parce que la directrice ne réunissait pas toutes les qualités requises. La pièce suivante, dont nous donnerons une traduction intégrale, fera comprendre les difficultés de l'entreprise ; et la sévérité avec laquelle on s'y exprime en plusieurs endroits sur la personne de Mme Laugers fera ressortir l'hommage rendu à l'esprit pédagogique qu'elle apportait en Italie ; c'est un Rapport adressé le 31 août 1808 au ministère de l'intérieur du royaume d'Italie par le préfet de Bologne (1).

(1) Ce Rapport, qui porte le numéro d'ordre 18792, figure dans les Archives d'Etat de Bologne, dont le savant directeur, M. Malagola, à la prière de MM. Aless. d'Ancona et Capellini, a bien voulu l'extraire pour moi. C'est également à M. Malagola que je dois la plupart de mes autres données sur ce pensionnat. — Sur la subvention donnée par le prince Eugène à Mme Laugers, voir le *Giornale italiano* du 22 décembre 1805.

« A Monsieur le conseiller d'Etat , directeur de l'instruction
» publique , etc.

» Milan,

» 31 août 1808.

» La maison Joséphine doit son origine aux efforts
incessants de Mme Laugers, à qui il sembla que Bologne pouvait offrir un vaste champ pour introduire en
Italie de nouvelles méthodes qui donneraient aux femmes une éducation plus relevée et plus achevée.

» Il faut avouer toutefois que l'éminente institutrice
ne fut pas très heureuse dans ses débuts. La nouveauté qui plut à quelques-uns inspira des soupçons
à beaucoup d'autres , d'autant qu'il s'agissait d'une
étrangère qui ne rendait pas d'elle-même un compte
très précis (*la quale non rendeva di se conto e ragione pre-*
cisissima); beaucoup aussi voyaient d'un mauvais œil
qu'elle n'était pas fort pourvue de moyens de subsis-
tance, si bien que son œuvre semblait inspirée par le
besoin et le calcul. Il est certain que l'opinion se divisa , qu'un parti peu nombreux, peu énergique, se
déclara pour elle, que les autorités locales ne lui prêtèrent jamais une assistance efficace , et que le projet
se serait évanoui dans sa naissance, si la Préfecture
n'avait interposé plusieurs fois ses offices pour procurer au pays un aussi sensible avantage que celui
d'élever moins grossièrement les jeunes filles (*un sen-*
sibile vantaggio quale lo è quello di educare men rozzamente
le fanciulle).

» Les choses étaient dans cet état , lorsque, s'étant

rendu à Bologne, notre excellent prince daigna accorder sa haute faveur au pensionnat. Alors tout obstacle sembla disparaître et l'on put croire que les meilleurs résultats étaient assurés. La municipalité devait s'occuper du détail, c'est-à-dire s'enquérir des besoins, trouver les ressources nécessaires, fixer la discipline, veiller sur le bon ordre et donner à l'établissement vie et dignité. On ne doit pas dissimuler que si l'on avait procédé de cette sorte, la répugnance publique aurait fait place à la faveur la plus décidée. Le nombre des élèves se serait alors multiplié, et par suite les moyens de balancer les dépenses et les recettes. Mais ce serait trahir la vérité que de ne pas dire que la municipalité ou bien négligea absolument l'enquête nécessaire, ou s'en remit à des personnes inexpérimentées et indolentes, ou ne sut pas ou ne voulut pas écarter les inconvénients et surmonter les difficultés. Ainsi le fruit de la faveur précieuse qui avait érigé le pensionnat en collège honoré d'un titre auguste ne sortit pas de son germe, et ainsi la Maison royale languit, déchut et périt presque entièrement (1).

» Le nombre des élèves n'y a jamais dépassé vingt-deux; et on y comprenait des pensionnaires du prince, quelques autres enfants qui payaient très peu, d'autres qui ne payaient rien. Les malveillants s'indus-

(1) Dans le Règlement dont le préfet avait ordonné la publication, le 17 avril 1807, afin d'inviter, comme il le disait un peu naïvement, les Bolonais à grossir le nombre des élèves (Archives d'Etat de Bologne), le prix de la pension est de 30 livres italiennes par mois, plus cent francs par an de faux frais, et non compris les arts d'agrément.

trièrent à répandre certains bruits qui portèrent atteinte à la réputation de l'établissement. Cela suffit
pour que la plupart des jeunes filles fussent rappelées
dans leurs familles èt que tout expédient tenté en vue
de repeupler le collège échouât. Présentement on n'y
compte que neuf élèves dont quatre ne payent pas ;
c'est la directrice qui supplée pour elles *(La direttrice
supplisce per esse)*.

» Les cours se font tous les jours. Le matin on enseigne les lettres et les beaux-arts, dans l'après-midi
les travaux de femme (1). Les leçons dites du matin
sont données de huit heures à trois heures. Il faut
convenir que le temps n'est pas perdu ; car les élèves
apprennent et se développent. Qui les comparerait
avec les élèves des couvents ou des autres pensionnats privés remarquerait une différence capitale et
inexprimable *(Bisogna convenir che il tempo non è perduto
giacchè le alunne apprendono e si sviluppano. Chi le confron-
tasse con quelle de' Monasterj o delle altre scuole private ri-
marcherebbe una differenza somma e inesprimibile)*. Les Bolonais peuvent s'en convaincre dans les séances publiques que la Maison donne (2). Il est vrai d'autre part
que, autant dans ces circonstances ils montrent de

---

(1) Mme Laugers se chargeait du français, de l'histoire, de la
géographie *et d'autres sciences et langues*, selon la capacité
des élèves ; elle dirigeait les travaux à l'aiguille avec l'aide
d'une sous-maîtresse ; des professeurs enseignaient l'écriture,
l'arithmétique et l'italien. Les arts d'agrément étaient facul-
tatifs.

(2) Ces examens avaient lieu tous les six mois. Chaque trimestre, on procédait à une récapitulation, et la plus méritante
recevait un insigne qu'elle gardait pendant trois mois.

surprise, de plaisir, d'approbation, autant l'établissement demeure en mauvais état et désert.

» Les besoins dont il souffre actuellement sont d'une
double nature. Les uns regardent la réparation des
bâtiments, les autres la tenue du pensionnat. Relativement aux premiers, on peut consulter l'expertise
avec plan rédigée par M. Venturoii, ingénieur public;
on y indique les réparations les plus urgentes. Il en
faudrait d'ailleurs beaucoup d'autres, et, quand on
les exécuterait toutes, la Maison resterait imparfaite
et défectueuse. Elle est située dans un quartier écarté;
irrégulière et grossière, elle n'offre rien qui flatte
l'œil; de misérables constructions habitées par la
basse classe l'entourent, de sorte que les élèves sont
exposées à mille regards curieux et indiscrets. On ferait donc beaucoup pour cet établissement, si on l'in-
stallait dans une autre propriété domaniale. Mais il
est indispensable d'avertir que, parmi les édifices de
cette catégorie, il n'en reste qu'un sur lequel on pourrait utilement compter. C'est celui du collège supprimé de Montalto. Fondé pour une maison d'éducation et d'instruction, il semble expressément fait pour
la circonstance. On n'aurait même pas besoin de l'occuper tout entier; on laisserait libre une élégante
salle qui servirait pour les réunions des corps considérables; et l'on ne toucherait pas à la vaste salle
d'archives où l'on a réuni les livres et papiers des cor-
porations supprimées.

» Relativement à la tenue journalière du pensionnat, on peut voir le mémoire avec tableau remis par
Mme Laugers. Il a été rédigé en conséquence de la vi-

site que M. le podestat a faite à l'établissement et on le trouvera ci-inclus (1).

» Il semble que le nombre des maîtres, leurs honoraires, le nombre des gens de service, leurs gages, les dépenses d'entretien et de nourriture n'excèdent pas les limites que trace une juste et sage économie. Une réforme opérée sur ce point ne donnerait qu'un résultat minime et ne rétablirait pas la balance du budget de la maison.

» L'article de l'église exige une réflexion. Elle est comprise parmi celles qui, aux termes du décret royal du 10 mars 1808 cessent d'être publiques, et par conséquent ne réclamerait pas dorénavant une dépense aussi forte que par le passé. Mais il est vrai aussi que la perception des revenus assignés par le domaine ne se fera pas bien tant qu'elle sera entre les mains d'une femme peu estimée et peu considérée des débiteurs et à qui au surplus il ne conviendrait pas de tenter des démarches vigoureuses et offensives; car elle a trop besoin de se concilier l'estime et la bienveillance.

» Pour faire face au passif, et pour soutenir ultérieurement la maison; un nouveau subside du gouvernement est absolument indispensable. Mais, tant que les choses resteront sur le pied actuel, ce serait se jouer du gouvernement lui-même que de l'assurer du moindre changement heureux. Peut-être les tentatives les plus énergiques ne donneraient pas un résultat satisfaisant, parce que, après tant et de si amères vicissitudes, elles pourraient être intempestives.

(1) Je n'ai pas ce document.

Néanmoins, au cas où, pour l'honneur d'un établissement érigé par un prince et décoré d'un nom très auguste, on voudrait essayer des améliorations, il semble qu'on ne pourrait imaginer et suggérer que les suivantes : -

» La première de toutes les réformes devrait être le choix d'un meilleur local. Autant, du reste, l'édifice actuel inspire de répugnance au physique et au moral, autant il est permis de répéter, avec fermeté, que celui de Montalto plairait généralement.

» En second lieu, il conviendrait de concevoir un plan de discipline intérieure plus circonstancié et plus libéral. Celui d'aujourd'hui est trop aride d'une part, et peu philosophique de l'autre. Il laisse subsister beaucoup de préjugés sans prévenir et rendre impossibles beaucoup d'inconvénients.

» En troisième lieu, il importerait que la nomination des personnes de service et des maîtres fût faite par la Préfecture ou par le Ministère sur une double liste présentée par le Podestat, et après avoir pris, comme il est convenable, l'avis de la Directrice. Il est indispensable que la maison ne soit accessible qu'à des personnes d'âge mûr, de sens éprouvé et de mœurs garanties par la voix publique.

» En quatrième lieu, on pourrait proposer une mesure qui induirait les pères de famille à envoyer leurs enfants dans ce pensionnat : ce serait d'engager la Congrégation de Charité de Bologne à réserver un certain nombre de ses meilleures dots pour celles des élèves en qui l'on reconnaîtrait les qualités demandées par les testateurs. Tout dépend d'un premier pas, et il est incontestable que, dès que pour un motif ou pour un autre, l'établissement acquerrait un peu de crédit par un accroissement de sa population, la multitude, qui ne se rend qu'aux faits accomplis, applaudirait et dicterait presque la loi à la volonté des particuliers.

» Enfin, il serait à souhaiter qu'une des dames les plus distinguées et les plus honorées de la ville fût chargée de la surintendance de la maison, et en garantît l'ordre et la discipline. Il n'est ni convenable, ni possible à la Préfecture et à la Municipalité d'exercer dans l'intérieur du pensionnat une surveillance assidue et efficace; et les choses sont à un tel point, que c'est seulement en plaçant la Directrice sous la suprématie ininterrompue et absolue d'une personne universellement considérée qu'on peut réfréner les langues malveillantes et rendre l'institution profitable.

» Tel est, Monsieur le conseiller, le rapport circonstancié et sincère que je vous soumets, en réponse à votre honorée dépêche du 16 du mois dernier, n° 3002. Permettez qu'en attendant le retour des papiers originaux ci-inclus, je vous renouvelle les sentiments de ma parfaite estime et profonde considération.

» F° MOSCA. »

Le Ministère approuva la proposition de nommer une surintendante, de rédiger une règle nouvelle pour l'établissement, le transporta, non dans l'ex-collège Montalto qui ne se trouva point disponible, mais dans le *Conservatorio di Santa Croce e San Giuseppe*, rue Castiglione (1); en 1810, par la nomination d'un économe, il déchargea Mme Laugers du soin de l'administration. La maison n'en prospéra pas beaucoup plus; en cette année 1810, le nombre des élèves, tant boursières que payantes, était de seize. L'entreprise avait été mal commencée et ne s'en releva jamais.

Il en fut tout autrement partout où le gouvernement français s'occupa dès le premier jour de choisir le personnel, d'élaborer les règlements et d'en assurer l'observation; c'est ce qui eut lieu dans le royaume de Naples d'abord, puis à Milan, à Vérone et à Lodi enfin. Je nomme cette dernière ville quoique le collège qu'on y institua ait été une fondation particulière, parce que le bailleur de fonds était le chancelier même du prince Eugène, le duc Melzi. Il ne faut d'ailleurs pas exagérer l'initiative de ce dernier : lady Morgan dit, dans son *Voyage en Italie*, qu'elle croit l'origine de tous ces établissements due au duc Melzi, en sa qualité de fondateur du pensionnat féminin de Lodi; mais tous les papiers relatifs au collège de Milan et de Vérone prouvent que c'est la maison française de la Légion d'honneur que le gouverne-

(1) L'établissement était auparavant rue Nosadella.

ment prenait pour modèle ; de plus, une notice que M. Agnelli, de Lodi, a bien voulu rédiger pour moi, assigne la date de 1812 au collège de cette ville (1) ; or les collèges du royaume de Naples et celui de Milan, sans parler de la maison de Mme Laugers, sont antérieurs.

Le plus ancien de tous ces collèges est celui de Naples. Le 11 août 1807, Joseph Bonaparte décréta la fondation « d'une maison honorée d'une distinction particulière pour l'éducation des jeunes filles à qui l'éclat de leur nom, l'illustration de leurs parents dans les emplois éminents et les dignités suprêmes de l'Etat peuvent donner une influence prépondérante sur leur sexe et dont l'exemple peut plus facilement contribuer à répandre les vertus qui rendent les familles heureuses. » Cent places gratuites étaient réservées à des filles de hauts fonctionnaires, et vingt-quatre mille ducats de rente étaient assignés à l'établissement. Un sixième des places vacantes serait réservé aux élèves des pensionnats établis dans les provinces qui en seraient dignes, chaque élève, après sa sortie

(1) C'est à la prière de M. Flamini, professeur d'histoire à l'Istituto tecnico de Turin, et auteur d'un très estimable ouvrage sur les poètes lyriques de la Toscane au quinzième siècle, que M. Agnelli m'a fourni cette notice que je donnerai en appendice. Le passage de lady Morgan forme une note du morceau qu'elle consacre aux collèges napoléoniens de jeunes filles, p. 248-254 du 1er volume.

du collège, recevrait cent ducats par an jusqu'à son mariage, puis une dot de mille ducats. Joachim Murat, successeur de Joseph, plaça cette maison, par un décret du 21 octobre 1808, sous la protection de la reine sa femme et d'un président qui serait nommé par elle et qui fut l'archevêque de Tarente, ministre de l'intérieur (1). Ce fut le collège d'Aversa, après lequel s'ouvrirent, dans le même royaume, ceux de S. Marcellino à Naples, de San Giorgio, de Frasso, de Muratea, de Reggio (2). Le collège de Milan fut fondé par un décret de Napoléon, daté de Saint-Cloud, 19 septembre 1808 et ouvert le 3 mars 1811 ; celui de Vérone fut fondé par un décret du prince Eugène du 8 février 1812 et s'ouvrit le 3 septembre de la même année. Je ne parle pas du collège de Bologne décrété en même temps que celui de Vérone, parce que les événements en empêchèrent l'ouverture.

Parmi tous ces collèges, c'est celui de Milan que nous choisirons comme type, en priant seulement le lecteur de ne pas tirer un argument

(1) Voir le *Giornale italiano* des 10 et 13 novembre 1808, et les documents originaux qui se trouvent aux Archives d'Etat de Naples, à la section *Ministero dell' Interno*, fascicule 714 ; M. Benedetto Croce a eu l'obligeance de m'envoyer un extrait de ces papiers, auquel je viens de faire quelques emprunts, et dont le reste se placera dans un appendice.

(2) Tivaroni, *L'Italia durante il dominio francese*, II, p. 266.

contre nous des dates que nous venons de citer : si ces maisons d'éducation s'ouvrirent bien peu d'années avant le décret de Napoléon, l'œuvre du fondateur, on le verra, ne tomba pas avec lui.

CHAPITRE III.

Le Règlement du collège de jeunes filles de Milan comparé au Règlement des maisons de la Légion d'honneur.

Nous avons cité dans un précédent ouvrage un rapport, adressé le 20 octobre 1809, à la reine Hortense, Protectrice des maisons de la Légion d'honneur, où Mme Campan dit qu'il sortira de ces établissements des femmes qui porteront l'art d'enseigner dans des maisons fondées sur les mêmes principes : « Il en existe déjà deux à Naples, » disait-elle; « il va y en avoir une à Munich, fondée par le roi de Bavière ; il y en aura une incessamment à Milan (1). » Ce fut en effet le Règlement Général Provisoire de la maison d'Ecouen qui servit de base au règlement du collège de Milan. Le 26 octobre 1808, Marescalchi, ministre des relations extérieures du royaume d'Italie, envoya de Paris tous les documents propres à définir l'esprit des maisons

_____

(1) Page 27 du 2e volume de la *Correspondance inédite de Mme Campan avec la reine Hortense*, Paris, Levavasseur, 1835.

impériales. Toutefois, si l'on compare la règle adoptée pour le collège de Milan, le 17 décembre 1810, avec le règlement provisoire que nous venons de citer, on verra que, pour le fond et pour la forme, le prince Eugène et ses conseillers se sont inspirés de celui-ci, mais ne l'ont pas servilement copié ; on les verra tantôt consultant les besoins spéciaux de l'Italie oser davantage, tantôt consultant les principes universels du bon sens, écarter certaines chimères introduites dans la maison de la Légion d'honneur, d'où un nouveau règlement, daté du 3 mars 1811, ne les chassera pas.

Voici le texte même du règlement de Milan, car c'est en français qu'on le trouve rédigé dans les Archives d'Etat de cette ville, sous le titre de *Règlement général provisoire du collège des demoiselles* (1) :

Titre Ier. — De l'administration intérieure de la maison.

Article Ier. La Directrice a la direction et la surveillance générale du collège ; la Maîtresse en a l'administration inférieure sous son inspection.

Art. 2. La Maîtresse est dépositaire de la caisse de

(1) Voir le carton intitulé *Sludj Collegi Milano Coll° R° delle Fanciulle Prowidenze Generali dal 1808 al...* — Les deux Règlements de la Légion d'honneur se trouvent à la Bibliothèque nationale de Paris.

la maison ; elle ne pourra faire aucun payement que d'après un mandat de la Directrice ; tous les comptes de la maison porteront en marge de chaque article l'exposition sommaire de l'objet de la dépense et la date du mandat de la Directrice.

Art. 3. La Directrice tiendra un registre de tous les mandats qu'elle donnera à la Maîtresse.

Art. 4. La Maîtresse ne pourra faire aucune dépense sans autorisation de la Directrice. — Art. 5. L'Econome s'adressera à la Maîtresse toutes les fois que des achats et des dépenses seront jugés nécessaires, et cette dernière en soumettra la demande à la Directrice. Cependant la Maîtresse aura droit d'autoriser les dépenses de nourriture journalière, sauf ensuite à faire ratifier ces dépenses par la Directrice. — Art. 6. La Maîtresse rendra compte toutes les semaines à la Directrice de la situation de la caisse, des dépenses faites et des besoins de la maison. — Art. 7. La Directrice présentera chaque mois au Conseil d'administration un compte des dépenses. Ces comptes seront appuyés de toutes les pièces justificatives, des mandats de payement et mémoires des fournisseurs. Lorsque les mandats de payement ne seront que pour des acomptes, on y joindra une note de ce qui sera dû aux fournisseurs. — Art. 8. Si les sommes allouées dans le budget présomptif de l'année sont, pour certains articles, insuffisantes ou excédantes, la Directrice en exposera les motifs et sollicitera du Conseil la présentation de ses réclamations à Son Altesse Impériale.

Art. 9. La Dame lingère aura la garde du linge de

table, de lit et de corps; elle sera chargée d'en surveiller l'emploi et l'entretien d'après les instructions
de la Directrice et de la Maîtresse, et de régler également tous les objets relatifs à la buanderie, aux déti-
rages et repassages. — Art. 10. Elle sera aussi chargée, sous insp ction de la Maîtresse, de la confection,
réparation et entretien des habits, et généralement de
l'emploi des fils, soie, etc. — Art. 11. L'Econome, la
Dame lingère et l'infirmière ne recevront aucun des
objets confiés à leur garde sans s'assurer en détail de
la quantité et de la qualité des objets fournis, ainsi
que de leur conformité aux différents échantillons
adoptés par la Maîtresse ; elles signeront le certificat
de réception. — Art. 12. Ce certificat devra être remis
à la Maîtresse et présenté par elle à la Directrice
quand elle demandera le mandat de payement, et ensuite remis avec ce mandat comme pièce justificative
des comptes. — Art. 13. Les dépositaires exigeront un
reçu de tous les objets qu'elles distribueront et les (*sic*)
présenteront à la Directrice ou à la Maîtresse toute
les fois qu'elles en seront requises, pour justifier de
l'emploi des objets confiés à leur garde et de ceux qui
restent en leurs mains. — Art. 14.   (1) est
dépositaire des comestibles, combustibles et liquides,
de l'argenterie, de la vaisselle, des objets de papeterie
et de divers ustensiles à la maison (*sic*); elle en aura
la garde et elle veillera à ce que leur distribution et

---

(1) Ce blanc qui est dans le texte manuscrit devait sans
doute être rempli par les mots « l'Econome. » Toutefois,
d'après une traduction faite plus tard pour le gouvernement
autrichien, il s'agirait ici de la Maîtresse.

consommation soient conformes aux règles établies.
— Art. 15. Chaque classe aura deux institutrices,
dont l'une, appelée surveillante, sera chargée par la
Directrice de tout ce qui est relatif à la police des dortoirs, à la conduite des élèves à leur récréation, à leur
promenade et leurs études dans les moments d'absence de l'institutrice. — Art. 16. Si la santé de la
Directrice l'oblige à interrompre ses fonctions, le
Ministre de l'Intérieur autorise la Maîtresse à les
remplir, et alors une institutrice aussi choisie par le
Ministre remplit les fonctions de la Maîtresse.

Titre II. — De l'éducation et de l'instruction des
élèves.
Chapitre 1er. — De la distribution des élèves.
Article 17. Les élèves seront distribuées en quatre
classes. — Art. 18. Les classes seront distinguées
par la couleur de la ceinture. — Art. 19. La première
classe portera une ceinture de ruban ponceau, la
deuxième violette, la troisième orange, la quatrième
gros vert.
Chapitre 2. Trousseau et costume des élèves.
Art. 20. Le trousseau des élèves est composé ainsi
qu'il suit. — Art. 21. 8 chemises, 4 jupons de mous-
seline épaisse, 2 jupons de tricot de laine pour l'hiver,
2 camisoles de toile de coton pour la nuit; 4 pèlerines
en percale; 4 fichus montants sans garniture; 6 serre-
tête; 12 mouchoirs de poche; 6 paires de bas gris,
6 paires de bas blancs; 2 bonnets de jour; 4 serviettes
en toile fine; 1 châle de tissu, 2 robes de couleur pour
l'uniforme de tous les jours; 2 tabliers de percale

noire dont l'un à manches longues pour l'hiver;
1 caleçon pareil aux robes pour l'hiver; 2 robes blanches pour le grand uniforme; 1 tablier noir en taffe-
tas pour *idem;* 4 paires de mitaines en percale de
couleur, 4 paires de blanches tricotées; 1 chapeau de
paille noir; une paire de souliers par mois; 1 peigne
à démêler; 1 peigne fin; une brosse pour les peignes,
2 éponges; 1 corset par an.

Chapitre 3. — Du lever et du coucher.

Article 22. L'été la cloche sonnera le réveil à six
heures, l'hiver à sept. — Art. 23. Les élèves les plus
âgées aideront à l'habillement des plus jeunes. —
Art. 24. Les élèves les plus âgées s'habilleront elles-
mêmes et ne seront aidées que par leurs compagnes.

Art. 25. Le coucher sera sonné à neuf heures pendant l'hiver et à dix heures pendant l'été.

Chapitre 4. — Des prières, de la messe et des vêpres.

Article 26. L'appel des élèves se fait dans chaque
dortoir le matin avant de se rendre à la chapelle et le
soir dans les classes. — Art. 27. Cet appel achevé,
chaque institutrice conduit sa classe à la chapelle. —
Art. 28. Toutes les classes doivent y être réunies une
heure après le réveil. — Art. 29. La prière se fera
sous l'inspection d'une des institutrices nommées
pour cela. — Art. 30. Cette prière consistera dans le
Pater, l'*Ave*, le *Credo*, le *Confiteor*, les commandements
de Dieu, ceux de l'Eglise et l'oraison pour l'Empereur
récitée en italien par une des élèves. Elle sera termi-
née par la lecture à haute voix de l'Epître et de
l'Evangile du jour. Chaque jour, le livre de prière

passera à une nouvelle élève; elles entendront la messe tous les jours. — Art. 31. Il y aura deux messes les dimanches et tous les jours de fêtes, catéchisme et instruction à la portée des élèves. Les vêpres seront chantées par les élèves tous les dimanches et fêtes établies par le Concordat, à l'anniversaire du couronnement et du mariage de Sa Majesté Impériale. — Art. 32. Il y aura salut le jour de la Toussaint, de Noël, le premier jour de l'an, le jour des Rois, le jour de Pâques, le jour de l'Ascension et de l'anniversaire du couronnement de l'Empereur, le jour de la Fête-Dieu, le jour de la Pentecôte, de l'Assomption et de la Saint-Napoléon.

Chapitre 5. — Des repas.

Article 33. — De la soupe et des fruits composeront le déjeuner. — Art. 34. Les dimanches, les mardis et les jeudis, le dîner sera composé d'une soupe, d'un bouilli, d'un rôti, d'un plat de légumes ou d'une salade; les jours maigres, d'une soupe, d'un plat de poisson ou d'œufs, d'un plat de légumes et d'une salade. — Art. 35. Le souper consistera en une soupe au lait ou au riz, un plat de légumes et un plat de fruits. — Art. 36. Les élèves boiront à leur repas du vin mêlé avec l'eau. Suivant leur tempérament, les plus faibles pourront boire du vin pur. — Art. 37. Le déjeuner aura lieu à neuf heures; à midi l'on distribuera des morceaux de pain; à trois heures les élèves dîneront; elles souperont à huit heures.

Chapitre 6. — Des leçons.

Article 37 *bis.* Les leçons de grammaire italienne et française, de géographie et d'histoire seront données l'après-midi. — Art. 38. Chaque institutrice, dans sa classe, sera chargée de donner des leçons de lecture et de faire répéter aux élèves les leçons qui auront été données par les professeurs. — Art. 39. Les leçons de lecture, d'écriture, de calcul, de musique, de dessin et de danse seront données le matin et aussi en présence de la Directrice, de la Maîtresse ou de deux institutrices. — Art. 40. Les livres à adopter pour l'instruction des élèves seront proposés par la Directrice et approuvés par le Ministre de l'Intérieur. — Art. 41. La Directrice, sur le rapport des professeurs, jugera de l'époque à laquelle une élève pourra passer d'une classe dans une autre. — Art. 42. Les soirées seront occupées depuis cinq heures jusqu'à sept par les leçons de grammaire italienne et française, histoire (*un mot illisible*), et depuis sept jusqu'à huit au travail à l'aiguille. — Art. 43. La Directrice nommera chaque mois une élève de chaque classe, parmi les plus âgées, pour aider l'infirmière et apprendre auprès d'elle tout ce qui est relatif aux soins d'une garde-malade attentive et éclairée. Cette disposition n'aura lieu que lorsqu'il n'y aura pas de maladies contagieuses et que le médecin l'aura affirmé. — Art. 44. Les institutrices qui président aux classes noteront chaque jour la conduite de chaque élève sur un registre à ce destiné. Ce registre sera présenté tous les samedis à la Directrice. — Art. 45. Les professeurs noteront sur un cahier, à la fin de chaque leçon, à côté, en marge du nom de chaque élève, s'il a été content ou mécontent de l'aptitude ou du zèle de l'élève. Ce cahier sera également présenté à la Directrice tous les samedis. — Art. 46. Les élèves que la Directrice jugera capables de s'occuper de la conduite d'un ménage et de tout ce qui y a rapport seront confiées à la Maîtresse à des heures réglées pour s'instruire avec elle de tout ce qui sera de son département. — Art. 47. La même mesure sera prise pour celles qui seraient en âge de prendre connaissance de tout ce qui concerne la lingerie. Les élèves feront leurs robes, leur linge et celui de la maison autant que leurs forces le leur permettront.

Chapitre 7. — Des récréations.

Art. 48. Il y aura une heure de récréation après les leçons du matin, une heure après le dîner, une heure après le souper. — Art. 49. Les portiques et le jardin qu'ils entourent sont réservés aux récréations ordinaires. — Art. 50. Les dimanches, les fêtes et les jeudis, on fera des promenades dans le grand jardin.

Chapitre 8. — Police de la maison.

Article non numéroté. La Directrice a droit de remontrance envers la Maîtresse; si celle-ci, malgré les avertissements réitérés de la Directrice, retombait dans la même faute et que cette faute fût d'un mauvais exemple pour les élèves et qu'elle portât préjudice à la maison, la Directrice serait tenue d'en prévenir le Ministre de l'Intérieur. — Art. 51. Si la Maîtresse avait à se plaindre des institutrices, elle porte sa plainte à la Directrice. — Art. 52. La Directrice a droit de réprimande envers les institutrices. Elle peut même, dans un cas grave, les suspendre de leurs fonctions, en donnant toutefois avis de cette suspension dans le même jour au Ministre de l'Intérieur et en lui en faisant connaître les motifs. — Art. 53. La Directrice peut punir par la suspension du salaire toutes les personnes de service et même les renvoyer. — Art. 54. Les clefs du grillon (*sic*) et des portes d'entrée seront toutes déposées chez la Directrice à neuf heures du soir en hiver et à dix en été. — Art. 55. Une tournée sera faite tous les soirs à dix heures et demie par la Directrice ou par la Maîtresse pour s'assurer si toutes les lumières sont éteintes et si tout est en ordre.

Art. 56. La Maîtresse, les Dames institutrices, lingère et infirmière déposeront leurs lettres cachetées dans une boîte fermée qui sera dans une salle de communauté. — Art. 57. La Directrice aura les clefs de cette boîte, se la fera apporter et l'ouvrira tous les jours de départ. — Art. 58. Les élèves de chaque classe remettront à leur institutrice les lettres destinées à leur père ou à leur mère; elles seront sans cachet et remises à la Directrice par l'institutrice. — Art. 59. Il est expressément défendu à toutes les personnes attachées à la maison, sous quelque titre que ce soit, de se charger pour l'extérieur de lettres adressées par les élèves et de permettre qu'il en soit porté par aucune personne étrangère à la maison. — Art. 60. Les lettres qui arriveront pour toutes les personnes de la maison seront remises à la Directrice; celles adressées à la Maîtresse, aux institutrices, aux employées seront de suite remises par la Directrice à leur destination. Les lettres aux élèves ne seront remises qu'après avoir été décachetées. — Art. 61. La Maîtresse peut sortir quand besoin est pour affaires de la maison, en donnant préalablement avis de sa sortie à la Directrice. — Art. 62. La Directrice a seule le droit de visiter les parents des élèves, à moins que la Maîtresse n'en soit spécialement chargée par la Directrice. — Art. 63. Il est accordé un jour de sortie par mois aux Dames institutrices, mais elles sont tenues d'être rentrées à huit heures en été et à quatre en hiver, à moins d'une permission particulière de la Directrice. Les Dames ne pourront passer la nuit hors du collège qu'avec une autorisation signée par la Directrice. — Art. 64. Toutes les fois que la Directrice autorisera une Dame à s'absenter pendant plus de vingt-quatre heures, elle en instruira d'avance S. E. le Ministre de l'Intérieur et l'informera du motif pour lequel on lui demande son autorisation. — Art. 65. Les Dames institutrices, lingère, infirmière ne pourront se réunir que dans la salle de communauté et ne pourront aller les unes chez les autres que lorsqu'elles y seront envoyées pour affaire de la part de la Directrice ou de la Maîtresse. — Art. 66. Les unes et les autres ne pourront recevoir les personnes qui viendront pour elles dans les parties extérieures du parloir qu'avec une permission de la Directrice. — Art. 67. Aucune élève ne pourra sortir de la maison sans être cherchée par son père ou sa mère ou par une femme de confiance qui, chargée d'une lettre, pourrait les suppléer. — Art. 68. Les parents des jeunes personnes ne pourront les voir que le jeudi et le dimanche depuis onze heures jusqu'à trois en hiver, et en été depuis quatre jusqu'à sept. — Art. 69. L'heure fixée pour la sortie des élèves sera de neuf à dix; (elles) devront rentrer de sept à huit en été, et de quatre à cinq en hiver. Le jeudi sera le jour spécialement choisi pour la sortie des élèves. Il n'en pourra sortir qu'une classe à la fois.

Art. 70. Il est expressément interdit à toutes les élèves d'apporter de chez leurs parents aucun livre ni papier. En rentrant au collège, elles seront soumises à la surveillance nécessaire pour s'assurer qu'elles ne désobéissent point à cette défense.

Art. 71. Aucun présent ne peut être accepté par aucune des personnes employées dans la maison, quand même le présent viendrait des parents ou des élèves. — Art. 72. Aucune personne de service de la maison ne peut recevoir d'étrennes. — Art. 73. Les femmes seules pourront être admises dans l'intérieur du collège. — Art. 74. Seront exceptés les professeurs, le Directeur spirituel, le chapelain, le médecin, le chirurgien dentiste et les ouvriers qui ne pourront être remplacés par des femmes. — Art. 75. Les professeurs n'auront entrée dans le collège qu'à l'heure fixée pour leurs leçons, et les autres, que lorsqu'ils seront appelés par la Directrice. Aucun desdits individus ne pourra d'ailleurs circuler dans l'intérieur qu'accompagné d'une fille de service. — Art. 76. Les pères et grands-pères des élèves ne pourront avoir entrée dans l'intérieur du collège qu'en cas de maladie de leurs enfants et avec une permission du Ministre de l'Intérieur. Dans toute autre circonstance, ils ne pourront les voir qu'au parloir. — Art. 77. Les élèves auxquelles la Directrice permettra de se rendre au parloir y seront accompagnées d'une institutrice.

Elles pourront, avec la permission de la Directrice, être conduites dans la partie extérieure du parloir, lorsque leur père ou leur mère viendront les voir. — Art. 78. Cette dernière permission ne sera jamais accordée lorsque les élèves recevront la visite de leurs autres parents. — Art. 79. Les jours de fêtes et de cérémonies, la Directrice, la Maîtresse et les institutrices seront vêtues d'une robe de soie noire. La Directrice et la Maîtresse auront seules le droit de la porter traînante. — Art. 80. Les Dames lingère et infirmière seront aussi vêtues de noir. — Art. 81. L'habillement des filles de service sera d'étamine et de couleur foncée. — Art. 82. Une institutrice, choisie par la Directrice pour un mois au plus, sera spécialement chargée de la police du réfectoire pendant les repas. — Art. 83. La Dame institutrice chargée de la police du réfectoire sera servie après le dîner général. — Art. 84. La permission de sortir une fois par mois ne sera accordée à une élève que par la Directrice et sur le rapport favorable qui sera rendu de sa conduite et de ses études dans les notes de son institutrice et de ses professeurs.

Titre III. — Service de santé.

Art. 85. La Dame infirmière sera dépositaire des médicaments usuels. — Art 86. Lorsqu'elle aura besoin de médicaments qui exigeront une préparation, elle présentera à la Maîtresse l'ordonnance du médecin et, sur le vu de cette ordonnance, la Maîtresse en autorisera l'achat. — Art. 87. Lorsqu'une élève entrera dans le collège, la Directrice prendra, de concert avec le médecin de la maison, les mesures nécessaires pour s'instruire avec les parents de la jeune demoiselle des différentes maladies ou inconvénients que la jeune fille pourrait avoir éprouvés depuis sa naissance, ou des infirmités qui pourraient l'exclure. — Art. 88. Le chirurgien dentiste de la maison se concertera avec le médecin pour les opérations qu'il jugera convenables, et rendra compte à la Directrice du résultat de leur conférence.

Titre IV. — Dispositions générales.

Art. 89. Le Règlement général du collège, le Règlement intérieur proposé par la Directrice et approuvé par le Ministre de l'Intérieur et les décisions du Ministre qui pourraient intervenir seront lus tous les six mois dans une assemblée composée de la Directrice, de la Maîtresse, des institutrices, des Dames lingère et infirmière. — Art. 90. Toutes les fois qu'une décision sera adressée par S. E. le Ministre de l'Intérieur à Mme la Directrice, cette décision sera lue dans une séance de toutes les Dames, que Mme la Directrice convoquera. Cette séance doit avoir lieu dans l'un des trois jours de la réception de la décision. — Art. 91. La Directrice réglera provisoirement tout ce qui n'est pas déterminé par le présent Règlement ou par le Règlement intérieur. Elle rendra compte à S. E. le Ministre de l'Intérieur de toutes les mesures qu'elle aura cru devoir prendre et, chaque mois, de la conduite des élèves.

Note des livres français :

La petite grammaire de Lhomond ; l'abrégé de Res-

taut; la grammaire de Wailly, 11ᵐᵉ édition; la syn-
taxe de Fabre. — Géographie : L'abrégé de géographie
de Guthrie, et, quand il aura paru, celui de Malte-
Brun; l'atlas du précis de géographie universelle de
Malte-Brun (il réunit tout ce qu'on peut demander
en cartes anciennes, du moyen âge et modernes);
cosmographie de Mentelle. — Mythologie du Père
Jouvency, qu'on trouve à la fin de l'abrégé de l'histoire ancienne à l'usage de l'Ecole militaire, de Bass-
ville; abrégé de celle de l'abbé Banier. — Histoire :
Abrégé de la Bible, par l'Euy (1), 3 volumes in-8°;
éléments d'histoire générale, par Millot. Précis de
l'histoire ancienne, de la république romaine, des
empereurs et du Bas-Empire, par Royou. Histoire
d'Angleterre, par Millot. La vie des hommes illustres,
de Plutarque. Abrégé de l'Histoire universelle, de
Bossuet. Le Voyage du jeune Anacharsis, par Barthélemy. L'Atlas de Le Sage. Eléments de l'histoire d'Allemagne, par Millot ou par Efele (2). Histoire de l'Espagne, par Gaillard. Histoire de Russie,
par Voltaire; Histoire de Charles XII, par le même.
Histoire de Suède et de Danemarck, par Vertot. Histoire de Charles-Quint, par Robertson. Les Oraisons
funèbres de Fléchier et de Bossuet. Le Petit Carême,
de Massillon. Précis de l'Histoire de la Révolution, par
Lacretelle; Histoire de France, XVIIIᵉ siècle, par le
même. Les Révolutions romaines, de Vertot. Histoire
de France, par Millot. La Chronologie; de Prévost

(1) Je n'ai point trouvé ce nom dans les dictionnaires, et
soupçonne, par conséquent, une erreur du manuscrit.
(2) Probablement par erreur, au lieu de Pfeffel.

d'Iray. — Littérature : Le cours de littérature de Le Batteux. Leçons de littérature, de Noël, à l'usage de tous les établissements d'instruction. — Poèmes : Le poème de la Religion, de Racine ; l'Homère, traduit par Bitaubé. Les satires de Boileau. Les poésies sacrées de J.-B. Rousseau. Télémaque. Le théâtre de Racine, le théâtre de Corneille. Lettres de Mme de Sévigné. Le fablier de La Fontaine. — Livres de récréation : Don Quichotte, les Voyages de Campe.

Note des livres italiens :

Tous les livres élémentaires de Soave pour les commençants. Le *Galateo*, de Mgr Della Casa ; les *Rivoluzioni d'Italia*, de Denina. Lettres familières à l'usage des lycées. Lettres d'Ann. Caro. Comédies choisies de Goldoni. Nouvelles morales du P. Soave. Grammaire de la langue italienne, du même ; livre des Devoirs, du même. Choix des tragédies d'Alfieri. Anthologie italienne tirée des meilleurs classiques. Les leçons d'éloquence de Villa. Blair, traduit par le P. Soave. Lettres du card. Bembo. Lettres familières de Magalotti. La Force de l'imagination humaine, par Muratori ; De la Vraie et de la fausse Religion, *id.* ; La Philosophie morale, *id.* (1).

Certes, ce Règlement porte la marque du génie de Napoléon : l'esprit, souvent les expressions, en rappellent celui d'Écouen, la distribution en est la même. Convaincu que c'est le

---

(1) Cette liste est, dans le texte, rédigée en italien.

bon ordre, c'est-à-dire la subordination et l'économie qui assure la durée d'un établissement,
le gouvernement français avait tout d'abord fixé
la hiérarchie, la distribution des fonctions, le partage de la responsabilité. Comme lui, le prince
Eugène estima qu'aucune méthode pédagogique ne vaut une forte discipline et une bonne
comptabilité. Mais un examen attentif prouve
qu'il a médité et non copié son texte. En voici
un exemple : Napoléon, quoique très positif jusque dans ses chimères, était obligé de passer
quelques fantaisies sentimentales aux Français
de son temps; Lacépède, grand chancelier de la
Légion d'honneur, avait donc pu décider que,
tous les ans, les élèves d'Ecouen planteraient
dans le parc deux arbres qui porteraient le nom
des deux demoiselles les plus méritantes et au
pied desquels, plus tard, les mères donneraient
à leurs filles une leçon de reconnaissance
envers les bienfaitrices de leur jeunesse, et il
avait soigneusement envoyé au prince Eugène
ce supplément de sa façon à la règle impériale (1). Les Italiens, qui discernent mieux que
nous ce qui est bon à mettre en vers de ce qui

(1) Voir aux Archives de Milan, dans le carton précité, une
lettre de Lacépède à Mᵐᵉ Campan, du 28 septembre 1808; on
y verra aussi une lettre de Lacépède, du 5 du même mois, qui
s'accordait mieux avec la gravité du plan de Napoléon, en
prescrivant la célébration d'une messe annuelle en souvenir
des parents qui viendraient de mourir.

est bon à mettre en pratique, laissèrent à la maison d'Ecouen le privilège des petites scènes à la Rousseau. Ils démêlèrent une autre illusion cachée dans une des parties les plus raisonnables du plan français, dans la partie qui regardait l'enseignement des travaux domestiques : accordant peut-être un peu trop de portée à des épigrammes que Mme Campan avait eu, dit-on, la faiblesse de prendre pour elle et de vouloir faire supprimer (1), les rédacteurs y avaient donné dans l'encyclopédie et s'étaient imaginé candidement que leurs élèves apprendraient *tout ce qui peut être nécessaire à une mère de famille pour la conduite de l'intérieur de sa maison, la direction du jardinage, la préparation du pain et des autres aliments*; ils n'avaient pas réfléchi que le temps manquerait dans un cours d'éducation qui embrassait jusqu'à deux langues vivantes. Le gouvernement italien ne retint que le principe, qui était excellent, savoir qu'une jeune fille doit occuper ses doigts et non pas seulement son esprit; qu'une aiguille entre

---

(1) C'est M. Lenient qui m'a appris qu'elle avait demandé l'interdiction du *Pacha de Suresnes*, comédie d'Etienne et de Gaugiran-Nanteuil, jouée en 1802, où la maîtresse d'un pensionnat morigénait en ces termes ses élèves : « On doit vous établir en sortant de chez moi; et si vous n'apprenez pas à dessiner, à chanter, à danser, à faire des vers et à jouer la comédie, comment voulez-vous devenir de bonnes femmes de ménage? »

ses mains est encore plus à sa place qu'un livre, et qu'elle doit apprendre à soigner les malades et les enfants. Sur ce point, on retrouvera une pareille sagesse dans un règlement pour la Maison Joséphine de Bologne, que nous donnerons en appendice.

Même indépendance, même sagacité sur d'autres chapitres. Comme la vigilance sur les mœurs était encore plus nécessaire alors en Italie qu'en France, les Italiens redoublèrent de précautions à cet égard : les lettres des institutrices durent toutes passer, cachetées, il est vrai, sous les yeux de la directrice; toutes les lettres des élèves, même celles des grandes et celles qui étaient adressées aux pères et aux mères durent être lues par elle, précautions qu'en France on n'avait pas exigées. Le Règlement d'Ecouen ne permettait que quelques tragédies de Corneille et de Racine et permettait *Paul et Virginie*, la *Chaumière indienne* : le collège de Milan admit tout le théâtre de Corneille et de Racine, et rejeta les deux romans de Bernardin de Saint-Pierre. Les Italiens avaient compris que la peinture des troubles de l'amour naissant est dangereuse, tandis que la peinture de l'amour cédant au devoir est morale; ils avaient encore plus facilement compris que c'était un non-sens de recommander la *Chaumière indienne* à des jeunes filles qu'on voulait élever dans celle des religions modernes, qui s'éloigne davantage du pur déisme. Ils proscrivirent également les *Saisons*, de Saint-Lambert, où l'on se demande comment les rédacteurs du plan d'Ecouen avaient pu ne pas apercevoir un sensualisme à peine voilé. Il n'est même pas impossible que ce soit cette judicieuse épuration qui ait déterminé le gouvernement français à écarter Bernardin de Saint-Pierre et Saint-Lambert de la liste remaniée qui accompagne le nouveau Règlement des Maisons de la Légion d'honneur du 3 mars 1811.

En revanche, comme il était encore plus nécessaire en Italie qu'en France d'agrandir l'esprit des femmes, de l'ouvrir à tout ce qu'il y a de fort et de généreux dans les théories du dix-huitième siècle, le Règlement du collège lombard admit un très grand nombre d'ouvrages d'histoire qu'on ne trouve pas sur la liste d'Ecouen, et, notamment, le *Charles-Quint*, de Robertson, à côté du *Discours sur l'Histoire universelle*, de Bossuet, les livres de Voltaire à côté de ceux de Vertot. Enfin, l'admission des deux ouvrages de Lacretelle prouve qu'on voulut, à Milan, que les jeunes filles connussent le siècle de la philosophie dans ses grandeurs comme dans ses misères, au lieu de le maudire de confiance.

Pour la liste des auteurs italiens, qui a été dressée d'original, puisque le Règlement provi-

soire d'Ecouen n'en parlait pas, quoiqu'il prescrivit l'étude de la langue italienne, on aura pu être
surpris de n'y voir figurer nommément aucun des
grands poètes du treizième et du quinzième siècles : on s'est fié aux anthologies du soin de
les faire connaître, alors que, pour ceux-mêmes
qu'on ne pouvait intégralement donner à des
jeunes filles, on pouvait recourir à des éditions
expurgées; mais on est probablement parti de
l'idée que ce n'était pas surtout de poésie que
la nation avait besoin; la gloire de ses grands
poètes ne courait aucun péril et leurs imitateurs ne pullulaient que trop. On a donc surtout cherché, outre les écrivains épistolaires
qui enseignent à s'exprimer avec élégance, les
auteurs judicieux et d'une morale irréprochable,
ceux qui pouvaient le mieux accréditer par la
considération dont ils jouissaient les principes
d'une philosophie raisonnable. Voilà pourquoi
l'on prescrivit l'étude des *Lettres familières*, de
Magalotti, réfutation estimable de l'athéisme et
œuvre d'un savant distingué; voilà pourquoi on
inscrivit au programme jusqu'à trois traités de
Muratori, dont la piété sincère et libérale s'insi-
nuerait d'autant plus facilement dans les esprits
que la renommée de sa colossale érudition commandait le respect; enfin, voilà pourquoi l'honnête Soave y figure. On remarquera enfin que,
dans son désir de retremper les âmes, le gou-

vernement ordonnait l'étude des tragédies d'Alfieri ; or, le prince Eugène n'ignorait certainement pas la haine dont Alfieri avait, dans ses dernières années, poursuivi la France et dont il avait voulu qu'une dernière expression sortît de son tombeau ; la réplique que Ginguené venait d'opposer à un passage de son autobiographie aurait suffi à rappeler cette animosité furieuse (1). La France s'intéressait donc assez sincèrement à la génération nouvelle pour ne point se venger à ses dépens des pamphlets d'Alfieri sur ses chefs-d'œuvre, et il faut l'en féliciter d'autant plus que l'omission d'Alfieri n'eût en aucune façon surpris le public italien, alors beaucoup moins unanime qu'aujourd'hui en sa faveur et beaucoup moins habitué à voir enseigner la littérature nationale dans les collèges, surtout au moyen d'auteurs contemporains.

(1) Voir la Lettre de M. Ginguené, membre de l'Institut de France à un académicien de l'Académie impériale de Turin (Valperga di Caluso) sur un passage de la Vie de Vitt. Alfieri (Paris, imp. Colas, 1809).

CHAPITRE IV.

Le personnel : Mme Caroline de Lort, Mme de Fitte de Soucy, MM^mes de Maulevrier, etc. — Libéralité et bonté du prince Eugène ; courtoisie et tact du ministère italien. — Plein succès du collège de Milan. — L'opinion publique oblige les Autrichiens à le respecter. — La deuxième directrice française reste en fonctions jusqu'en 1849.

La finesse italienne avait, disions-nous, amélioré l'œuvre du bon sens français. Mais comme les idées sur lesquelles reposait le fond commun des deux règlements étaient beaucoup plus répandues chez nous que chez nos voisins, il importait que les personnes chargées plus spécialement de les inculquer aux jeunes filles fussent en pluralité françaises. Lady Morgan exagère lorsqu'elle dit, dans son *Voyage en Italie*, *qu'il est de fait que quand ce collège fut établi, il ne se trouvait pas une dame italienne que son éducation ou son expérience rendît propre à en accepter la direction.* Nous verrons, en effet, que, pour Vérone, on rencontra en Italie, quelques années après, une personne fort distinguée. Toutefois, en 1812, comme en 1808, on croyait sage de chercher de préférence hors de l'Italie, puisque ce fut une Anglaise, Maria Cosway, la Vigée-Lebrun de l'Angleterre, à qui Melzi confia la direction du collège de Lodi, et que, pour Vérone même, on ne prendra une Italienne que sur le refus d'une Française.

Le prince Eugène demanda donc à notre nation la plupart des dames entre les mains desquelles il remit le collège de Milan. Mais la France elle-même ne surabondait pas alors de sujets disponibles. De nos jours, l'embarras d'un ministre de l'instruction publique n'est pas de pourvoir aux places qui réclament des sujets capables, mais de pourvoir aux sujets capables qui réclament des places. Il en était autrement alors. La Révolution avait dispersé une partie du personnel, et les mécomptes de l'industrie, du commerce, de l'agriculture, n'avaient pas encore jeté dans la carrière de l'enseignement ce surplus de gradués des deux sexes que l'on compte aujourd'hui par centaines ou par milliers, et dont on désespère d'employer les services, tout en cédant quelquefois à la tentation de faciliter encore davantage les examens élémentaires qui ouvrent l'accès de la profession. Sous le premier Empire, il fallait chercher longtemps les gens à mettre en place. Il fallut attendre le 21 janvier 1809 pour pouvoir nommer une directrice, Mme de Lort; le 4 avril pour

nommer la maîtresse, Mme de Soucy ; le 9 mars
1810 pour nommer les institutrices, Mmes Victoire et Hortense de Maulevrier, Clausier, Smith,
Gibert ; le 9 décembre de la même année pour
nommer les professeurs hommes, tous Italiens,
sauf Garcin, chargé du français et de la géographie (1).

On aurait probablement trouvé plus vite le
personnel féminin, si l'on se fût adressé aux
congrégations religieuses, quelques brèches que
la Révolution eût faites dans leurs rangs. Mais
Napoléon estimait qu'il n'était pas sage de les
employer tout d'abord. Il ne repoussait pas absolument leur concours, puisqu'il permettait à
quelques-unes d'entre elles d'ouvrir des pensionnats privés dans ses Etats ; il laissera bientôt Joachim Murat autoriser, sous conditions, les
religieuses de la Visitation à recevoir des novices, à établir des collèges, en se fondant, dira
le roi de Naples, sur l'avantage que l'Empire

(1) C'étaient, pour l'italien et l'histoire, Luigi Romanelli ;
pour la calligraphie et l'arithmétique, Giuseppe Bissi ; pour
la danse, Mme Coralli, dont la directrice apprécia bientôt le
tact ; pour le chant, Ant. Secchi ; pour le piano, Bened. Negri ;
pour le dessin, Giuseppe de Albertis. — Voir ces nominations
dans le *Giornale italiano* des 2 février et 5 avril 1809, 1er avril
et 9 décembre 1810. J'ai rectifié plusieurs noms français d'après
les Archives de Milan. Il y eut toujours aussi, sous Napoléon,
une ou deux institutrices italiennes. D'ailleurs, Mme Gibert,
souvent appelée Giberti, est portée comme Milanaise dans une
pièce du carton Uffic$j$ PG et AZ (Archives de Milan).

français et le royaume d'Italie tiraient de cet
Ordre pour l'éducation des filles ; il le laissera
même assigner à ces religieuses, par un décret
du 10 janvier 1811, l'ex-couvent de San Marcellino devenu collège royal : décision qui, par
parenthèse, mit encore une Française à la tête
d'un pensionnat italien, la supérieure des Visitandines de Naples étant alors Mme Eulalie de
Bayanne, d'une noble famille dauphinoise, qui
comptait alors parmi les siens un cardinal (1) ;
enfin on sait que, quand Napoléon ajoutera aux
maisons d'Ecouen et de Saint-Denis les orpheli-
nats de la Légion d'honneur, il les confiera aux
religieuses de la Mère de Dieu. Mais il voulait
commencer par des laïques, d'ailleurs non en-
gagées dans les liens du mariage, pour bien établir le caractère de l'éducation qu'il avait en vue.

Où avait-on été chercher les dames qui
allaient surveiller l'éducation des jeunes Mila-
naises ? Très près et très loin. Les unes, comme
Mme Clausier, que la mort d'un frère administrateur général des vivres venait de laisser sans
ressources, habitaient Milan même ; les autres,
comme Mme de Lort qui était de Strasbourg ou
de Nancy, venaient de Paris. On avait dû re-
noncer à exiger l'expérience de l'enseignement.

_____

(1) La notice de M. Croce, que nous publierons en appendice, donnera des détails sur ce collège.

Mme de Soucy, qu'avait prêtée la maison d'Ecouen, en avait seule une courte pratique; peut-être en était-il de même de la directrice, mais je ne l'affirmerais pas. On n'avait pas davantage pu demander de diplômes, ni même, comme on en peut juger par quelques lettres conservées aux Archives de Milan, un respect scrupuleux de l'orthographe. On avait voulu, avant tout, des personnes qui joignissent à des mœurs irrépréhensibles une éducation excellente et, autant que possible, une naissance relevée. Mme Caroline de Lort était comtesse et avait été chanoinesse dans le chapitre de Bouxières où, pour être admise, il fallait faire preuve d'antique noblesse; Mme Angélique de Fitte de Soucy avait été élevée à Saint-Cyr; Mmes de Maulevrier, filles d'un officier supérieur à qui les événements de Saint-Domingue avaient fait perdre une fortune considérable, portaient un des grands noms de France. L'aristocratie fournit également quelques-unes des institutrices qui, dans les années suivantes, remplacèrent plusieurs des premières titulaires.

Au prestige de la naissance, Napoléon avait voulu ajouter la considération qui s'attache aux fonctions bien rétribuées. Dans les maisons de la Légion d'honneur, sans parler de la surintendante qui recevait 15,000 francs, une dame dignitaire touchait 2,000 francs, une dame de première classe 1,200, une demoiselle 600, som-

mes considérables pour l'époque, surtout si l'on
songe qu'elles étaient toutes entièrement dé-
frayées. Le gouvernement se montra plus généreux encore envers les dames du collège de
Milan, traitant avec la même faveur celles qu'on
avait trouvées à Milan même et celles qui
avaient consenti à s'expatrier exprès : la directrice fut appointée à 4,000 francs, la maîtresse à
3,000, chaque institutrice à 1,500. Le traitement
de la maîtresse était précisément celui d'un professeur de Faculté dans les Universités impériales. Enfin, le gouvernement payait sans observation les *cent louis* qu'avait coûté le voyage de
Mme de Lort.

· La plupart de ces personnes, comme il est naturel, avaient postulé les places qu'elles occupaient. Quelquefois pourtant c'était le gouvernement qui avait fait les premières démarches, ou
plutôt, procédant avec une rapidité un peu militaire, il nommait, sur la foi de leur renom, des
personnes qui ne s'étaient pas mises sur les
rangs. Une lettre du ministre des affaires extérieures du royaume d'Italie à son collègue le
marquis de Breme, ministre de l'intérieur, montre qu'on avait nommé Mme de Soucy sans lui
faire connaître le traitement qu'elle aurait, la
date à laquelle elle devrait partir, sans lui dire
si ses frais de route seraient payés : « Il est
pourtant naturel, » disait Marescalchi, « qu'elle

désire être instruite de choses qui la touchent de si près. » C'est ainsi qu'en 1813, une dame Rambaldi, qui administrait depuis douze ans l'orphelinat de Vérone, fut toute surprise de recevoir un décret du 6 janvier qui la nommait institutrice au collège de cette ville, honneur qu'elle déclina (1).

Mais cette façon expéditive de conférer les emplois ne doit pas faire mal juger de la manière dont le gouvernement se comportait avec les directrices et avec leurs subordonnées. Sans doute, au premier abord, on est un peu étonné, en examinant la correspondance administrative, du style alors en usage dans les bureaux des

(1) Le passage suivant de sa lettre de refus m'a paru mériter d'être traduit : « Madame Rambaldi (elle parle d'elle à la » troisième personne) avait fort peu d'inclination pour les em- » plois publics de toute espèce ; depuis douze ans, le destin a » voulu qu'elle assumât la charge de diriger l'hospice civil de » Vérone, où elle se trouve encore, et d'où elle ne pourrait » s'éloigner sans une immense douleur. Cet emploi surpasse » ses forces, et ce n'est qu'en redoublant de zèle qu'elle essaie » de suppléer à l'insuffisance de ses talents dans l'exercice de » ses fonctions ; mais elle ne pourrait certes en faire autant » au Collège Royal des jeunes filles, où on vient de la nommer, » car il faudrait là, sans conteste, bien plus de lumières et de » capacité qu'elle n'en possède. Accepter ce suffrage honorable » et trop flatteur, ce serait se trahir elle-même, en même » temps que trahir les vues sages de notre paternel gouver- » nement. » On s'était de même inutilement adressé, pour le poste de directrice du collège de Vérone, à une dame piémontaise nommée Dauptan. — Sur ces deux dames, voir aux Archives de Milan, le carton intitulé *Collegi d'educ. Verona. Collegio femminile. Ufficj.*

ministères italiens : les décrets du prince y sont qualifiés de vénérables et de très vénérés ; lui adresser une pièce officielle s'appelle *umiliarla;* la réponse qu'il y fait est dite *abbassata da lui;* on ne lui *offre* pas sa démission, on la lui *demande;* il ne l'*accepte* pas, il l'*accorde,* et ce mot d'accorder revient à propos de tous ses actes qui semblent autant de faveurs gratuites. Mais en retour, le ministère, qu'il s'adresse à la directrice ou à une simple institutrice, s'exprime avec une aimable courtoisie ; les arrêtés de nomination sont quelquefois accompagnés de gracieux compliments sur les mérites qui ont dicté le choix du souverain. Les agents du ministère s'inspirent du même esprit : le jour où le préfet de l'Adige ouvrit le collège des jeunes filles de Vérone, il remit à la directrice provisoire une médaille d'honneur en signe de la confiance du gouvernement. On accueillait avec une pareille courtoisie les familles des élèves : le même préfet, dans la circonstance que nous venons de rappeler, offrit un banquet, non seulement aux autorités de la ville, mais aux parents qui étaient venus présenter leurs enfants (1).

(1) Voir aux Archives de Milan le carton *Studj. Collegj d'educazione. Verona. Coll° Femminile. Prow° Gen* li, et le *Giornale italiano* du 23 septembre 1812. — A l'occasion d'une visite des enfants du prince Eugène au collège de Milan, le 21 juin 1811, on avait construit un théâtre de marionnettes

La correspondance officielle atteste que la bonne grâce n'était pas la seule qualité des ministres de ce temps-là. On est frappé de leur activité. Par une conséquence du pouvoir absolu, qui n'en compense pas d'ailleurs les inconvénients, ces ministres qui n'ont à satisfaire qu'un seul homme, et un homme impérieux mais point capricieux, peuvent donner tout leur temps aux affaires de leur ressort. Des détails, même fort minces, passent sous leurs yeux; ils veulent tout savoir et y réussissent; toute question qu'on leur adresse reçoit une réponse immédiate, mais ils tiennent à être interrogés. — Mais alors, dira-t-on, ils se substituent à la directrice et l'annihilent. — Nullement. Vaccari, successeur du marquis de Breme au ministère de l'intérieur, se montre, dans sa conduite avec Mme de Lort et avec les institutrices, plein d'égards, de tact et de bonté. Lorsqu'on fonda le collège de Vérone, on avait naturellement songé à emprunter à Mme de Lort une de ses collaboratrices, de même qu'on avait, quelques années plus tôt, demandé à Mme Campan de donner Mme de Soucy au collège de Milan : « Je ne puis me décider, avait dit le prince Eugène au ministre, à nommer (à Vérone) une directrice

qui coûta plus de sept cents francs (*Studj. Colleg. d'educ. Milano. Coll* delle Fanciulle A-Z. Archives de Milan*).

que je ne connais pas... J'ai donc nommé seulement une Maîtresse et quatre institutrices. Je vous invite ensuite à voir, avec Mme de Lort, si elle pourrait nous donner une directrice et deux ou quatre institutrices. Je ne dis pas que toutes ces personnes fussent prises dans sa maison, mais je voudrais qu'elle nous en donnât au moins une et nous indiquât les autres. » Loin d'ordonner, le vice-roi priait. Le ministre, entrant dans ses intentions, écrivait qu'il espérait déterminer Mme de Lort à se priver d'une de ses auxiliaires. Or, Mme de Lort indiqua très volontiers, pour le poste de directrice, une demoiselle Monnier qu'elle avait connue à Paris et qu'on aurait acceptée de sa main sans dispute, sur les conditions, si cette personne n'avait décliné la proposition pour raison de santé ; mais elle répondit à la demande de prêter une de ses collaboratrices en faisant observer que son personnel n'était pas au complet; et, plutôt que de la désobliger, le ministre recommença ses recherches dans l'inconnu (1).

Encore, dans cette circonstance, Mme de Lort pouvait-elle avoir raison. Mais ce qui fait parti-

(1) Voir un rapport ministériel qui porte en marge les observations ci-dessus du prince Eugène, datées du 13 juillet 1812, et une lettre du ministre, du 31 du même mois, dans le carton *Studj. Collegj d'educaz. Verona. Coll° Femminile Prow. Gen^{li}*, et dans un autre carton relatif au même collège qui porte la rubrique *Ufficj* (mêmes Archives).

culièrement honneur au ministre, c'est la façon
dont il pénètre, supporte et tempère les défauts
qu'elle mêlait à ses vertus et à ses talents. Le
gouvernement avait voulu, pour diriger le collège de Milan, une grande dame : à certains
jours, il put croire qu'il avait réussi au delà de
ses souhaits. Mme de Lort n'aimait pas à compter : elle aurait voulu qu'on fît tenir les livres
de la maison par un agent spécial, et ce désir
se justifie ; mais elle aimait la représentation, et
un peu plus qu'il n'était nécessaire. Son voyage,
disions-nous, avait coûté cent louis ; c'était beaucoup, si l'on songe que Mmes de Maulevrier
n'avaient à elles deux dépensé pour venir que
884 francs. Quand il s'agit de monter le collège,
Mme de Lort réclamait dès le premier jour, et
avant que la maison fût pleine d'élèves, un nombre considérable de gens de service. Le ministère la ramena doucement à l'économie.

Ce n'est pas tout : Mme de Lort oubliait facilement sa naissance avec les enfants, à qui au
réfectoire elle coupait elle-même les portions ;
elle l'oubliait aussi avec celles de ses collaboratrices qui ne pouvaient à cet égard élever aucune
prétention rivale ; elle inspirait en particulier à
Mme Smith beaucoup d'affection et de dévouement ; mais, en face de ses égales, la femme de
qualité reparaissait avec les petitesses de son
sexe et les exigences hautaines de sa caste. Elle

n'eut pas toujours les torts de son côté, mais la conduite du ministère n'en était que plus difficile entre ces dames qui ne se sentaient pas nées pour gagner leur vie, pour obéir, et qui n'avaient plus ni famille, ni foyer paternel, ni fortune, ni patrie. Mme de Soucy entra la première en mésintelligence avec Mme de Lort; mais, frêle, souffrante, Mme de Soucy ne fit point d'éclat ; et, quand elle obtint d'être relevée de ses fonctions, les élèves purent croire que la maladie seule l'y déterminait. Les yeux malins de la jeunesse surprirent au contraire les démêlés qui éclatèrent l'année suivante, en 1812, entre la comtesse de Lort et les dames de Maulevrier. Mme de Lort accusait les deux sœurs de traiter durement les élèves ; Mmes de Maulevrier affirmaient que la Directrice manquait aux égards dûs à deux personnes de leur rang, ou même simplement de leur profession ; les élèves prenaient naturellement parti contre elles, et un jour une enfant heurta une de ces dames, sans que cet acte, mis par Mme de Lort sur le compte de l'inadvertance, fût puni ; Mme Victoire de Maulevrier interprétait comme une bravade une visite de la Directrice à sa sœur malade, et la mettait plus ou moins littéralement à la porte de la chambre. La comtesse leur adressait à toutes deux le billet caractéristique que voici :

« Mme la Directrice a l'honneur de prévenir

Mmes de Maulevrier qu'elle a reçu l'ordre de
S. E. M. le Ministre de l'intérieur, de faire
servir ces dames dans l'une de leurs chambres où, par son ordre encore, on leur portera
l'ordinaire de la maison, avant ou après le repas des élèves. Ces dames voudront bien dire à
la personne qui leur remettra ce billet, le moment qui leur conviendra le mieux. Mme la Directrice croit aussi qu'il pourra leur convenir
mieux de coucher dans la même chambre ou
chacune dans la leur, et en conséquence, elle
se dispose à faire porter le lit de Mme Hortense
à la place qu'elle désignera. » Ici, Mme de Lort
n'interprétait pas très exactement la pensée du
Ministre : il avait non pas ordonné, mais permis
ces mesures, et il les avait autorisées non par
voie de punition, mais pour séparer les parties
belligérantes. Ses lettres montrent qu'il suivait
d'un œil attentif et perspicace ces fâcheux mais
inévitables démêlés : dans le différend de Mme de
Soucy avec la Directrice, il avait aperçu que les
prétentions de la première avaient causé la mésintelligence ; dans l'affaire des dames de Maulevrier, où les torts étaient partagés, on le voit
offrir au début sa médiation, puis, s'abstenir sur
l'observation de la Directrice que cette intervention envenimerait le dissentiment ; aux deux
sœurs qui s'imaginent que Mme de Lort veut les
évincer pour faire place à ses protégées, il ré-

pond sans humeur que, le nombre des institutrices ne se trouvant pas complet, Mme de Lort n'a pas besoin de les exclure pour introduire les personnes à qui elle voudrait du bien ; il ne les en protégeait pas moins contre toute représaille et invitait poliment la Directrice à ne pas permettre aux enfants de s'immiscer dans le débat. Il ne lui échappe aucun trait de raillerie ou d'impatience. En Italien qu'il est, il sait prendre son parti de ce qu'on ne peut empêcher, et ne se flatte pas de faire vivre des femmes dans une paix éternelle. Il maintient le principe d'autorité en laissant partir Mmes de Maulevrier comme Mme de Soucy, puisqu'elles ne peuvent s'accommoder au commandement de Mme de Lort ; mais alors même ses égards témoignent aux innocentes rebelles que les qualités qui leur manquent ne lui font pas méconnaître celles qu'elles possèdent.

Le prince Eugène, qui est Français, prend les choses plus à cœur : « Le Ministre, » écrit-il de Moscou le 8 octobre 1812, « fera connaître à Mme la Directrice que cette affaire m'a affligé et que, pour son propre intérêt comme pour celui du Collège Royal, je verrais avec beaucoup de peine qu'il se présentât jamais un troisième événement de la même nature. Je ne doute pas des torts de Mmes de Maulevrier ; mais je me persuade que, si Mme de Lort eût appelé plus tôt à son secours l'intervention du Ministre, on aurait pré-

venu les conséquences que la mesure *aujourd'hui
nécessaire* (souligné dans le texte) ne peut manquer d'avoir dans l'opinion publique (1). »

Mais le flegme bienveillant du ministre voyait
plus juste que le chagrin affectueux du prince
Eugène. Ces petites brouilles ne portèrent aucune atteinte à la prospérité de la maison qui
frappait tous les regards. Nous en avons pour
preuve, non pas seulement des déclarations publiques qu'on pourrait suspecter : par exemple
le *Giornale Italiano*, en relatant le 19 avril, le 18
décembre 1811 des visites que la vice-reine et
son mari y ont faites, assure que leurs Altesses
se sont montrées très contentes et ont félicité Mme de Lort. On pourrait prétendre que ce
langage s'adresse au public qu'on veut séduire.
Mais voici une lettre ministérielle du 21 juin 1812
qui n'était pas destinée au public, mais à Mme de
Lort seule : « Ma visite d'hier à votre collège
m'a convaincu encore davantage des progrès que
les élèves font dans leurs études, nouvelle preuve
de l'excellente direction que vous savez donner

---

(1) Sur ces divers démêlés, voir *Studj. Collegj d'educaz. Milano. Coll° Reale delle Fanciulle. Direttrici. Uff. Istit. e Maestre. Prow. Gener.* (Arch. de Milan). — Conséquence plus
inoffensive de son origine aristocratique, Mme de Lort attachait
une grande importance à l'élégante simplicité de la démarche :
un professeur de danse qu'on accusait de ne pas faire faire de
progrès aux élèves répondra que la faute en est à Mme la Directrice, qui les dégoûte de la danse, en l'obligeant à ne donner presque que des leçons de maintien.

à toutes les parties de leur éducation. J'ai déjà eu, Madame, l'occasion de me louer de vous; j'ai même eu récemment la satisfaction de voir comme Son Altesse Impériale a daigné vous manifester par mon intermédiaire son approbation pour l'œuvre que vous avez accomplie. » Une gratification de deux cents francs pour chacun des professeurs du collège accompagnait cette lettre et en corroborait irréfragablement la sincérité.

Le public en jugeait comme l'autorité; car il sollicitait les places payantes avec autant d'empressement que les places gratuites; et c'est pour répondre à cette disposition si flatteuse que l'on décida la fondation des collèges de Vérone et de Bologne où, toutefois, puisqu'il ne s'agissait plus de fonder dans là capitale du royaume une institution modèle, on ménagerait le trésor public et la bourse des familles : ces collèges devaient donner une instruction un peu moins étendue; le prix de la pension y était fixé à six cents francs au lieu de huit cents, et chacun des deux recevrait, non plus seulement cinquante élèves comme le collège de Milan, mais cent, dont moitié, comme à Milan, à titre gratuit. Le personnel de ces deux collèges de second ordre devait toucher des appointements un peu inférieurs : (1,000 francs pour la Directrice, 800 francs pour la Maîtresse, 600 pour chaque institutrice); et on ne le faisait plus venir d'au delà des Alpes. On avait pourtant cette fois encore, nous avons eu occasion de le dire, cherché hors du royaume, au moins pour Vérone; on avait aussi songé à confier le collège de cette ville à des religieuses salésiennes qui auraient à cet effet quitté Rove-redo; le préfet de l'Adige fut sans doute fort heureux quand on abandonna ce dernier projet; car dans son discours d'ouverture, on trouve un passage qu'on croirait d'hier sur *l'insuffisance ba-billarde de vierges voilées qui, privées du doux nom de mères, en pratiquaient mal les fonctions puisqu'elles en ignoraient les sentiments et les de-voirs* (1). Mais en somme l'esprit et les méthodes demeurèrent les mêmes qu'à Milan. On apporta les mêmes soins au choix de la Directrice, et, pour la seule des deux maisons qui s'ouvrit, celle de Vérone, on en rencontra une fort esti-mable dans la personne d'Amalia Guazza qu'on avait nommée Maîtresse le 13 juillet 1812 et que l'on mit le 6 janvier 1813 à la tête de l'établisse-ment : « Le préfet de l'Adige, avait dit le mi-nistre, donne les meilleures informations tant sur le zèle qu'elle a déployé dans les premiers temps de l'installation du collège, suppléant presque à elle seule à l'absence des institutrices

(1) Archives de Milan, carton *Studj. Collegj d'educ. Verona. Coll° Femminile. Prow. Gener.*

3.

non encore parvenues à leur destination, que sur son habileté peu commune à s'acquitter des charges difficiles qui lui étaient confiées. Il dépeint de la manière la plus avantageuse sa manière de se présenter, son amabilité qui lui a gagné l'affection de toutes les élèves alors qu'elle maintenait dans le collège la plus exacte observance de la Règle (1). »

Le collège de Vérone rencontra dans le public la même faveur que celui de Milan.

Mais, dira un sceptique, qui sait si en mettant leurs filles dans ces collèges, les pères n'entendaient pas uniquement faire leur cour à Napoléon, ou s'ils n'obéissaient même pas aux injonctions de ses agents? M. Tivaroni n'affirme-t-il pas qu'on ordonnait aux nobles romains d'envoyer leurs enfants dans les lycées de Paris? Nous répondrons par des faits positifs. D'abord il suffit si peu de la volonté déclarée du gouvernement le plus absolu pour peupler un collège, que nous avons vu l'établissement de M\u1d50\u1d52 Laugers demeurer vide malgré les titres dont on le décorait, malgré les subventions et un changement de local; ce n'est ni l'adulation

(1) Rapport du 7 décembre 1812, même carton des Archives de Milan. Les arrêtés de nomination de M\u1d50\u1d49 Guazza comme Maîtresse, puis comme Directrice, sont dans le *Giornale Italiano* du 28 juillet 1812 et du 7 février 1813. Son nom est souvent estropié dans les pièces qui la concernent.

ni la crainte qui font la prospérité d'une maison d'éducation, c'est la confiance fondée sur l'estime. À Parme, l'administration française était dirigée par un préfet d'un zèle intempérant qui s'était mis en tête de communiquer au collège de Sainte-Catherine, dit collège des nobles, son enthousiasme pour Napoléon ; il en invitait à ses brillantes soirées les sujets les plus méritants ; il faisait jouer par les élèves des pièces militaires, *Le Dragon de Thionville*, *La Bataille d'Austerlitz* ; comme il n'est pas très difficile d'échauffer l'imagination de la jeunesse, surtout quand on lui parle au nom d'un victorieux, il avait assez bien réussi auprès d'elle ; ses comédiens imberbes avaient joué avec une verve qui charmait l'état-major ; mais les familles n'entendaient pas que l'on transformât le collège en prytanée militaire. Elles redemandèrent leurs enfants. Quelques-uns de ceux-ci protestèrent. Quand le prince romain Spada envoya réclamer ses trois fils, modèles de bonne conduite, l'aîné qui était le plus âgé du collège « tint avec ses deux frères un petit conseil de famille, à la suite duquel il fit connaître à l'agent de sa maison qu'il ne croyait pas convenable de retirer ses jeunes frères du collège, et que, comme leur aîné, il ne pouvait y consentir, qu'au reste, son père ne les réclamant que sur les calomnies et les bruits répandus contre le collège, il conviendrait

qu'il vint s'éclairer par lui-même de la vérité,
et que l'intérêt de ses enfants devait suffire
pour le déterminer. » Mais en vain l'obstiné
préfet signifia qu'une fois admis au collège, on
n'en sortait qu'à la fin des études : les parents
employèrent les larmes des mères, les recom-
mandations des ambassadeurs, l'intervention des
ministres : il fallut rendre un à un bon nombre
d'élèves, et l'on vit l'instant où il ne resterait
plus personne dans le collège (1). L'insuccès
du préfet de Parme, comme celui de Mme Laugers, prouve que le succès de nos collèges de
jeune filles était mérité.

Un autre fait que j'ai annoncé par une allusion anticipée, prouvera combien l'opinion publique était attachée à nos collèges : ce fut elle
qui les sauva en 1814, ce fut elle qui obligea
l'Autriche à les respecter et qui par là leur
permit de donner tous les fruits qu'on en pouvait
attendre.

La haine des restaurateurs de l'ancien régime
contre les Français s'étendait en effet jusqu'aux
établissements d'ordre pédagogique ou scientifi-

---

(1) Voir aux Archives nationales de Paris, dans le dossier
Théâtre, Bibliothèque et Collège (de Parme), du carton F^{14}85
des lettres de ce préfet, notamment celles du 25 août et du
11 octobre 1806. Dans le même dossier, on trouve une lettre
du même préfet, en date du 10 septembre 1806, écrite dans un
esprit analogue sur l'emploi à faire des comédiens français
en Italie.

que fondés par nous. Ainsi, en Toscane, Napoléon avait vivifié un Musée de physique et d'histoire naturelle qui datait de 1775 ; il l'avait employé à propager par la parole et par la plume les connaissances nouvelles, si bien qu'on avait publié un premier volume d'*Annales* en 1808, un deuxième en 1810 : le gouvernement du grand-duc, non seulement ne pressa pas la continuation de ce recueil dont le troisième volume ne parut qu'en 1866, mais supprima les chaires du Musée (1). En Lombardie, les Autrichiens établirent en principe, par un décret du 31 mai 1814, que tous les membres étrangers du corps enseignant quitteraient leurs fonctions, sauf les exceptions qui paraîtraient nécessaires. L'application de ce principe eût entrainé la fermeture immédiate du collège de Milan, puisque, comme le montrait le tableau du personnel, demandé en cette occasion à Mme de Lort, la directrice, la maîtresse et trois institutrices au moins sur six, étaient françaises. Mais Paolo De Capitani, chargé du portefeuille de l'intérieur, représenta, dès le lendemain 1er juin, cette conséquence à la régence du gouvernement provisoire, ajoutant que l'établissement jouissait de la pleine faveur du public, *gode tutto il favore*

_____

(1) Hugo Schiff, article sur l'Ecole des hautes études de Florence, dans la *Revue internationale de l'enseignement* du 15 septembre 1891.

del pubblico (1), et les Autrichiens eurent le mérite d'ordonner que le personnel serait provisoirement maintenu : ils se bornèrent à cet
égard à remercier, par raison d'économie, deux
institutrices, les deux dernières venues : ce fut
donc le hasard seul qui fit tomber cette mesure
sur deux Françaises, Mmes Valentine Duhaut-
muid ou Dehuitmuid et Jasler de Gricourt, qui
reçurent même une indemnité (2).

L'enquête à laquelle les Autrichiens procédè-
rent ensuite les amena, au cours de l'année suivante, à émettre le plus honorable témoignage
en faveur de l'institution : « Le gouvernement, »
disait le rapport, « devant rendre justice aux
soins de la directrice et à la sagesse des règlements, ne peut que se déclarer extrêmement
satisfait en toute chose de la marche de cet établissement. Cette déclaration si flatteuse du gouvernement s'accorde de tout point avec le vœu
de l'opinion publique et le respectable suffrage
des pères et mères de famille des classes les
plus distinguées, qui considèrent comme une
faveur insigne d'obtenir pour leurs filles une
place dans le collège. même contre payement de

---

(1) Carton *Studj. Collegj. Milano Coll° R. delle Fanciulle.
Ufficj. PG ed AZ.*
(2) Même carton et carton *Direttrici, Ufficj, Istit. e Maestre.
Prow. Gener.*

la pension entière (1). » Le local, sur le choix
duquel le gouvernement français avait longtemps réfléchi avant de s'arrêter au couvent de
Saint-Philippe de Neri, lui paraissait des mieux
appropriés à la destination. Bref, le 8 juillet
1816, Mme de Lort fut informée, par l'intermédiaire de M. d'Adda, que le collège était définitivement conservé : « Le gouvernement, »
disait le haut fonctionnaire, « a le plaisir de vous
notifier que Sa Majesté impériale et royale, dans
sa parfaite clémence, daigne approuver la conservation du collège impérial et royal des jeunes filles, si avantageusement confié à votre
sage direction, *alla di Lei saggia direzione tanto
vantaggiosamente affidato;* » et ils résolurent
d'augmenter le nombre des places payantes (2).

L'enthousiasme d'une Anglaise va nous expliquer la satisfaction des Allemands. Voici le récit
que lady Morgan nous a laissé de sa visite au
collège de Milan. Après avoir rappelé que Mme de

(1) *Il governo, dovendo render giustizia alle cure della Direttrice ed alla saviezza dei regolamenti, non può non chia-
marsi estremamente soddisfatto sotto ogni rapporto dell'
andamento di questo Istituto. A simile testimonianza lusin-
ghiera per parte del governo corrisponde pienamente il voto
della pubblica opinione e il suffragio autorevole dei padri e
delle madri di famiglia delle più cospicue classi della società, che riguardano come un favore insigne quello di otte-
nere per le loro figlie un posto nel collegio, anche contro la
corrisponsione dell' intiera pensione.* Carton *Prow. Gener.
dal 1808 a...,* aux Archives de Milan.

(2) *Ibid.*

Lort, *femme d'un mérite distingué et d'une conduite irréprochable*, avait présidé à la fondation du collège, elle ajoute : « Depuis, nous recherchâmes toujours l'occasion de jouir de sa société. Comme il n'existe aucune école de ce genre en Angleterre, il est impossible d'en donner l'idée par aucune comparaison ; mais sous les rapports essentiels du bon air, de l'espace, de l'élégance, de la propreté, des soins et du bon ordre, il est impossible de surpasser cet établissement. Le couvent de Saint-Philippe de Neri ressemble à un château royal ; ses arcades, surmontées de galeries ouvertes, entourent un jardin superbe et parfaitement cultivé. Les dortoirs sont très grands et pourvus de cabinets de toilette abondamment fournis d'eau par de belles fontaines. » Je passe ici quelques détails sur les dortoirs et l'infirmerie. « Des bains chauds et froids y sont attenants. La lingerie est une grande pièce remplie de tout ce qui est nécessaire pour l'habillement d'une femme, fait par les élèves pour leur propre usage ; mais les matériaux sont fournis par la maison. Une autre chambre contient les ouvrages d'agrément. Chaque classe a des appartements séparés qui donnent tous sur le jardin, et le désavantage d'un air chaud et renfermé, si commun même dans nos meilleures écoles, est ainsi réellement évité. Nous vîmes des groupes d'enfants courant d'une classe à l'autre à travers des orangers et des buissons couverts de fleurs, chacune avec son petit chapeau de paille et son panier au bras. Nous les vîmes ensuite rassemblées dans une belle salle, d'où elles se rendirent au réfectoire autour d'un excellent diner. Quand Mme de Lort entra, plusieurs des plus petites se pressèrent auprès d'elle et reçurent un moment des caresses ou quelques marques d'affection et de familiarité. Elle leur parla en français à toutes pour nous montrer leurs progrès, et les fit rire de bon cœur des méprises qu'elles faisaient. L'italien est soigneusement cultivé et l'on permet le moins possible l'usage du milanais. Les études sont très libérales et doivent choquer la plupart de leurs grand'mères, qui apprenaient à peine à lire et à écrire et qui voient leurs illustres descendantes, que leur naissance devait condamner à l'insipidité et à l'indolence, occupées à couper des chemises ou à faire des corsets, à inventer des formes de robes et à raccommoder des bas, instruites dans tous les détails que doit connaître une maîtresse de maison et combinant ces devoirs domestiques avec l'étude des langues, les arts, les sciences et la littérature (1). »

A la vérité, les Autrichiens opérèrent bientôt,

---

(1) Premier volume de la traduction française de 1821, p. 248 et suiv.

le 1ᵉʳ août 1818, quelques changements dans la maison; mais ces changements ne portèrent guère que sur les exercices religieux, le choix des livres et les relations de la Directrice avec l'autorité. Napoléon, tout en inculquant fortement l'habitude de la piété aux jeunes filles, les tenait en garde contre le mysticisme : il spécifiait des prières purement canoniques : le règlement autrichien porta, au contraire, que la prière commune serait ou composée ou tirée exprès de quelque bon livre de spiritualité; il prescrivit une huitaine de manuels de dévotion. La liste des ouvrages de pure littérature fut notablement réduite, malgré l'adjonction naturelle sous un empereur d'Autriche de la langue et de la littérature de l'Allemagne; elle se composa seulement des ouvrages suivants : Anthologies italiennes à l'usage des humanités supérieures, des humanités inférieures, des classes de grammaire; Lettres des meilleurs écrivains italiens choisies par Elia Giardini, Lettres sur le chant de Minoja, Lettres familières (en italien également). Fables de La Fontaine, de Gellert, de Lessing, de Gessner. Contes moraux (en allemand) de Filippi; Œuvres diverses pour la jeunesse (en allemand) de Campe; enfin, comme ouvrages de divertissement, Berquin en italien et en français, les ouvrages sacrés de Métastase, les Nouvelles Morales de Soave, les Contes

Moraux de De Cristoforis. La liste des ouvrages d'histoire fut encore plus réduite. Plutarque, par exemple, le Voyage d'Anacharsis, les ouvrages de Robertson, de Voltaire, de Lacretelle, ceux même de Fléchier, de Bossuet disparurent, aussi bien que Boileau, Racine, Corneille, Mme de Sévigné, Cervantès, Goldoni et Alfieri. Enfin, tandis que sous l'Empire, la Directrice était en communication directe et constante avec le ministère, le collège fut désormais placé sous la surveillance d'un curateur choisi dans l'aristocratie lombarde, le comte Giovanni Luca della Somaglia, qui eut plus tard pour successeur le comte Giovanni Pietro Porro d'abord, le comte Renato Borromeo ensuite.

Mais la timidité d'esprit qui avait dicté tous ces changements n'empêchait pas le gouvernement autrichien de subir l'ascendant de la pensée qui avait présidé à la fondation du collège : le régime intérieur de la maison demeura identiquement le même, sauf que, d'accord avec la Directrice, on espaça davantage les sorties des élèves et que les visites des parents furent assujetties aux usages des couvents. On n'emprunta rien au collège de filles, fondé à Vienne, rue Abster, par Joseph II, bien qu'on eût un instant expédié d'Autriche la règle de ce collège dans la pensée de l'appliquer en Lombardie. Les élèves admises à titre gratuit continuèrent à être traitées sur le même pied que les autres : à Vienne, celles des jeunes filles qu'on admettait gratuitement s'engageaient à se vouer pour six ans à l'instruction publique, engagement fort honorable dans une Ecole Normale où tous le prennent, mais distinction fâcheuse dans une maison où les pauvres seuls y sont soumis. Vienne, les élèves payantes s'entretenaient elles-mêmes ; à Milan, la maison continua à se réserver le moyen de maintenir l'uniformité du costume. Les habitudes démocratiques, ou, si l'on aime mieux, viriles, furent maintenues : les grandes élèves durent, comme par le passé, s'habiller seules ou sans autre aide que celle de leurs compagnes, aider à tour de rôle l'infirmière pour apprendre à soigner les malades, faire leurs vêtements, leur linge et celui du collège. Enfin, si la littérature et la philosophie françaises n'occupèrent plus la même place dans les programmes, c'étaient une directrice et une Maîtresse françaises qui continuaient à diriger la maison. Pour les simples institutrices, si la pluralité avait bientôt cessé de nous appartenir, si, pour celles qu'on ne prenait pas en Italie, on chercha peut-être plutôt à Genève ou en Savoie, on n'exclut jamais systématiquement nos compatriotes.

C'est même chose curieuse que le soin avec lequel les Autrichiens s'abstiennent d'ordinaire de toucher aux usages de ce collège. Nous avons dit que la raison d'économie leur avait fait, en 1814, remercier deux institutrices ; cette question de l'économie revint plusieurs fois, car le collège, comme la plupart des établissements publics, coûtait plus qu'il ne rapportait ; néanmoins on voit François II, en 1818, déclarer qu'il n'y a point lieu à réduire les dépenses de la maison, et, détail plus piquant, la Direction impériale et royale de comptabilité elle-même batailler en 1828 contre la proposition de réduire les appointements des institutrices à nommer par la suite. « Il fallait avoir égard, » disait-elle, « aux branches d'enseignement qu'on cultivait dans ce collège, au degré éminent, aux conditions toutes particulières où il est placé. » Si cette réduction passa l'année suivante, c'est que le curateur, fort bien intentionné pour la maison, l'appuya par un argument fort plausible : il fit remarquer que des appointements très élevés, offerts à des personnes souvent très jeunes (et quinze cents francs, pour des femmes nourries et logées, étaient alors en effet une assez grosse somme) amenaient quelquefois au collège des personnes fort honnêtes, mais sans vocation véritable, qui n'y restaient que le temps nécessaire pour amasser un peu d'argent. Enfin l'Autriche eut le mérite de comprendre que, tandis que la conformité de notre langue avec l'italien en rendait l'étude attrayante à de jeunes italiennes, l'allemand semblerait toujours à la plupart d'entre elles un *pensum* désespérant; aussi, tout en en prescrivant l'étude, ne l'imposa-t-elle qu'aux élèves les plus avancées, alors que le français, comme l'italien, s'apprenait dans toutes les classes. Ce fut sans doute par inadvertance qu'elle supprima dans la liste des livres l'histoire spéciale de l'Allemagne, en maintenant celle de la France, mais le fait qu'une pareille inadvertance ait été commise est déjà significatif (1).

Avouons que les Autrichiens eurent du mérite à conserver, même en la modifiant, une institution du vainqueur de Marengo, d'Austerlitz et de Wagram ! Ils en furent récompensés par la prospérité du collège. Dès qu'ils avaient mis quelques nouvelles places payantes à la disposition des familles auxquelles Napoléon n'en offrait que vingt-six sur cinquante, celles-ci en avaient profité; en 1821, outre les vingt-quatre élèves gratuites, on eut trente et une élèves payantes, trente-neuf en 1822, quarante-six en 1824 et 1825, accroissement qui élevait la popu-

(1) Sur les modifications que les Autrichiens apportèrent au règlement original, sur l'importance inégale donnée dans le collège au français et à l'allemand, sur la longue opposition aux économies, voir, aux Archives de Milan, celui des cartons précités qui est intitulé : *Prow. Gener. dal 1808, a...*

lation totale du collège de cinquante à soixante
et onze élèves. Ces chiffres étaient considérables
pour l'époque; car voici la population des collèges de jeunes filles en 1817 pour la Lombardie
d'après l'Almanach officiel de la province : collège des Salésiennes à Alzano, 65 élèves;
collège de Brescia, 14 ; collège des Salésiennes
de Salò, 15; *id.* de Côme, 44; collège de Crémone, 12; de Mantoue, 13; à Milan, le collège
des Salésiennes ne compte que 46 élèves et le
collège de la Guastalla réservé aux filles nobles
ne comprend, outre ses 24 élèves gratuites, que
9 payantes. Ce dernier chiffre est fort intéressant, car il prouve que l'aristocratie lombarde
préférait à cette maison purement nobiliaire
l'établissement fondé sur le principe de l'égalité.
Ajoutons que ce n'était pas seulement la partie
libérale de la noblesse qui appréciait ce dernier :
on s'attendait bien que le comte Luigi Porro
Lambertenghi, dont les fils eurent Silvio Pellico
pour précepteur, y mettrait ses filles (1). Mais

(1) Au moment où une de ses filles, Anna Maria, atteignit
l'âge de dix-huit ans auquel les élèves devaient quitter la maison, elle était, non plus seulement orpheline de mère, mais
privée de son père, qui avait dû fuir en 1821 et resta vingt
ans environ en exil (Voir quelques mots sur la famille dans un
article de M. Felice Calvi, *Archiv. Stor. Lombardo*, 2ᵉ série,
2ᵉ vol., 12ᵉ année). Son tuteur, le comte Giberto Borromeo,
demanda qu'on voulût bien la garder; sur le rapport de Mᵐᵉ de
Lort, qui déclara que la jeune fille était d'un excellent exemple par *sa piété, sa douceur, sa docilité et son application*,

les partisans, les représentants même de la restauration de l'ancien régime souhaitaient aussi
d'y placer leurs enfants, témoin le marquis
Alfieri di Sostegno, ambassadeur de Sardaigne à
Paris et jadis otage de la France, qui sollicita et
obtint en 1815 d'y faire élever sa fille (1).

Le nombre des élèves du collège diminua un
moment vers 1828; mais il se releva bientôt,
puisque le curateur, dans un rapport du 28 février 1834, demanda qu'on agrandît un peu les
dortoirs pour que deux élèves de plus pussent
venir se joindre aux quatre-vingts que la maison
comptait alors. Quant à la diminution momentanée, il l'avait expliquée en juin 1829 d'une
manière fort honorable pour le collège, tout en
signalant quelques réformes à y introduire;
c'était, disait-il, l'effet de l'ouverture de beaucoup de pensionnats particuliers à Milan et en
Lombardie et des services mêmes rendus par le
collège, beaucoup d'anciennes élèves se sentant
capables d'élever leurs filles chez elles (2). Le

le gouvernement y consentit (1823. Archives de Milan, carton
Alunne, G. L.). Le tableau du personnel du collège pour
1824-5 porte une institutrice du nom d'Anna Porro, née à Milan, âgée de vingt et un ans, et entrée en fonctions le 1er janvier 1822. Ne serait-ce pas la fille du comte Luigi ?

(1) Voyez aux Archives de Milan, parmi les cartons relatifs
au collège, celui qui porte la rubrique *Alunne, A. G.*

(2) Sur la population du collège à ces différentes époques,
voyez, aux mêmes archives, le carton souvent cité *Prow. Ge-*

collège n'avait pas été davantage étranger à
cette élévation du nombre des pensionnats en
Lombardie qui avait plus que doublé, comme on
peut le voir en comparant l'*Almanach officiel* de
1828 à celui de 1817 ; car, dès le 5 juin 1813, le
gouvernement français avait cru devoir prémunir le public par la voie du *Giornale italiano*
contre une sorte de contrefaçon.

Les Rapports annuels qui constataient la prospérité de notre collège l'attribuaient tous à la
bonne tenue de la maison, aux progrès des élèves : « L'établissement, » dit, par exemple, celui
de 1824-1825, « est florissant au même degré que
les années précédentes, comme le montrent le
nombre des élèves et leurs progrès tant dans les
mœurs que dans l'instruction civile et religieuse ;
les examens semestriels de 1825 en ont fourni
une preuve publique. Pour les professeurs et la
Maîtresse, on ne peut que se louer de leur zèle
et de leur conduite régulière et subordonnée (1). »
Aussi le gouvernement autrichien donna-t-il à
la Directrice un gage public de son estime en
lui conférant l'Ordre de la Croix étoilée, « destiné à des dames nobles qui, se consacrant surtout au service et à l'adoration de la croix,

ner. *dal 1808 al..*, et le carton *Alunne, Prow. Gener. 1831*,
dans la série des documents relatifs au collège.

(1) Voir le premier des deux cartons cités dans la note précédente.

s'adonneraient de plus à la vertu, aux bonnes
œuvres et à la charité (1). » Il est vrai que l'âge
de Mme de Lort et sa santé depuis longtemps
ébranlée lui conseillèrent bientôt après la retraite. Mais, quand elle obtint son congé, à soi-
xante-quatre ans environ, au début de septembre 1828, le collège était sur un trop bon pied
pour en souffrir. Mme Henriette Smith, qui appartenait à la maison depuis dix-huit années,
qui depuis le 20 mars 1812 y remplissait les fonctions de Maîtresse, qui avait toujours vécu en
parfaite intelligence avec la Directrice et l'avait
suppléée avec dévouement, avec habileté durant
ses absences et ses maladies, fut nommée à sa
place le 24 août 1829, après avoir encore une
fois exercé la fonction par intérim.

Les documents qui subsistent ne permettent
pas d'instituer le parallèle de la première et de
la deuxième Directrice. Tout ce que l'on peut
conjecturer, c'est que la seconde, si elle n'avait
ni les qualités ni les défauts d'une comtesse,
possédait une aptitude plus marquée pour se
mettre à toute espèce de travaux : ainsi, elle
emploie au besoin l'italien dans sa correspon-

---

(1) C'est dans l'Almanach officiel de 1828 que le nom de
Mme de Lort se trouve accompagné de ce titre ; nous emprun-
tons la définition de l'ordre à la *Collection historique des
ordres civils et militaires* de A. M. Perrot. Paris, André,
1820, in-4°.

dance officielle, tandis que Mme de Lort répondait toujours en français aux lettres écrites en italien ; elle se déclarait prête à tenir la comptabilité de la maison, tâche que Mme de Lort avait toujours déclinée autant qu'elle l'avait pu. Quoi qu'il en soit, l'autorité marquait pour l'une et pour l'autre une égale estime et leur attribuait à toutes deux une grande part dans la prospérité du collège.

La seconde et dernière Directrice française administra la maison encore plus longtemps que n'avait fait la première ; car elle resta en activité jusqu'à la fin de 1849 (1). Je ne sais si c'est la mort ou le besoin de repos qui l'enleva à ses fonctions et si elle a vu le retour du drapeau français dans la capitale de la Lombardie ; mais je suis du moins content pour elle qu'elle ait vu les journées de mars 1848, date glorieuse et

---

(1) Je n'avais eu entre les mains que les almanachs antérieurs à 1849 qui la portent tous comme Directrice depuis l'époque de sa nomination. M. le professeur Novati, qui a bien voulu continuer mes recherches sur ce point, la trouve mentionnée, avec cette même qualité, dans la *Guida di Milano* de 1849 ; en 1850, le nom de la Directrice est en blanc ; en 1851, la nouvelle titulaire est Mme Rosa Scatiglia. M. Novati fait observer à ce propos que, cet annuaire se publiant alors comme aujourd'hui entre les mois de février et de mars de l'année dont il porte le millésime, Mme Smith, du moment où elle ne figure plus dans l'édition de 1850, doit avoir cessé ses fonctions à la fin de 1849. Aux Archives de Milan, les particularités sur Mmes de Lort et Smith se trouvent surtout dans les cartons *Prow. Gener. dal 1808 al...* , et *Direttrici Uff. Istit. e Maest. Prow. Gener.*

pleine de promesses à laquelle les fils et les frères de ses élèves en avaient une première fois
chassé les Allemands.

Elle emporta une autre satisfaction, celle de
laisser le collège dans une prospérité qui dure
encore aujourd'hui dans le nouveau local de la
via Passione

CHAPITRE V.

Les collèges de Vérone, de Lodi, de Naples, encore aujour-d'hui, comme le collège de Milan, vivants et prospères. Les patriotes italiens et les voyageurs d'accord avec Stendhal pour reconnaître que la fondation de ces collèges a puissamment contribué à relever le cœur et l'esprit de la femme en Italie.

Le collège de Vérone n'avait pas couru les mêmes dangers, précisément par les raisons qui nous ont fait prendre de préférence le collège de Milan pour objet de notre étude : le personnel en était italien, et le plan d'études moins étendu ; il pouvait donc moins inquiéter l'Autriche. Tou-tefois, comme nous l'avons dit, on y appliquait le même système d'éducation, sinon d'instruc-tion, qu'à Milan. Il avait donc, lui aussi, de quoi déplaire. Mais il faut croire que lui aussi il fut sauvé par les services qu'il rendait : ici encore, en effet, les Autrichiens maintinrent en fonctions le personnel nommé par le prince Eugène et laissèrent en vigueur la règle primitive jus-qu'en 1837 ; encore ne touchèrent-ils jamais aux points essentiels, à ceux qui pouvaient le mieux retremper le caractère et réformer les mœurs du sexe féminin en Italie ; on peut s'en con-

vaincre en lisant un récit succinct des vicissitudes de ce collége, que le gouvernement italien
a publié en 1873 (1). Car ce collège, comme celui de Milan, est toujours vivant et prospère.
Nous renvoyons à cette histoire sommaire qui
achèvera de montrer la solidité de cette œuvre
de Napoléon. Détachons-en seulement une note
de la page 4, qui rend un glorieux témoignage
de l'excellence du choix fait par le prince Eugène pour la direction de l'établissement :
« C'est une dette de reconnaissance de rappeler
le nom de la première Directrice, qui fut
Mme Amalia Guazza, et dont les éminents services ont laissé dans le pays et dans la maison
le plus cher, le plus impérissable souvenir. Entrée au collège à l'époque même de la fondation,
et nommée Directrice effective par décret du
6 janvier 1813, elle soutint cette charge difficile
pendant plus de quarante années et l'exerçait
encore lorsqu'elle mourut le 30 juin 1854. »

Le collège de Lodi fut également conservé :
quand lady Morgan le visita dans les premières
années qui suivirent la chute de Napoléon, Maria
Cosway avait été rappelée en Angleterre par des
affaires domestiques, et une autre dame le dirigeait ; mais il était florissant comme il l'est en-

---

(1) *Regno d'Italia. R. Collegio Femminile di Verona.* Vérone, typogr. Gaetano Franchini. J'en dois la connaissance à
M. Giuseppe Biadego.

core aujourd'hui. Lady Morgan, qui attribue à
Maria Cosway *tous les talents, toutes les qualités qui.
peuvent rendre une femme accomplie*, dit que sous
sa direction ce pensionnat était devenu et restait
*une des meilleures maisons qui existent en Italie
et peut-être en Europe*. Ce qu'elle ajoute prouve
que, sauf quelques modifications sur l'article du
parloir, les Autrichiens avaient laissé subsister
la règle de la maison émanée du même esprit.
que celle du collège de Milan, quoique visant à
une éducation moins complète : « Le costume.
est uniforme, simple et propre sans recherche.
L'instruction est la même pour tous, excepté la
musique, la danse et le dessin que l'on n'enseigne qu'à celles dont les parents sont de rang à
nécessiter des talents de ce genre. Elles apprennent des ouvrages d'aiguille utiles et l'économie
domestique, de manière à pouvoir, en rentrant
dans leur famille à l'âge de quatorze ans, tenir.
des livres de commerce ou conduire une maison.
L'écriture, l'arithmétique et le style épistolaire
sont particulièrement soignés, et la géographie,
la grammaire et l'histoire enseignées à fond (1). »

L'œuvre française dont nous retraçons l'histoire désarma jusqu'à la haine plus aveugle encore des Bourbons de Naples. Caroline Murat,
qui avait pris à cœur l'établissement placé sous

(1) Voir la note qu'elle a mise au passage précité de sa relation de voyage.

sa protection, avait, dit-on, en quittant le royaume,
répété à tous les Napolitains qui lui faisaient
leurs adieux : « Conservez mon école, veillez
sur les *Miracoli* (ex-couvent de Naples dans lequel on avait transporté le collège d'Aversa)! »
Son vœu fut exaucé. Le roi Ferdinand Ier montra
sa mauvaise humeur en refusant de visiter l'établissement; mais le 6 novembre 1816, il le con-
firma *quoique élevé par l'envahisseur*. Pietro Colletta constate avec joie, dans son Histoire du
Royaume de Naples, que cette maison, fondée
par Joseph et Joachim, « après avoir grandi sept
années en mérite, en importance, et en renommée, » a été conservée avec la règle originelle.
Ce que lady Morgan, dans sa relation de voyage,
appelle de grands changements, se réduisit à
l'adjonction d'un professeur de catéchisme et à
quelques modifications dans les rapports entre
les parents et les familles; la règle intérieure fut
maintenue (1). Aujourd'hui encore deux des trois
collèges qui existent à Naples sont établis l'un aux
Miracoli, l'autre à San Marcellino. Les noms de
la princesse Maria Clotilda, de la reine Maria
Pia, qu'ils portent présentement, ne suffisent pas
à faire oublier les véritables fondateurs.

(1) Le passage de Colletta est tiré de la *Storia del Reame di
Napoli dal 1734 sino al 1835*, liv. VII, ch. I, § 7. Pour l'histoire des collèges de jeunes filles de Naples sous les Bourbons, j'ai mis à profit la notice de M. Croce que j'ai déjà citée
et dont je donnerai le reste en appendice.

Je le demande maintenant : s'il est vrai que
de pareils établissements eussent partout produit
de bons effets, combien ne furent-ils pas efficaces, nécessaires, chez un peuple qui commençait à vouloir se relever de sa décadence, mais
où l'instruction et l'éducation des femmes étaient
dans le délaissement que nous dépeignent les
historiens italiens? A une éducation qui entre-
tenait la mollesse, les préjugés de caste, l'ignorance, où la piété même ne tournait pas au
profit de la vertu, ils avaient substitué une
éducation qui reposait sur une piété agissante
et éclairée, qui enseignait que le mérite seul
établit des différences entre les hommes, qui
préparait, non plus des femmes sans défense
contre les surprises du cœur, sans intérêt pour
les idées généreuses, mais les épouses et les
mères des patriotes qui ont relevé l'Italie. Si
Parini, si Alfieri avaient pu voir ces nouveaux
principes appliqués pendant quarante années par
les personnes mêmes que les fondateurs avaient
reconnues dignes de les répandre, s'ils avaient
pu voir l'élite de la société solliciter le bienfait
de cette éducation pour ses filles, avec quelle
éloquence, avec quelle émotion n'auraient-ils pas
béni un pareil symptôme de régénération, et
l'auteur du *Misogallo* n'eût-il pas avoué ce que
proclamait Stendhal, que les collèges de jeunes filles institués en Italie par le gouverne-

ment français *ont eu la plus salutaire influence?*

Nous objectera-t-on que Stendhal était Français, que nous faisons parler à notre guise Alfieri et Parini ? En ce cas, nous laisserons le dernier mot à deux témoins dont on ne suspectera pas l'impartialité et dont on ne nous accusera pas d'interpréter arbitrairement le silence ; car ils sont tous deux étrangers, et ils se sont prononcés avec une précision catégorique. Ecoutons d'abord lady Morgan : « De tous les bienfaits que la Révolution a conférés à l'Italie, celui dont les favorables effets dureront le plus longtemps, est un système d'éducation pour les femmes plus libéral, élevé sur les ruines d'un bigotisme dégradant. » Ecoutons enfin un patriote italien : Colletta, dans le passage précité où il nous apprend que le collége des Miracoli survécut à la réaction bourbonienne, déclare que cette maison a contribué et contribue encore puissamment à rendre meilleures les mœurs domestiques, à former beaucoup de vertueuses épouses, de mères prévoyantes, affectionnées aux joies de la famille : *è stata ed è potente cagione dei costumi migliorati delle famiglie e dell' incontrarsi spesso virtuose consorti, provvide madri amorose delle domestiche dolcezze.* Il est impossible de désirer un témoignage plus désintéressé et plus glorieux.

L'ENSEIGNEMENT SUPÉRIEUR LIBRE

EN FRANCE

CHAPITRE PREMIER

Du goût pour les cours publics.

Pourquoi, chez un peuple qui a de tout temps goûté l'art de bien dire, le brillant professeur qui avait plus fait, par l'éclat de sa parole, pour fonder l'université de Paris, que les papes par leurs bulles ; pourquoi cet Abélard qui peuplait une solitude de la Champagne en y portant sa chaire, n'a-t-il trouvé qu'au dix-neuvième siècle, dans la personne d'illustres maîtres de la Sorbonne et du Collège de France, des héritiers de son talent et de sa popularité ? Pourquoi, si l'on excepte la période de la Renaissance, où la science d'un Budé, d'un Turnèbe, aidée de la noblesse de leur caractère et de l'enthousiasme

du temps, amenait à leurs cours quelques gentilshommes , la montagne Sainte-Geneviève
voyait-elle si rarement avant notre siècle le grand
public se mêler aux habitués du pays Latin ?
Sans doute, les exercices publics des collèges,
surtout quand les jésuites en réglaient l'ordonnance, les joutes de la Faculté de théologie,
surtout quand Arnauld y déployait sa dialec-
tique passionnée, attiraient un concours nombreux de personnages marquants ; tel professeur
à la parole mordante, d'un tour d'esprit bizarre,
un Guy Patin, par exemple, voyait quelquefois
survenir un auditeur illustre qu'il saluait d'un
compliment improvisé. Mais c'étaient là des circonstances extraordinaires : on peut dire, d'une
manière générale, que les candidats aux grades
universitaires fréquentaient seuls l'Université.

Essayons d'expliquer ce fait.

Le public, dans les derniers siècles, n'aimait
certes pas moins la littérature que de nos jours ;
mais il la cultivait autrement. Aimer les lettres,
c'était d'abord pour lui lire et relire les auteurs
classiques de l'antiquité ou des temps modernes.
On sortait jeune du collège ; mais on y avait pris
le goût d'un commerce intime avec un petit
nombre d'auteurs du premier ordre ; et comme
en entrant dans le monde on y retrouvait ces
auteurs en possession d'un égal crédit, on leur
gardait une fidélité qui occupait une bonne part

des loisirs de la vie. On ne désirait point un commentaire éloquent ou spirituel de ces grands écrivains : on préférait les étudier soi-même. C'est une des raisons pour lesquelles l'époque qui a le plus universellement, le plus vivement goûté Cicéron et Virgile, nous a bien laissé quelques pages admirables offertes en tribut à l'antiquité, mais non un bon livre de critique sur les orateurs ou sur les poètes anciens ; et c'est aussi la raison pour laquelle on ne se remettait plus, à l'âge adulte, sur les bancs de l'école.

Aimer les lettres, c'était encore s'essayer à écrire. Même parmi les personnes les plus résolues à ne point compromettre leur réputation d'esprit au profit d'un imprimeur, presque tous ceux qui se piquaient de goûter la littérature se hasardaient à rimer dans le secret de l'intimité, à enfermer dans d'élégantes maximes quelques ingénieuses remarques sur les mœurs, à esquisser le portrait d'un ami où l'on tâchait de mêler d'une main légère l'éloge et l'avertissement, à définir le sens précis des expressions de la bonne compagnie ; ils soignaient leurs lettres, leurs entretiens des jours de réception : la correspondance épistolaire et la conversation formaient deux genres littéraires où l'on se risquait à huis clos. Ainsi passait la part de loisirs que la lecture ne prenait pas. On n'avait que faire de traverser la Seine pour aller chercher la littérature, puisqu'on la trouvait chez soi.

Aussi, au dix-septième siècle, les précieuses ridicules mêmes ne songent-elles point à réclamer pour elles la fondation de cours publics : elles vont, à la vérité, dans leur impuissance à renverser les lois de la nature, prendre une idole dans le sexe dont elles prétendent s'affranchir ; mais c'est un oracle qu'il leur faut, ce n'est pas un professeur ; elles comptent monter à leur tour sur le trépied. Elles lui prêtent leur attention pour recevoir ses conseils, mais aussi pour qu'il les écoute ensuite. Elles lui soumettent leurs productions, mais à charge de revanche ; et l'on ne voit même pas qu'elles tiennent de lui la science qui a brouillé leur jugement : ce n'est pas lui qui a installé chez elles la grande lunette à faire peur aux gens ; elles ne doivent leur sottise qu'aux livres et à elles-mêmes.

Durant la majeure partie du dix-huitième siècle, le public garda les mêmes usages. Le ton et la matière des exercices auxquels on s'amusait avaient changé : le persiflage se cachait sous la politesse ; les discussions sur la philosophie de l'histoire remplaçaient les analyses de morale ; mais on continuait à croire que le plus sûr, pour apprendre à marcher, comme pour prouver le mouvement, est de marcher plutôt que de regarder marcher ; c'est-à-dire que, du moins l'ado-

lescence passée, la lecture et la conversation valent encore mieux pour former l'esprit que de
brillantes leçons que rien ne grave dans la mémoire et sur lesquelles rien ne force à réfléchir.

La manière dont nos pères parachevaient leur
instruction dans l'âge mûr marquait donc peut-
être plus d'énergie que celle qui a prévalu depuis, et préparait un public plus véritablement
cultivé ; une époque où toute la société polie se
divertissait à penser et à écrire avait plus de
chances de produire des hommes de génie qu'une
époque où cette même société s'amuse à écouter. Toutefois, la vogue des cours publics, outre
qu'elle témoigne d'un goût honorable encore,
quoique passif, pour les lettres, a grandement
servi les progrès du genre où notre génération
réussit le mieux : la critique. A mesure que
beaucoup d'œuvres brillantes, mais improvisées
par des esprits plus fougueux que profonds per-
dent de leur prestige, on comprend mieux que
ce genre, qui ne requiert point de facultés créa-
trices, est celui qui soutiendra la réputation de
la fin du dix-neuvième siècle. Or, quoique la
philosophie française et la philosophie allemande,
l'école de Rousseau représentée par Mᵐᵉ de Staël
et Chateaubriand, et l'école de Kant puissent
revendiquer l'honneur d'avoir découvert les principes qui ont donné à la critique moderne sa finesse et sa portée, la nécessité d'intéresser un

auditoire nombreux et aussi avide de plaisir que
d'instruction a conduit les maîtres à chercher
des vues plus neuves et plus vastes. Aussi le
plus brillant élève de M^mo de Staël a-t-il été Villemain ; et depuis soixante ans que la foule se
presse devant les chaires de l'enseignement supérieur, les hommes qui l'y retiennent ont découvert dans l'histoire de la littérature plus de
vérités que leurs devanciers n'en avaient aperçu
en bien des siècles.

Mais, dira-t-on, ce préambule conviendrait si
le haut enseignement ne s'adressait qu'aux amateurs, et nous le voyons, au contraire, former
de sérieux adeptes à la sévérité des bonnes méthodes et ne pas seulement décrire les résultats
brillants de la science, mais frayer la route qui
y conduit.

Nous répondrons que c'est de l'enseignement
supérieur libre, et non des Facultés de l'Etat,
que nous esquissons l'histoire, et que les faits
vont nous montrer que les cours libres dont
nous exposerons le rôle et l'influence, ont dû
aux gens du monde leur naissance et leur durée.
Etudier ces cours, ce ne sera donc pas simplement ajouter quelques traits à l'histoire anecdo-
tique de notre littérature, à la biographie de beaucoup d'hommes célèbres, et défendre contre un
injuste oubli plusieurs associations qui ont longtemps occupé l'attention publique ; ce sera, de

plus, s'éclairer sur les avantages et les inconvénients attachés, au moins dans notre patrie, aux Universités libres. Nous ne parlerons pas de celles qui existent aujourd'hui sous nos yeux, parce qu'elles sont encore trop récentes. Les associations qui les ont précédées nous offrent dans leur longue carrière un champ d'observation plus vaste, plus sûr même, parce qu'il est plus aisé d'y demeurer impartial.

CHAPITRE II.

I

Certes, si jamais, en fondant des cours libres, on a pu légitimement concevoir le dessein de suppléer à l'insuffisance de l'enseignement officiel, ça été à l'époque où Pilâtre de Rozier ouvrit son Musée. On se souvient de l'émotion, de l'ardeur généreuse qu'excitèrent un peu après 1870 les hommes qui révélèrent courageusement à la France tout ce qui manquait aux Facultés de l'Etat. Les hommes compétents étaient encore beaucoup moins satisfaits de nos Universités dans les années qui précédèrent 1789, et ne gardaient pas davantage le silence. M. Liard a fortement marqué, dans son histoire de l'Enseignement supérieur en France, le contraste qui existait au dix-huitième siècle entre les savants libres qui remplissaient de leur nom l'Europe entière, qui découvraient non pas seulement des

vérités, mais des sciences nouvelles et les maîtres des Universités, routiniers et obscurs, qui
ne savaient même pas se faire honneur des inventions d'autrui. La faute n'en était pas uniquement à l'insouciance de Louis XV : il n'était
pas, en effet, dans la tradition que le gouvernement provoquât des réformes pédagogiques favorables au progrès des lumières. Sauf l'heureuse
dérogation par laquelle François Ier avait créé le
Collège de France (et ce collège, créé pour chas-
ser la routine, avait été envahi par elle), les
rois récompensaient par des honneurs et des
pensions la science déjà illustre ; mais la science
encore obscure et la transmission de la science
ne les intéressaient pas. C'était sous le patronage
de l'Eglise que les Universités avaient grandi,
et l'on ne pouvait raisonnablement exiger que
l'Eglise traitât les connaissances profanes avec
la sollicitude qu'elle avait témoignée à la théologie. Aussi, nombre des chaires, locaux, mérite
des professeurs, méthodes, tout était défectueux, tout appelait une réforme.

Il semblerait donc que la pensée de Pilâtre
dût être d'offrir aux jeunes gens qui voulaient
se vouer à l'étude l'initiation à la fois prudente
et hardie qu'ils auraient inutilement cherchée
ailleurs. Pourtant Pilâtre ne songea pas surtout
à eux. Je ne voudrais pas dire que ses défauts
l'en détournèrent aussi bien que ses qualités; il

répugne d'employer un mot désobligeant à propos d'un homme si sympathique par son courage, son activité, et dont l'esprit de ressources a été, en somme, beaucoup plus utile aux
autres qu'à lui-même. Peut-être, cependant,
n'eût-il été que médiocrement flatté d'avoir
pour uniques auditeurs des étudiants, c'est-à-
dire des jeunes gens pour la plupart sans nom,
sans crédit, sans fortune. Quelques-uns de ses
imitateurs penseront davantage à ces auditeurs
modestes ; mais ses continuateurs véritables,
ceux qui s'inspireront fidèlement de son esprit,
ne songeront que très tard à les attirer. Quand
Pilâtre pensait à la jeunesse, c'était probablement surtout, comme les rédacteurs d'un programme publié pour son établissement vers décembre 1785, quelques mois après sa mort, à la
jeunesse aristocratique qu'il songeait particulièrement, aux futurs chefs d'armées et gouver-
neurs de provinces. Mais cette préférence
n'était pas de sa part une pure faiblesse. Il lui
fallait des appuis et il connaissait la légèreté des
puissances de son temps : il savait qu'incapables
de s'intéresser à ce.qui était uniquement sérieux,
elles ne se faisaient pourtant pas une règle de
l'indifférence, mais que l'empire de la mode
pouvait seul les en tirer. Comme elles n'accordaient qu'une protection, et même qu'une tolérance précaire aux efforts des hommes de bonne

volonté, ceux-ci étaient obligés de sacrifier à la frivolité pour la mettre de leur côté ; il fallait se placer sous la protection de son caprice : l'appui du gouvernement, de la noblesse, était à ce prix. Pilâtre dut tenir compte de cette considération, qui faisait souvent échouer ou dévier les tentatives les plus généreuses.

On pourrait également croire, parce que l'établissement qu'il a fondé rappelle surtout le nom de La Harpe, que l'amour des lettres en a suggéré la fondation. Il n'en est rien : le fondateur obéit à la pensée qui avait inspiré la partie scientifique de l'Encyclopédie. Le dix-huitième siècle, sans placer exclusivement le bonheur dans le bien-être, voulait que la science se proposât principalement de rendre la vie plus commode : de là, les soins que prend Diderot pour exposer les progrès des arts mécaniques, la célébrité qui, dès le premier jour, récompensa à des titres divers, les Jacquart, les Parmentier, les Jenner, les Franklin ; de là, les sociétés qui se formèrent dans la seconde moitié du siècle pour encourager les découvertes applicables à l'agriculture ou aux métiers. Les lettres ne furent admises dans la maison de Pilâtre que quelques années plus tard. Mais toutes les fois qu'elles s'allient aux sciences dans une œuvre commune, comme elles sont plus accessibles à la foule, elles demeurent seules dans sa mé-

moire : le mot d'école d'Alexandrie fait surtout
songer au poème sur l'expédition des Argonautes,
à des hymnes, à des églogues, et pourtant Era-
tosthène et Hipparque avaient plus de force de
génie que les poètes des Ptolémées. Déjà en
1808, un railleur s'étonnait que la salle des
cours ressemblât fort peu à une bibliothèque de
lettrés : « Quel aspect, » disait *La Gazette de
France* du 20 juillet, « offre à l'étranger cet asile
des Muses ! Un vaste fourneau, espèce d'antre
représentant assez bien les forges de Vulcain,
telle est la décoration du fond de la salle. Au-
dessus de la tête des lecteurs, brillent des
bocaux étiquetés et qui nous transportent dans
ces laboratoires de l'alchimie que les peintres
flamands se sont plu à rendre avec leur minutieuse et précieuse exactitude ; des cornues, des
alambics complètent l'illusion...; des globes
métalliques suspendus à la voûte et propres à
recéler des feux dont Jupiter formera là foudre...
frapperaient de terreur si l'œil ne se reposait
enfin sur le modeste verre d'eau sucrée placé à
la gauche du lecteur, comme un symbole des
douceurs qu'il se prépare à débiter. » Mais laissons dire les railleurs : nous verrons que les
sciences ont fourni à cette chaire plus d'hommes
supérieurs que les lettres.

Ce fut donc surtout pour intéresser les gens
du monde à la physique et aux mathématiques

que le hardi et brillant Pilâtre fonda, sous le patronage du roi et du comte de Provence, le Musée de Monsieur, qu'il ouvrit le mardi 11 décembre 1781, rue Sainte-Avoye (1). Mais alors ne faut-il pas recommencer sa justification ? Car la témérité était encore beaucoup plus grande que s'il se fût agi de cours de littérature ou d'histoire. Mais M. Guizot vient à notre aide : dans une notice sur Mᵐᵉ de Rumford, la veuve de Lavoisier, il reproche aux hommes spéciaux de trop dédaigner l'intérêt que les gens du monde peuvent porter à leurs études : « L'estime, le goût du public pour la science, et la manifestation fréquente, vive de ce sentiment, sont pour elle d'une haute importance... Les temps de cette sympathie un peu fastueuse et frivole ont toujours été pour les sciences des temps d'élan et de progrès. » C'est bien plutôt pour la pédagogie qu'il faut redouter l'intérêt du grand public parce qu'ici il s'agit d'établir des règlements, de légiférer, et que, en matière d'éducation surtout, ni la bonne volonté, ni l'intelligence, ni les lectures et la méditation ne sauraient suppléer au défaut de pratique. Mais, pour les autres sciences, la popularité n'a guère que des avantages :

(1) Voyez p. 173 du 18ᵉ volume des *Mémoires secrets pour servir à l'histoire de la république des lettres*, à la date du 2 décembre 1781, et Dulaure, *Histoire de Paris*, 6ᵉ vol. de la 6ᵉ édit., p. 381.

elle stimule les savants, elle leur procure les ressources nécessaires à leurs recherches, sans qu'on ait rien à redouter de la foule médiocrement compétente qui la distribue.

Au surplus, Pilâtre avait bien compris à quelle condition un établissement du genre de celui qu'il fondait pourrait contribuer véritablement aux progrès des sciences; et ce n'est pas un médiocre honneur pour lui que d'avoir tenté le premier d'offrir des laboratoires aux savants, des cours aux amateurs : « On y fera, » disent les *Mémoires secrets*, qui assignent à son Musée ce double objet (1) : « 1° un cours physico-chimique servant d'introduction aux arts et métiers, dans lequel on fera connaître l'histoire naturelle des substances qu'on y emploie; 2° un cours physico-mathématique expérimental, dans lequel on s'appliquera spécialement aux arts mécaniques; 3° un cours sur la fabrication des étoffes, la teinture, les apprêts; 4° un cours d'anatomie dans lequel on démontrera son utilité dans la sculpture et la peinture, auquel on joindra les connaissances physiologiques nécessaires à un amateur; 5° un cours de langue anglaise; 6° un cours de langue italienne. » On le voit, dès 1781, Pilâtre fondait une sorte d'Ecole pratique des sciences et de Conserva-

---

(1) *Mémoires secrets*, 3 décembre 1781.

toire des arts et métiers. C'est sans doute à cette pénétrante intelligence des besoins de son temps qu'il dut le suffrage de l'Académie des sciences, de l'Académie française, de l'Observatoire, de la Société royale de médecine, de l'Ecole royale vétérinaire, encouragements auxquels il répondit en instituant de nouveaux cours sur les mathématiques, l'astronomie, l'électricité, les aimants (1).

Mais Pilâtre aimait les applaudissements autant que la science : il était très répandu dans la haute société ; au titre de premier professeur de chimie de la Société d'émulation de Reims, il joignait celui d'attaché au service de Madame, d'inspecteur des pharmacies de la principauté de Limbourg (2) ; et il voulait, non pas un simple auditoire d'hommes studieux, mais un parterre de personnes de marque ; il s'était donc fait autoriser à admettre les dames aux cours de son Musée (3). D'ailleurs, en homme avisé, il devinait que les élèves ne viendraient pas tout d'abord, parce que les familles n'envoient leurs enfants aux écoles supérieures que quand il est bien avéré qu'ils y apprendront une science lucrative ; et le titre d'ingénieur ou de chimiste leur paraissait alors beaucoup moins plein de

(1) *Mémoires secrets*, 3 décembre 1782.
(2) *Ibid.*, 2 décembre 1781.
(3) *Ibid.*, 3 janvier 1782.

promesses qu'aujourd'hui. Il fallait donc se ménager les moyens d'attendre les écoliers, de subvenir aux frais du laboratoire. Pardonnons-lui donc les innocents artifices dont il se servit pour éblouir et amuser un auditoire superficiel ! Epargnons-lui les qualifications injustes de charlatan, d'aventurier que lui donnent parfois les *Mémoires secrets* (1) ! N'eût-il dû recruter aucun adepte sérieux, la foule qu'il attirait concourait à son louable dessein.

Son programme, tel que nous l'avons résumé, offre déjà un aperçu des moyens inventés par lui pour séduire la foule : la multiplicité des cours, le choix de sciences nées de la veille, les avances faites aux purs amateurs, la promesse de trouver un même homme qui enseignera l'anatomie aux artistes et la physiologie aux gens du monde, tout cela marque l'intention d'attirer les curieux. La rivalité de deux établissements qui avaient quelque peu précédé le sien, la *Correspondance générale et gratuite pour les sciences et les arts* fondée par le sieur de La Blancherie, et le Musée de Paris, présidé par Court de Gébelin, stimulèrent son imagination (2).

---

(1) Par exemple, le 7 décembre 1784.

(2) La *Corresp. génér.* de La Blancherie avait été fondée sur le modèle du Lycée de Lyon, établi d'après les *Mémoires secrets* en 1777, par un certain Bassi, à l'imitation du fameux club littéraire du café de Saint-James (Voir, sur le Lycée de Lyon, le *Courrier* du 25 juillet 1786). Le musée de Court de

Certes il ne faut pas juger uniquement de ces sociétés par les sarcasmes des *Mémoires secrets*. Court de Gébelin ne manquait pas de mérite, et, pour La Blancherie, la lecture des *Nouvelles de la République des lettres*, journal où il rendait compte des assemblées des savants et des artistes auxquels il s'offrait comme intermédiaire, prouve que durant dix années il a véritablement offert aux hommes d'étude dispersés à Paris, ou de passage à Paris, un moyen de s'entretenir ; aux peintres et aux sculpteurs, un Salon permanent ; qu'il a entretenu effectivement dans l'intérêt de la science des relations actives et étendues avec l'étranger ; en somme, il ne s'est montré indigne ni de l'appui qu'il trouva longtemps près de la plus haute noblesse, ni du témoignage que Franklin, Leroi, Condorcet et Lalande avaient rendu en sa faveur le 20 mai 1778, dans un rapport présenté à l'Académie des sciences. Mais, en même temps qu'on rivalisait de zèle, on se disputait la vogue. Dès le premier jour, on tenta de part et d'autre de se dérober les visiteurs : La Blancherie se fit donner, comme Pilâtre, la permission d'ouvrir ses séances aux dames, et Pilâtre riposta en dispensant les amateurs de

Gébelin datait du 17 novembre 1780. Bassi songea, en 1784, à ouvrir un club littéraire dans les nouvelles constructions du Palais-Royal, sous le nom que nous verrons reparaître, plus tard, de Lycée de Paris : on peut voir son prospectus imprimé à la Bibliothèque Carnavalet.

payer la cotisation de trois louis par an qu'il
exigeait d'abord (1), faveur dont il empruntait
l'idée à La Blancherie, et que d'ailleurs il n'accorda que partiellement ou provisoirement. Bientôt la Société de La Blancherie ne fit plus que
végéter : en vain il en multiplia les attraits au
point de changer ses séances littéraires en bals
et en concerts; elle ne se releva de plusieurs
faillites que pour disparaître un peu avant la
Révolution (2). Il est vrai que Pilâtre était mort
avant elle. Court de Gébelin commença aussi
par se défendre avec succès : en mars 1782,
l'affluence était si grande aux lectures publiques
qu'il présidait le premier jeudi de chaque mois,
qu'il fallait, pour y trouver place, arriver longtemps d'avance ; il dut rebâtir son Musée à neuf,
mettre des Suisses aux portes ; et les gens en
redingote s'en virent exclus. Toutefois la discorde s'y glissa au milieu de 1783; Court de Gébelin, qu'on voulait évincer, expulsa les dissidents et Cailhava d'Estandoux leur chef. Il
commençait à s'applaudir des progrès de son
œuvre, quand il mourut en mai 1784. Ses adhé-

(1) *Mémoires secrets* du 3 janvier 1782.
(2) Voyez la curieuse histoire des efforts de La Blancherie,
dans les *Mémoires secrets*, 22 et 23 avril, 28 octobre. 9 décembre 1782, 20 août et 24 novembre 1783, 18 décembre 1784,
2 mars 1785, 17 avril, 7 mai, 20 novembre 1786; mais il faut
contrôler les assertions des *Mémoires secrets*, en consultant
le journal de La Blancherie.

rents ne surent qu'élaborer à la fin de l'année des règlements pédantesques où l'on sent des hommes gonflés de l'importance qu'ils s'attribuent, qui croient que l'honneur d'appartenir à leur Compagnie met à leur disposition les loisirs et le talent de tous les amis de la science ; on les voit fixer gravement le cérémonial et presque le Code pénal de leur association. Cette naïveté gourmée n'était pas celle qui plaisait alors. Le Musée de Paris, qui comprenait pourtant, jusque hors de France, un nombre de membres assez considérable, ne fit plus guère parler de lui (1).

II

Au contraire, la prospérité du Musée de Pilâtre croissait toujours : on accourait en foule aux fêtes qu'il y donnait, soit qu'il célébrât la réouverture de ses cours dans un nouveau local, rue de Valois, 1, par une illumination en feux de couleur et qu'il y fît couronner par Suffren

(1) Sur ce musée, voy. *Mém. secr.*, 10 mars 1782, 4 juillet, 7, 9, 10, 13, 21 août, 2 septembre 1783, 1er janvier 1784 (on voit, par l'article de ce jour, que le musée de Paris siégeait rue Dauphine), 25 mai 1784, et les deux pièces suivantes qu'on trouve à la Bibliothèque Carnavalet : *Séance du musée de Paris du 5 décembre 1784; Règlements du musée de Paris, 1785.* Le Prévost d'Exmes a consacré quelques pages de ses *Entretiens philosophiques* (Genève, 1785) au musée de Paris, sur lequel il revient encore à la note D de cet opuscule.

un buste de Buffon qu'il aurait, de plus, honoré d'une cantate sans un manque de parole de la Saint-Huberti ; soit qu'il amusât un prince nègre par des expériences de physique. Ses rivaux pouvaient bien, en effet, le lui disputer pour l'entregent et l'esprit de ressources, mais non pour le courage et le dévouement à la science : on savait qu'au milieu même de ses fêtes, il préparait l'entreprise où il laissa la vie (1). Il perdit, il est vrai, par la faute de quelques-uns de ses auditeurs, un de ses collaborateurs les plus distingués, le chimiste Proust, qui, froissé de certaines critiques sur sa méthode, donna sa démission ; lui-même il essuya quelques réclamations blessantes quand il se fit suppléer pour préluder à l'entreprise où il périt ; mais il ferma la bouche aux mécontents par l'offre de leur rendre le prix de l'abonnement. La Société Patriotique Bretonne, les dissidents du Musée de Gébelin lui demandèrent et obtinrent l'hospitalité pour leurs séances (2). À la date du 18 décembre 1784, les

(1) Sur les fêtes données au musée de Pilâtre, voyez *Mém. secrets*, 7 décembre 1784, 31 janvier 1785, le *Courrier* du 18 janvier 1785. Sur la médaille destiné aux Montgolfier, *Mém. secrets*, 9 septembre 1783. — Le musée de Gébelin avait, le 11 mars 1783, fait une cantate en l'honneur de Franklin et couronné son buste. — Le 20 novembre 1783, à la reprise des cours de Pilâtre, Mme de Chartres couronna le buste du plus jeune des frères Montgolfier.

(2) Sur ces incidents fâcheux ou heureux, voy. Lenoir, *Éloge funèbre de M. Pilâtre de Rozier*, Londres et Paris,

Mémoires secrets fixent à 40,000 livres la somme des abonnements à son Musée : si la cotisation était encore de trois louis, Pilâtre avait alors plus de 650 souscripteurs.

La Bibliothèque Carnavalet possède, pour l'année suivante, la « Liste de toutes les personnes qui composent le premier Musée autorisé par le gouvernement, sous la protection de Monsieur et de Madame. » On y voit, à la suite de la famille royale, les plus grands seigneurs et les plus grandes dames de France ; on y trouve aussi la liste des administrateurs de l'établissement, où l'on apprend que Pilâtre, laissant la présidence à M. de Flesselles, se contentait des titres de garde des archives et de trésorier ; vient ensuite la liste des cours : chimie, physique, hippiatrique, anatomie, mathématiques et astronomie, italien, anglais, espagnol, allemand. Deux de ces sciences, tout au moins, la physique et l'anatomie, sont enseignées par des hommes distingués, Deparcieux le neveu et Pierre Sue ; la nomenclature des journaux reçus au Musée est curieuse, parce qu'elle montre chez les souscripteurs de Pilâtre une curiosité à la fois très étendue et peu exigeante : on les

1785, l'autobiographie de Pilâtre, les *Mém. secrets*, 9 septembre 1783, 31 janvier 1785. Les dissidents du musée de Paris se rejoignirent à leurs anciens confrères après la mort de Gèbelin et de Pilâtre (*Mém. secrets*, 18 décembre 1785).

abonne, en effet, à des feuilles très spéciales, comme le *Journal de Physique*, le *Journal Militaire*; mais on ne leur donne aucun journal en langue étrangère. Bientôt on les pourvoira beaucoup mieux à cet égard, et ce sera un des mérites de cet établissement d'avoir toujours beaucoup travaillé à augmenter chez nous le nombre des hommes capables de goûter les écrits venus du dehors. Déjà, aux cours d'anglais et d'italien, il venait d'ajouter ces cours d'espagnol et d'allemand que, par malheur, on maintiendra beaucoup moins longtemps que les deux premiers.

Le préambule de la liste en question montre que Pilâtre projetait d'assurer à ses souscripteurs, si la fortune lui demeurait fidèle, tous les avantages offerts par ses concurrents : « On verra, » disait-il, « s'élever un Panthéon littéraire dont la correspondance s'étendra de plus en plus. Le savant, l'amateur et l'artiste pourront suivre les progrès des arts et trouver au Musée tout ce qui peut flatter leur curiosité. » Sa mort tragique, le 15 juin 1785, fit plus que rompre ces projets : elle faillit ruiner son œuvre ; sur le premier moment, on vendit la bibliothèque et les instruments de physique. Mais le comte de Provence se déclara protecteur à perpétuité du Musée, le racheta aux héritiers et en paya les dettes. Des personnes qui avaient aidé de leur argent Pilâtre à le fonder, firent de nouvelles avances, et l'on réunit ainsi la somme de cinquante mille francs que valait le cabinet de physique et les fonds nécessaires pour acquitter le loyer de quinze mille francs. Le Musée devint le Lycée et garda ses auditeurs (1).

C'est même à partir de cette époque qu'il commença à faire parler de lui, non plus seulement par ses fêtes, mais par l'éclat de ses cours : deux professeurs nouveaux y introduisirent brillamment l'enseignement des lettres auquel, comme on l'a vu, on n'avait pas ménagé de place à l'origine ; c'étaient Garat et La Harpe, qui, le 8 janvier 1786, inaugurèrent au Lycée, le premier l'enseignement de l'histoire proprement dite, le second celui de l'histoire littéraire (2). Garat continuera ses leçons, avec de fréquentes interruptions, il est vrai, jusque sous l'Empire, et La Harpe attachera indissolublement son nom au Lycée. Par l'institution de ces deux chaires, comme, dès l'origine, par celle des chaires de sciences, l'établissement de Pilâtre se trouvait

(1) Sur les péripéties du Musée à la mort de Pilâtre, voyez un article de la *Révolution française* du 14 juin 1888 sur le Lycée Républicain; la *Vie de Louis XVIII*, par Alph. de Beauchamp, Paris, Naudin, 1825, 1er vol., p. 14; la *Nouvelle Biographie générale*, au mot Flesselles; la 239e lettre de la *Correspondance russe* de La Harpe. Les *Eloges funèbres* de Pilâtre ont été publiés.

(2) Voir, dans le *Courrier* du 7 février 1786, un article daté du 17 janvier et la *Nouvelle Biographie générale*, au mot Garat.

remédier à l'insuffisance de l'enseignement
public, puisque, malgré les efforts de Rollin,
l'étude de la littérature française, sauf à Paris,
où on la pratiquait dans une certaine mesure, et
celle de l'histoire, étaient communément négli-
gées dans les établissements universitaires. Pour
l'étude de l'histoire surtout on peut en voir
d'amusantes preuves dans le livre de M. Liard :
on saura, par exemple, qu'elle s'y enseignait au
moyen d'un abrégé dont on lisait quelques pages un quart d'heure par classe pour distraire
les élèves par *une variété agréable* et procurer un
*délassement aux maîtres, puisque ce sont les élè-
ves qui lisent ;* et l'on recueillera ce témoignage
d'un ancien élève des Universités : « Le nom
de Henri IV ne nous avait pas été prononcé
pendant mes huit années d'études ; et à dix-sept
ans j'ignorais encore à quelle époque et comment la maison de Bourbon s'est établie sur le
trône. »

Les sciences, on n'en sera pas surpris, étaient
encore mieux partagées, puisque à partir de
cette époque l'enseignement des mathématiques
est confié à Condorcet, celui de la chimie à
Fourcroy, celui de la physique à Monge, et que
Sue garde l'anatomie. Il est vrai que plusieurs
des nouveaux venus ne prêtent au Lycée que le
concours de leur nom, de leurs conseils, et ne
paraissent guère dans leurs chaires : Condorcet

a pour adjoint, ou plutôt pour suppléant, De la Croix; Gingembre remplit le même office auprès de Monge, de même que c'est Marmontel qui est le professeur titulaire de la chaire occupée par Garat. Mais tous ceux qui enseignent réellement au Lycée font vaillamment leur devoir, titulaires ou suppléants. Fourcroy ne possède peut-être pas encore ce talent d'exposition bientôt si universellement goûté que, quand il enseignera au Muséum, il faudra deux fois en élargir le grand amphithéâtre. Mais la leçon d'ouverture du cours de mathématiques que Condorcet a bien voulu faire en personne, celles des cours d'histoire et de littérature, ont eu tant de succès qu'on en a demandé une seconde audition. Le nombre des souscripteurs s'élève à six ou sept cents, parmi lesquels les femmes les plus distinguées de la cour et de la ville; car l'auditoire se compose, non de gens de lettres, mais de gens du monde. Ce sont les seigneurs du plus haut étage, les marquis de Montesquiou et de Montmorin, le duc de Villequier qui ont obtenu l'aide de Monsieur, rédigé le nouveau prospectus, recruté les nouveaux professeurs. L'abonnement coûte quatre louis; et moyennant ce prix, qui se payait pour un seul cours dans les établissements analogues, on a droit à suivre tous les cours ci-dessus et de plus les cours de langues vivantes. Les professeurs, qui ont devant eux jusqu'à trois cents auditeurs et au delà, sont écoutés dans le plus profond silence, et le Lycée occupe une assez grande place dans la vie intellectuelle de Paris pour que, non seulement La Harpe, mais Grimm, en entretienne les souverains étrangers (1).

D'autre part, c'est aussi vers ce temps que le Lycée commença à donner dans l'esprit frondeur. Tandis que La Blancherie poussait la discrétion jusqu'à soumettre aux ambassadeurs des puissances étrangères les nouvelles littéraires qui lui venaient du dehors; tandis que Pilâtre, pour sceller à sa manière l'union des Bourbons de France et des Bourbons d'Espagne, avait accordé des faveurs particulières aux Espagnols, et que de son côté le roi catholique lui payait l'abonnement aux cours pour six de ses sujets (2), Condorcet, en décembre 1786, dans son discours d'ouverture, attaquait le Parlement. On crut, disent à ce propos les *Mémoires secrets*, que, comme

(1) Voir les lettres 201 et 239 de la *Correspondance russe*, la note ajoutée par Grimm dans sa *Correspondance littéraire, philosophique et critique* à la lettre de février 1786 et *ibid.* la lettre du mois de mai de la même année. D'après Grimm, le professeur de physique du Lycée était alors Deparcieux; nous avons suivi l'assertion de La Harpe comme de l'homme en position pour être le mieux informé, quoique, avant et après cette date, Deparcieux ait certainement enseigné au Lycée auquel il demeurera fidèle jusqu'à sa mort, 1799.

(2) *Mémoires secrets*, 8 janvier 1786. Les Espagnols continuèrent, après la mort de Pilâtre, à jouir de ces divers avantages.

ce n'était pas la première incartade des professeurs du Lycée, le gouvernement allait soumettre à la censure préalable leurs discours d'ouverture (1). Déjà, du vivant de Pilâtre, Moreau de Saint-Méry, en qualité de secrétaire perpétuel, élu par les souscripteurs, y avait lu, le 1er décembre 1784, un discours sur les droits de l'opinion publique à juger des assemblées littéraires où beaucoup des arguments s'appliqueraient tout aussi bien à la politique qu'à la littérature. Mais depuis, on s'expliquait plus nettement encore. Garat et La Harpe surtout représentaient au Lycée l'esprit nouveau. La parodie du songe d'Athalie, publiée en 1787 sous le nom de Grimod de la Reynière, en témoigne. La Harpe a cité dans le *Mercure* du 10 mars 1792 un passage très hardi pour le temps, où en décembre 1788 il avait, dans une des cinq séances où il combattit certaines doctrines de Montesquieu, déclaré devant cinq cents personnes que l'autorité n'est que *le pouvoir donné par la loi de veiller à l'exécution de la loi;* que celle-ci n'est que l'expres-

_____

(1) *Mémoires secrets,* 22 décembre 1786. Ce discours de Condorcet est celui que l'on rapporte d'ordinaire à l'année 1787, parce qu'il inaugurait l'année scolaire ou, comme l'on disait, l'année lycéenne, qui suivit celle durant laquelle il avait prononcé au Lycée un autre discours, le 15 février 1786; je soupçonne encore une erreur dans la date de ce dernier discours que, d'après un article du 17 janvier de cette année inséré dans le *Courrier* du 6 février, je rapporterais au 8 janvier 1786.

sion de la volonté générale, et que, *où il n'y a point de loi il n'y a point de roi*, que *Dieu n'a point fait de rois mais des hommes;* à ces mots, dit-il, *la salle retentit d'acclamations.* Longtemps après, à la Convention, le 18 brumaire an III, Boissy d'Anglas rappelait que les leçons du Lycée et *surtout celles qui avaient pour objet l'histoire et les lettres* n'avaient pas tardé à *déplaire aux despotes d'alors :* « Leur suppression, » disait-il, « fut plus d'une fois arrêtée dans les conciliabules de Versailles ; d'Éprémesnil dénonça plus d'une fois au Parlement le Lycée où La Harpe, en analysant Montesquieu, avait combattu ses erreurs sur la monarchie, et où Garat, en traçant l'histoire des républiques anciennes, façonnait déjà nos âmes à l'énergie républicaine. Séguier prépara des réquisitoires et Breteuil des lettres de cachet (1). »

Boissy d'Anglas, au reste, se trompe, quand il prétend que les nobles protecteurs du Musée avaient cherché dans cette institution un moyen de consolider le pouvoir absolu : ce sont au contraire les novateurs qui, bien plus inventifs alors que leurs adversaires, cherchèrent à em-

---

(1) *Moniteur* du 21 brumaire an III. — Quand La Harpe publia son cours de littérature, il rétracta cette réfutation de Montesquieu, qui, dit-il, avait eu un tel succès qu'on le sollicitait de toutes parts de l'imprimer sur-le-champ (V. la note 1 de la page 266 du 3ᵉ vol. de l'édition de Firmin-Didot, 1863).

ployer l'enseignement à répandre leurs doctrines. Brissot, en 1784 et 1785, voulait fonder à
Londres, sous le nom de Lycée, un salon de
correspondance qu'il rattachait à un plan de
propagande en faveur de la Révolution pro-
chaine (1).

Ce que Brissot eût voulu tenter par la conversation et la presse, Garat et La Harpe le
firent un peu après par leurs cours.

Pendant ce temps on ne corrigeait pas le
défaut à la fois séduisant et radical du plan de
Pilâtre. Pour s'en convaincre, il suffit de lire
les discours que Condorcet prononça au Lycée.

Les vues ingénieuses et philanthropiques qui
abondent dans le premier n'en voilent pas la
chimère. Lui-même, par la promesse de prémunir les gens du monde contre le charlatanisme
des faux savants et les mères contre le dédain
de leurs fils, il avoue que c'est à un auditoire
incapable de profiter des leçons, que le Lycée
enseignera les sciences qu'il énumère : calcul
par les logarithmes, théorie des machines simples et application de cette théorie ; problèmes
sur la construction des vaisseaux, méthode pour

---

(1) *Mémoires de Brissot*, p. 61-62 du 2ᵉ volume, et, d'après
les *Mém. secrets*, 11 février 1785, le nᵒ 9 du *Courrier de l'Europe* du même jour. Brissot a publié un *Journal du Lycée de
Londres* ou *Tableau de l'état présent des sciences et des arts
en Angleterre* (Paris, Périsse jeune, 1784, in-8ᵒ).

calculer les différentes forces motrices employées dans la construction des machines, etc. Il confesse qu'on ne donnera que des connaissances superficielles et que les développements philosophiques remplaceront les preuves; mais, dit-il, des connaissances superficielles très répandues diminuent le prestige des imposteurs qui spéculent sur l'ignorance. Il se trompe : ce n'est pas la demi-science qui nous met à l'abri des impostures, c'est la modestie ou dans certains cas la résignation au sort commun de l'humanité ; Condorcet les faisait peut-être prêcher par son suppléant après la démonstration des théorèmes; mais que devait comprendre le public aux préliminaires du sermon? Peu de chose. C'est Condorcet lui-même qui le donne à entendre dans le second discours, car il y déclare qu'on va désormais insister davantage sur les conséquences des principes, expliquer la folie des joueurs qui poursuivent une martingale, combattre l'abus des rentes viagères, préconiser les placements en vue de la vieillesse ou de la famille du déposant. — Excellents conseils, mais qui ne fournissent pas la matière d'un cours, et qui cessent d'être intelligibles pour les gens du monde quand on les explique par les mathématiques.

CHAPITRE III.

Période de la Révolution et de l'Empire.

I

La Révolution, du moins à ses débuts, ne jeta point de trouble dans un établissement déjà pénétré de son esprit. Le Lycée s'appliqua d'ailleurs à la seconder : estimant que l'enseignement doit embrasser plus d'objets à mesure qu'une nation assiste à de plus grands spectacles, il annonça dans son programme pour 1790 que La Harpe allait étudier Mably, J.-J. Rousseau et la philosophie de Voltaire, puis les historiens, se réservant, au reste, de délasser l'auditoire par l'examen des romans et de la littérature agréable ; que Garat allait recommencer l'histoire de la Grèce et montrer ce que peuvent de petites nations éprises de liberté, qu'il traiterait aussi de la philosophie et des arts en Grèce ; que l'avocat au Parlement De la Croix allait inaugurer un cours de droit public, que Fourcroy exposerait la chimie animale avec ses applications, qu'Ant. Deparcieux, avant d'aborder le cours de géométrie par lequel il terminerait l'année, présenterait des recherches sur la population, sur la durée de la vie, et qu'il tirerait la conséquence de ces observations relativement à des questions de finances (1). Le *Journal général de la Cour et de la Ville* se plaignit même, le 17 janvier 1791, que le Lycée eût fait fuir les honnêtes gens, effrayés du *vertige démocratique* qui l'avait saisi : le Lycée avait pourtant, disait ce journal, renoncé aux services du professeur de droit public, mais il avait conservé dans la chaire d'histoire *l'emphatique, inintelligible et très ennuyeux auteur du « Journal de Paris »* (Garat). Les administrateurs du Lycée se soucièrent trop peu de dissiper ces alarmes : à la vérité, il n'est pas sûr qu'ils aient prescrit, au mois d'avril de la même année, qu'à l'occasion de la mort de Mirabeau, les auditeurs prissent le deuil, les hommes en noir, les femmes en blanc ; la *Feuille du Jour* du 21 de ce mois leur impute cette injonction d'un patriotisme indiscret, qui, d'après elle, excita des plaintes parmi les habitués français et étrangers ; mais on n'en trouve pas trace dans les Registres du Lycée conservés à la Bibliothèque Carnavalet, ni dans la *Chronique de Paris*

(1) Voir le *Moniteur* du 6 décembre 1789.

du 20 avril, qui rapporte qu'on y exposa un très beau portrait de Mirabeau et son buste par Houdon, qu'on y lut la notice sur sa dernière maladie par Cabanis, que Joseph Chénier y déclama une ode en son honneur.

Quoi qu'il en soit, en se prononçant d'une manière aussi éclatante, on s'aliénait une partie des habitués. Or, pour faire face à des frais généraux considérables, on avait besoin que le grand monde tout entier fût favorable à l'établissement. Dans les premières années de la Révolution, l'aristocratie avait continué à s'y intéresser ; les registres précités montrent les noms des Laval-Montmorency, des Pastoret, des Béthune-Charost unis à ceux de Sieyès, de Fourcroy, de Lavoisier dans le conseil d'administration, en 1790 et en 1791. La plus simple prudence conseillait de s'interdire les démonstrations politiques.

Le Lycée commença donc à souffrir de la perturbation générale : les recettes diminuaient ; le professeur le plus en vue partit. Le 20 novembre 1791, une lettre de La Harpe, publiée dans la *Feuille du Jour*, déclarait que, l'année suivante, ce serait chez lui, rue du Hasard, 2, qu'il continuerait son cours. La Harpe expliquait franchement ses motifs : durant l'année qui venait de s'écouler, les recettes du Lycée n'ayant guère fait que couvrir les frais, les professeurs n'avaient pas touché d'honoraires ; La Harpe s'y serait résigné, si la suppression des privilèges et la suspension des pensions n'avaient détruit toutes ses ressources ; il n'avait pas été fâché de montrer que son attachement à la Révolution était désintéressé, mais il fallait bien qu'il vécût de son travail.

L'année 1792 ramena La Harpe au Lycée, mais suscita à cet établissement, qui avait déjà peine à se soutenir, une rivalité redoutable par la fondation du Lycée des Arts. Ce nouveau Lycée menaçait l'ancien, aussi bien, pour ainsi dire, par la concurrence qu'il ne lui faisait pas que par celle qu'il lui faisait : si, en effet, en ouvrant des cours de sciences, il pouvait détourner quelques-uns des habitués de la rue de Valois, d'autre part, en n'offrant aucun des cours littéraires que l'autre avait fini par instituer, il semblait inviter le public à les délaisser comme inutiles à une démocratie et à une nation en péril.

Le Lycée des Arts, fondé en juin-août 1792 sous les auspices de la Société philomathique (1), par Gaullard de Saudray ou Désaudray, auparavant secrétaire d'ambassade et militaire qui y professa différentes sciences, s'ouvrit solennelle-

(1) Voir, sur cette société, un article de M. Berthelot dans le *Journal des savants* d'août 1888.

ment quelque temps après la fin de la Législative, sous la présidence de Fourcroy qui allait désormais se partager entre les deux établissements. Il était situé dans le cirque du Jardin-Égalité et comprenait, entre autres pièces, un salon pouvant contenir trois mille personnes, une jolie salle pour concerts, bals, spectacles, une bibliothèque et un cabinet littéraire, quatre salles pour les cours et pour les écoles primaires, une salle pour un *dépôt des arts*, un vauxhall et un salon pour des assemblées du soir, des emplacements pour bains, café, restaurant (1).

On voit que si le Lycée des Arts n'enseignait pas les lettres, il ne se piquait point d'austérité spartiate ou genevoise. Mais on voit aussi, par la part faite aux études primaires, qu'on commençait à s'apercevoir que c'est surtout aux écoliers que les leçons profitent. Au surplus, la société fondée par Désaudray, et qui, sans parler de quelques littérateurs tels que Lebrun, Millin, Sedaine, du peintre Redouté, de l'acteur Molé, comprenait (outre Fourcroy) Berthollet, Darcet, Daubenton, Jussieu, Lavoisier, Vicq d'Azyr, se proposait d'encourager aussi les sciences en récompensant les inventeurs par des mentions, des médailles, des couronnes qu'on décernait dans

---

(1) Voir la *Biographie Michaud* au mot de Saudray et surtout l'*Annuaire du Lycée des Arts pour l'an III.*

des séances solennelles, après que le public avait confirmé le suffrage du directoire du Lycée; elle promettait de les appuyer auprès du gouvernement, d'exécuter pour eux les expériences dispendieuses, de les aider de son argent à poursuivre leurs recherches; elle publierait un *Journal des Arts*. Ajoutons que bientôt par l'effet des circonstances, tout fut gratuit dans ce Lycée : on ne recruta en effet qu'un très petit nombre de souscripteurs, étrangers pour la plupart, si bien que les professeurs à qui l'on avait promis vingt-quatre francs par leçon ne touchèrent à peu près rien, et que Désaudray ne retira rien de ses avances (1). Mais on ne se découragea pas. Tous donnèrent leur peine sans rémunération. Nous pouvons avouer maintenant que, en vrais pédagogues du dix-huitième siècle, ils avaient établi, à côté de leurs écoles primaires,

(1) Sur les embarras pécuniaires où le Lycée des Arts tomba dès 1793, voir, aux Archives nationales, le carton E¹⁷1143; on y lira, entre autres choses, une curieuse lettre de Fourcroy, du 12 brumaire an II, où il prie le ministre de l'Intérieur, qu'il tutoie, de subvenir à cette détresse; Fourcroy ne demande pas à être payé tout seul; il se confond dans la liste des professeurs de l'établissement; mais, en homme avisé, il glisse sur la demande d'indemnité qu'en conscience il ne peut s'empêcher de présenter en faveur des bailleurs de fonds : « Il est, » dit-il, « dans mes principes et dans mon cœur d'insister davantage auprès de toi sur le salaire dont les professeurs seraient frustrés. » Pourtant, la créance de ceux qui avaient engagé leur fortune dans le Lycée des Arts était au moins aussi respectable que celle des maîtres qui ne lui avaient donné que quelques mois de leçons.

une école de danse et de déclamation. Pardonnons-leur d'avoir oublié qu'il est imprudent d'honorer toutes les muses dans un même temple ! C'étaient des patriotes que ces hommes qui donnaient, sans compter, leur argent, leur temps, leur talent à la France, dans un moment où chacun perdait ses ressources habituelles et où d'un autre côté on risquait, à se mettre en avant, sa liberté et sa vie (1)!

Les professeurs du Lycée des Arts traversèrent pourtant moins d'épreuves durant la Terreur que leurs collègues du Lycée de Pilâtre : on conçoit en effet que les séances en partie littéraires de celui-ci excitassent plus d'ombrage chez les terroristes que les séances exclusivement scientifiques ou artistiques de celui-là : la tyrannie, quelque nom qu'elle porte, s'est toujours beaucoup plus défiée des lettres que des arts et des sciences. Aussi le *Journal de Paris* du 23 nivôse an III (12 janvier 1795) dira-t-il de l'établissement de la rue de Valois : « Il avait *mérité la préférence de nos derniers tyrans.* » Le désir d'obtenir du gouvernement des subsides devenus nécessaires avait amené les administrateurs à de tristes sacrifices. Déjà le 19 novembre 1792, Roland, en leur annonçant un secours de 10,000 livres,

---

(1) Sur tous ces détails, consulter l'*Annuaire du Lycée des Arts pour l'an III.* On y verra, de plus, que ce Lycée donnait un prix pour les arts agréables à chaque séance publique.

s'était plaint de quelques propos tenus dans leur établissement et de l'esprit de plusieurs des cours; le 14 brumaire an II, Fourcroy, en rendant compte de démarches faites en vue d'une nouvelle subvention, exposa aux actionnaires du Lycée que la Société encourrait l'*indignation du gouvernement* tant qu'elle compterait des *émigrés*, des *contre-révolutionnaires*; on le chargea en conséquence, de concert avec Garat, Suë, Houel, Anach. Clootz et quelques autres, de l'épurer. Sur cent membres, soixante-douze, parmi lesquels Lavoisier, furent évincés, spoliés de leurs actions et remplacés (1). Cette régénération de l'établissement appelé dès lors Lycée Républicain, ne lui procura ni les subsides espérés ni la tranquillité. Les terroristes s'imposèrent dans les séances publiques. Un de ces intrus, Varlet, lut à la tribune du Lycée un ridicule éloge de Marat que l'assemblée écouta dans le plus profond silence, cherchant à étouffer son horreur et par instants parvenant à peine à s'empêcher de rire (2). Chaque jour, ses pareils *promenaient* sur

(1) *Moniteur* du 14 novembre 1793 (On voit, dans ce numéro du *Moniteur*, que le prix d'abonnement venait d'être et allait être encore l'année suivante de 100 francs pour les hommes et de 50 francs pour les femmes), et Reg. ms. des assemblées générales des nouveaux fondateurs du Lycée (Hôtel Carnavalet).

(2) La Harpe, Introduction à son Discours sur la guerre déclarée par les tyrans révolutionnaires à la raison, à la morale, aux lettres et aux arts.

l'auditoire l'*œil hagard de la superstition pour y trouver des victimes*, dira encore la *Décade* du 20 nivôse an III; ils intimidèrent les administrateurs du Lycée au point que ceux-ci, non seulement décidèrent à la reprise des cours de l'année 1793-94 qu'on professerait en bonnet rouge, mais songèrent à interdire de prononcer le nom de Dieu, vu que, suivant Garat, *le système de l'athéisme était plus républicain* que le système opposé; c'était, paraît-il, sur la proposition d'un Espagnol, introduit par la faction dominante dans le directoire du Lycée, que cette proscription de Dieu faillit être votée (1) : il serait piquant que cet Espagnol eût été un des pensionnaires de Sa Majesté catholique auxquels Pilâtre avait ouvert son établissement.

Il devenait périlleux de monter dans les chaires du Lycée, de s'asseoir même sur ses bancs; La Harpe était incarcéré : le Lycée ne ferma pas ses portes, comme l'ont cru Peignot et M. Thiers, mais ses recettes tombèrent bien au-dessous des dépenses (2).

Pour le Lycée des Arts, on n'a jamais contesté qu'il soit demeuré ouvert. Son *Annuaire* pour l'an III donne la liste ininterrompue de ses séances publiques sous la Terreur. Ce n'est pas,

(1) La Harpe, *Histoire de mon bonnet rouge*, dans le *Mémorial*, 10 juillet, et 1er supplément au n° du 13 juillet 1797.
(2) Registre précité des assemblées générales des fondateurs.

on l'a vu plus haut, qu'il ait dû son salut à sa pusillanimité (1). Désaudray avait eu d'ailleurs l'honneur d'encourir, comme auxiliaire de La Fayette dans la répression du désordre, l'animadversion de Danton (2). Mais, comme nous l'avons dit, l'enseignement plus technique du Lycée des Arts le compromettait moins.

II

A la fin de 1794, le Lycée Républicain n'était pas délivré de toute inquiétude : trouverait-il dans une population d'où la terreur était enfin bannie, mais où l'aisance, la liberté d'esprit n'étaient pas encore revenues, assez de souscripteurs pour subvenir à ses frais? Les administrateurs du Lycée s'adressèrent à la Convention ; mais celle-ci se borna à ordonner l'impression du rapport très favorable de Boissy-d'Anglas, qui concluait à une subvention de 20,000 francs, en retour de laquelle 96 auditeurs peu aisés seraient admis gratuitement, et ajourna le projet de décret (3).

(1) Voir le *Moniteur* du 25 brumaire an III (15 nov. 1794); *Décade* du 20 brumaire an III. On peut soupçonner toutefois que Lakanal, dans un rapport de 1795, que cite l'*Annuaire du Lycée des Arts pour l'an III*, exagère un peu le courage des administrateurs de cet établissement.

(2) Voir l'accueil que fit Danton, dans la Convention, à la renonciation patriotique de Désaudray à une pension de 1,000 livres (*Moniteur* du 7 frimaire an II, 27 novembre 1793).

(3) *Moniteur* du 20 brumaire an III (19 novembre 1794) et le

Réduits à leurs seules ressources, les administrateurs du Lycée s'ingénièrent à en multiplier les attraits : le 10 nivôse an III, la bienveillante *Décade* annonça qu'ils tenaient à la disposition des amateurs un salon de conversation, un salon de lecture avec une bibliothèque nombreuse et choisie, d'autres pièces garnies de tableaux, de gravures, de dessins, de modèles de machines, un salon particulier pour les dames qui désireraient se réunir à part, avec un *forte piano*. (Qu'on ne s'étonne pas de cette attention mondaine ! Rien n'était à dédaigner pour recomposer les auditoires dispersés par la Terreur. Un curieux article de la *Décade* du même jour, qui peint vivement l'état de délaissement, de délabrement où végétaient plusieurs cours de physique, y compris celui du Collège de France, nous apprend que, dans un cours plus suivi qui se faisait au Louvre, on apportait une chaufferette à chaque citoyenne.)

Le Lycée Républicain offrit au surplus, à partir de la rentrée de 1794, un attrait plus puissant; il offrit un soulagement à la conscience publique. Dès le 11 nivôse de l'an III (31 décembre 1794), La Harpe y commença la série de ses ardentes diatribes contre la Terreur par son

numéro du lendemain. Nous avons extrait ci-dessus la partie du rapport qui loue l'esprit indépendant dont le Lycée, dès avant la Révolution, se montrait animé.

discours sur la guerre déclarée par les tyrans
(révolutionnaires) à la raison, à la morale, aux
lettres et aux arts. Le sujet, annoncé à l'avance
par la *Décade* du 10 nivôse, avait attiré une foule
considérable, qui écouta l'orateur, dit La Harpe,
avec une sorte de silence sombre et inquiet ; il sem-
blait que l'on eût peur d'entendre ce qu'il n'avait
pas peur de dire ; et, quand les applaudissements
rompaient le silence, c'étaient les cris de l'indi-
gnation soulagée (1).

Dès lors, jusqu'à la fin de la vie de La Harpe,
la haine de la Terreur forma comme l'esprit du
cours le plus suivi du Lycée : elle en fut même
quelque temps l'unique inspiratrice ; car les leçons qui suivirent le discours du 31 décembre 1794 furent consacrées à une ample étude
de l'abus des mots dans la langue révolutionnaire, dont l'auteur put composer plus tard
tout un volume qu'il fallut réimprimer deux
fois sur-le-champ pour satisfaire l'empressement
du public (2). Les auditeurs de La Harpe lui
demandaient beaucoup moins alors de former
leur goût que de traduire publiquement leurs
douleurs, leurs colères, leurs craintes et leurs

---

(1) Voir ce discours et l'introduction qui le précède dans le
Cours de littérature de La Harpe ; voir aussi la *Décade* du
20 nivôse an III.

(2) *Du fanatisme dans la langue révolutionnaire.* Migneret,
1796, in-8°, 3ᵉ édit.

espérances. La *Quotidienne* du 10 décembre 1795 rapporte les propos fort libres qu'ils tenaient sur le compte de Tallien. Jusque sous le Consulat, c'était, dit Dussault, un désappointement pour eux quand La Harpe se renfermait dans la littérature pure (1). A peine sur les trois ou quatre cents personnes qui l'écoutaient, un mécontent se hasardait-il à l'interrompre; la minorité dissidente n'éclatait qu'après la séance, soit dans la salle même, soit dans les journaux (2). D'ailleurs, bien que La Harpe ne soit plus là pour soutenir ses réquisitoires par l'habileté de son débit (3), la pitié pour les victimes, surtout la colère contre les oppresseurs, le souvenir de ses propres périls, le repentir de ses écarts, le zèle du néo-

(1) *Débats* du 9 décembre 1800.

(2) Voir la note qui termine l'introduction de La Harpe à son étude de la philosophie du dix-huitième siècle, dans le *Cours de littérature;* l'avertissement à l'appendice de l'article sur Vauvenargues, *ibid.*; le discours préliminaire de Daunou sur les ouvrages de La Harpe et spécialement le passage sur son *Cours de littérature;* l'article de Dussault dans les *Débats* du 26 novembre 1801.

(3) La Harpe au Lycée lisait ses leçons. C'est à partir de notre siècle seulement que l'habitude de parler d'abondance s'est répandue parmi les professeurs: auparavant, ils récitaient par cœur des discours d'apparat ou lisaient des commentaires qu'ils avaient entièrement rédigés dans leur cabinet. Nos premiers orateurs politiques ne se fièrent pas davantage à la facilité de leur parole (voir le livre de M. Aulard sur les orateurs de la Constituante). La Harpe avait la voix naturellement rauque, mais Daunou (Disc. prélim. déjà cité) et Dussault (*Débats* du 26 janvier 1802) sont d'accord pour louer son talent de lecteur.

phyte y respirent encore. L'éloquence véritable
ne s'y rencontre pas, parce que La Harpe n'a
pas assez mûri sa colère; il s'y abandonne au
lieu de la dominer, et l'exhale dans des pages
rarement déclamatoires, rarement injustes, mais
toujours diffuses. L'ensemble n'en demeure pas
moins animé, et le détail offre de la couleur et
du trait.

Le Lycée qui applaudissait La Harpe lui-même
n'avait pas encore rompu avec la République.
C'est une erreur que de croire, comme on le fait
d'ordinaire, qu'il était sorti monarchiste de la
prison du Luxembourg : il en était seulement
sorti chrétien. Ce qui a trompé, c'est qu'on a
jugé de ses opinions par son cours de littérature
où, comme il le dit lui-même, et comme les contemporains l'avaient remarqué, il a retouché ses
discours et ses leçons du Lycée; il suffit, pour
sortir d'erreur, de se reporter aux journaux du
temps.

Rappelons d'abord que La Harpe est l'auteur
de la pièce de vers officielle lue dans la fête cé-
lébrée le 20 octobre 1794 (30 vendémiaire de
l'an III), à l'occasion de l'évacuation complète
du territoire de la République, et que cette ode
exprime non seulement l'amour de l'indépendance, mais celui de la liberté. Puis, interro-
geons sur le langage tenu par La Harpe au Lycée
le 31 décembre 1794, non plus le texte remanié

du *Cours de littérature*, mais le *Journal de Paris*, qui en publia la péroraison d'après un texte communiqué, peu de jours après la séance, par La Harpe lui-même. Voici un passage de cette péroraison : « Non, tous ces crimes ne sont point notre Révolution : car ils ne l'ont pas détruite, et le crime se détruit toujours lui-même. Non, leur tyrannie n'est point notre liberté ; car leur tyrannie a passé, et notre liberté ne passera point. Redisons à l'Europe et à la postérité : Jugez notre République non par ce qu'elle a souffert, mais parce qu'elle a fait. » Par ces derniers mots, il entend, outre les victoires remportées sur les ennemis, la conduite de la France depuis le 9 thermidor ; il appelle les conventionnels qui se sont unis contre Robespierre les *dignes représentants* de la nation, les loue d'avoir révoqué de mauvaises lois, vante la gravité, l'énergie des rapports de Johannot, de Grégoire, des deux Merlin, de Chénier, de Boissy d'Anglas, de Ramel, *les discours véhéments et courageux* de Laignelot, de Legendre, de Tallien, de Fréron, de Clauzel contre les terroristes : « La Convention, depuis qu'elle s'est si fièrement affranchie, a-t-elle fait autre chose que du bien? N'est elle pas sans cesse occupée à fermer des plaies que le temps seul peut cicatriser ? Sachons attendre, puisque nous avons su souffrir... Que tous se persuadent bien que, notre Révolution ayant pour but une constitution républicaine fondée sur les droits de l'homme, ce qu'il y a de plus éminemment révolutionnaire, c'est la raison, la justice et la vérité ! » La Harpe concluait ainsi, après un appel à la concorde : « S'il reste encore quelques mécontents entêtés de leurs anciens préjugés, ils ne seront ni écoutés ni même aperçus. Leurs plaintes stériles et leurs impuissants murmures se perdront dans la félicité universelle, comme dans l'immensité de la mer, quand un vent favorable porte le navire, on n'entend que l'heureux bruit du sillage régulier, si doux à l'oreille du navigateur qui se livre à l'espérance et à l'allégresse, sans savoir et même sans songer si quelque vent ennemi siffle loin d'eux dans quelques détroits obscurs ou sur des roches inconnues (1). » Voilà qui est catégorique ! Ni Benjamin Constant, ni Ginguené, ni aucun des publicistes qui défendirent plus tard la République contre La Harpe, n'eût désavoué ce langage ; aucun d'eux n'exprimait même alors avec cette netteté et cette chaleur la possibilité et le devoir de procurer à la France l'ordre et la liberté par un gouvernement républicain.

Le même sentiment se rencontre dans un

____

(1) *Journal de Paris*, 23 et 24 nivôse an III (12 et 13 janvier 1795).

autre morceau lu par La Harpe quelques jours
après au Lycée, et communiqué également par
lui au *Journal de Paris*; car si La Harpe s'y
prononce avec énergie sur le devoir d'imposer
silence aux tribunes qui essayaient encore d'intimider la Convention, il s'écrie aussi : « Enfin,
grâce à la Révolution, l'éloquence est rentrée
ainsi que nous dans tous ses droits (1)! » Aussi
bien les plus fermes républicains le tenaient-ils
pour un des leurs : non seulement dans un
*Rapport sur les destructions opérées par le vanda-
lisme* et sur les moyens de les réprimer, Grégoire
l'avait compté, le 14 fructidor an II, parmi les
hommes paisibles que les hébertistes et les amis
de Robespierre avaient fait incarcérer pour leur
esprit et leurs talents, mais nous avons vu
Boissy d'Anglas le présenter, le 18 brumaire de
l'an III, comme un républicain de la veille,
et quelques jours plus tôt le gouvernement
lui demander une ode patriotique. Enfin sa
nomination de professeur à l'Ecole normale,
le 19 nivôse an III (8 janvier 1795) (2), prouve
l'accord persistant de ses vues avec celles de la
Convention. Il défendit même publiquement, le
15 mars 1795, le plan d'études tracé par elle
pour cette Ecole dans une verte réplique à l'au-

---

(1) *Journal de Paris,* 1ᵉʳ pluviôse an III.
(2) *Moniteur* du 22 nivôse an III (11 janvier 1795).

teur du pamphlet *la Tour de Babel*, qui disait qu'on voulait faire entrer en quatre mois l'Ency-clopédie dans la tête des élèves (1)! Dans son cours à l'Ecole normale, il combattit l'athéisme aux applaudissements de ses auditeurs ; mais quand il exhortait les futurs instituteurs à *mettre toujours Dieu entre leurs élèves et eux*, il déclarait les engager par là *à remplir les vues bienfaisantes de nos représentants;* c'est dans la chaleureuse péroraison du discours qu'il prononça pour la clôture annuelle des cours, et que le *Journal de Paris* publia le 14 prairial an III (2 juin 1795), que se trouvent ces expressions.

Il n'est même pas sûr qu'en rompant avec la Convention La Harpe et son élégant auditoire aient tout d'abord rompu avec la République ; car, malgré les factums dans lesquels La Harpe attaqua vivement les précautions que les conven-tionnels projetaient contre un revirement de l'opinion, le *Journal de Paris*, qui avait loué son attachement à la Révolution et qui plus tard se distinguera parmi les adversaires de La Harpe, loue sa brochure *le Salut Public où la Vérité dite à la Convention, par Un homme libre* (2). Les harangues que, d'après le *Mémorial de Sainte-Hélène*, La Harpe prononçait alors dans les Sec-

(1) *Journal de Paris* du 25 ventôse an III (15 mars 1795).
(2) Article du 22 fructidor an III (8 septembre 1795), trois semaines seulement avant le 13 vendémiaire.

tions contre les conventionnels, le mandat d'arrêt
lancé contre lui au lendemain de la canonnade
de Saint-Roch, et le grief, d'ailleurs fort vague,
fondé sur les papiers de Lemaitre, qui pendant
treize mois l'obligèrent à vivre au moins à demi
caché (1), n'interrompirent pas les bonnes relations de La Harpe avec ce journal : le 5 frimaire
an V (25 novembre 1796), les rédacteurs le féli-
citent chaleureusement de pouvoir enfin se préparer à reparaître dans sa chaire.

Il allait donc encore une fois briller parmi ses
collègues, dont le même numéro du *Journal de
Paris* donne la liste (2) : Ant. Deparcieux pour
la physique, Fourcroy pour la chimie, Sue pour
l'anatomie, Brongniart pour la zoologie, Gautherot pour les arts et manufactures, Demoustier pour la morale, Roberts pour l'anglais, Boldoni pour l'italien, Coquebert pour les poids et

_____

(1) En juin 1796, les amis de La Harpe commençaient à penser qu'il pouvait se montrer sans inconvénient (*Gazette française* du 21 de ce mois); mais le mandat d'arrêt n'était pas
encore levé; c'est seulement en novembre 1796 qu'une sen-
tence d'acquittement fut rendue (voir l'*Éclair* du 20 nov. 1796).
Dans les papiers de Lemaitre, agent royaliste, qui furent ana-
lysés le 23 vendémiaire an III devant la Convention, La
Harpe figurait parmi les personnages représentés comme *in-
téressants aux succès du plan* (*Moniteur* du 28 vendémiaire
an IV).

(2) C'est par une erreur évidente et d'ailleurs rectifiée quelques jours après que ce numéro donne cette liste comme celle
des professeurs du Lycée des Arts. — Sur les bons rapports
de la Harpe avec le *Journal de Paris* en 1796, voir aussi le numéro du 21 octobre.

mesures, Sicard pour l'art d'instruire les sourds-muets. Plusieurs de ces hommes égalaient La Harpe pour le talent d'exposition et le surpassaient par la portée de leur esprit; mais devant des gens du monde la partie n'était pas égale. Les administrateurs du Lycée venaient de supprimer, disent-ils dans leur programme pour l'an V, le cours d'astronomie et de navigation comme ils avaient précédemment supprimé celui de mathématiques, parce que ces sciences ne sont pas propres à être étudiées autrement que dans le silence du cabinet : la vérité était évidemment que leur public n'avait ni les notions ni l'application qu'exigent de pareilles études. La morale elle-même, quoique fort populaire alors (nous ne disons pas fort respectée), devait prendre un air de galanterie pour paraître devant lui : Demoustier avait, en effet, choisi pour son cours de cette année les devoirs des femmes, leur mission de dépositaires du bonheur public, l'union de leurs plaisirs et de leurs devoirs. Comment l'aimable public du Lycée se fût-il aperçu que Fourcroy, qu'au reste il goûtait fort, était plus profond que La Harpe? L'époque, d'ailleurs, appelait ces digressions sur la politique auxquelles la littérature offrait, on en conviendra, un prétexte plus naturel que la chimie.

Celles auxquelles La Harpe se livra au cours de l'année 1797 prirent un caractère nouveau.

III

Alors, en effet, il attaque la philosophie du dix-huitième siècle tout entier, la République et même la Révolution en général. Il embrasse dans une haine commune tous les partis qui, depuis 1789, ont dirigé la France. Le terme de républicain devient dans sa bouche une expression flétrissante ; il réprouve *les publicistes actuels qui nous ordonnent sous peine de la vie de regarder comme des mots synonymes la royauté, le despotisme, les tyrans.* Ses articles du *Mémorial* qu'il rédige avec Fontanes et Vauxcelles, et où il déclare qu'en 1793 la Révolution comptait déjà *quatre années de crimes*, ne sont pas plus amers ni plus violents que ses leçons (1). J'ignore ses relations avec le conspirateur royaliste Brotier dont les papiers rangent La Harpe avec Lacretelle et Richer-Serisy parmi les principaux meneurs des sections (2) ; mais il est manifeste qu'il appartient alors de cœur au parti royaliste.

Sainte-Beuve, dans un article sur Mme de Staël, émet l'opinion que ce ne dut pas être au

---

(1) Les attaques de La Harpe contre la République se trouvent particulièrement dans les articles du cours de littérature sur Helvétius et sur Diderot ; le mot tiré du *Mémorial* s'y trouve dans le 1er supplément du n° du 13 juillet 1797.

(2) *Moniteur* du 23 fructidor an V (9 septembre 1797).

Lycée demeuré fidèle à l'esprit de la Révolution que La Harpe se rétracta de la sorte, mais plutôt rue de Provence, près de la rue du Mont-Blanc (1). Cette conjecture doit être écartée. Car, outre qu'elle a contre elle une assertion positive de M. Thiers (2), je n'ai rien trouvé qui l'appuie, ni dans les nombreuses notes ou préfaces du *Cours de littérature* où La Harpe fournit des éclaircissements sur son enseignement, ni dans Daunou, son exact et véridique biographe, quoiqu'il avance que le Lycée l'avait rayé de sa liste après Vendémiaire et ne l'y rétablit qu'à la fin de 1796. Nous verrons La Harpe inscrit en 1797 sur la liste des cours d'un autre établissement, mais cet établissement comptera précisément parmi ses membres plusieurs amis dévoués du gouvernement. Les procès-verbaux du Lycée conservés à l'Hôtel Carnavalet prouvent que La Harpe y resta durant tout le cours de l'an V et que l'on comptait sur lui pour l'an VI (3); et toutes les fois que les contemporains relèveront une diatribe de La Harpe, c'est dans leurs comptes rendus des séances du Lycée Républicain.

(1) C'est-à-dire dans un troisième Lycée dont il sera parlé plus loin.

(2) *Histoire de la Révolution française*, VII⁰ vol., ch. xxvii.

(3) Sur les opinions politiques de l'auditoire, voir l'article de la *Quotidienne*, cité ci-dessus, p. 54.

Pourquoi donc La Harpe et la société polie qui l'écoutait, si patients, si confiants sous les thermidoriens, haïssent-ils les hommes du Directoire à qui ils ne peuvent reprocher la Terreur? La cause en est dans la politique haineuse et méprisante à laquelle le Directoire se laissait aller contre le catholicisme. Provoqué par la propagande que les prêtres insermentés faisaient en faveur de la royauté, il revint sur la tolérance que la Convention avait fini par accorder (1). Nourri des livres de Voltaire et de Rousseau, il constatait avec surprise et mécontentement l'ascendant que le catholicisme conservait encore; il avait cru épargner un moribond, et le malade se portait mieux que lui. Alors ces hommes qui avaient détesté et renversé Robespierre, mais qui avaient pris sous lui l'habitude de gouverner despotiquement, employèrent tout un système d'intimidation et de sarcasme contre une religion qui s'obstinait à vivre et menaçait la République de ses représailles. Ce fut ce retour partiel à la violence, ce repentir malencontreux d'hommes modérés tels que Chénier et La Révellière-Lepeaux (2), qui

---

(1) Voir les savantes *Etudes sur l'histoire religieuse de la Révolution française*, de M. GAZIER, A. Colin, 1887.

(2) Il serait curieux d'étudier une pareille transformation dans les articles que Rœderer a insérés à cette époque dans le *Journal de Paris*.

brouillèrent La Harpe et ses auditeurs avec le gouvernement. Ce sont les écrits et les instructions de La Révellière contre le christianisme qui excitèrent sa colère ; c'est quand une administration locale déclare que, *fidèle aux principes républicains,* elle a *soigneusement défendu* aux instituteurs publics *de mêler à leurs leçons rien qui puisse rappeler l'idée d'un culte religieux,* qu'il s'écrie au Lycée : « Partout on se demandera quel doit être l'état d'un peuple dont les magistrats parlent ce langage *au nom de la loi* (souligné) et que peut être une *république* (souligné) dont ce sont là les principes. » C'est en haine de ceux qu'il appelle des *oppresseurs philosophes dont la place n'est déjà plus tenable dans l'opinion et qui bientôt n'en auront plus aucune,* qu'il conçoit pour la République une aversion qui va parfois jusqu'à troubler son jugement : ne prétendra-t-il pas bientôt que la journée du 30 prairial an VII (18 juin 1799), dans laquelle ses amis, unis à leurs adversaires, ont chassé La Révellière du Directoire, *a remis au premier rang dans la République les complices de Babœuf?* (1).

L'enseignement de La Harpe et ses articles

_____

(1) Voir l'article du *Cours de littérature* sur Diderot. — I paraît que La Harpe ne ménageait guère les prêtres assermentés (voir le post-scriptum d'une lettre insérée dans leur journal, *Les Annales de la religion,* le 24 juin 1797).

dans le *Mémorial* jetèrent les partisans du Directoire dans une irritation qui se marqua, lors du
18 fructidor, par un arrêt de proscription et
inspirèrent aux voltairiens de toute opinion un
ressentiment qui n'est peut-être pas encore apaisé
de nos jours (1).

Cependant le Lycée Républicain ne souffrit
pas des attaques dirigées par La Harpe contre
le gouvernement. Il se tira également bien d'une
autre difficulté : l'année 1797, qui le priva pour
deux ans de La Harpe, lui avait, dès les premiers jours, suscité un nouveau rival : le 17 janvier, les fondateurs d'un Salon des Etrangers, qui
existait depuis deux ans, ouvrirent un établissement analogue, le Lycée des Etrangers, appelé
aussi Lycée Marbeuf, du nom de l'hôtel où il fut
d'abord installé dans le faubourg Saint-Honoré,
puis Lycée Thélusson quand il eut été transporté
à l'hôtel Thélusson, rue de Provence, en face
de la rue d'Artois, et quelquefois aussi Lycée
de Paris (2). Ce Lycée avait obtenu que plusieurs
des professeurs de la rue de Valois lui prêtas-

---

(1) Sur la condamnation de La Harpe à la déportation en
fructidor, voir le *Moniteur* du 27 fructidor an V (13 septembre 1797) et le livre de Peignot. — Arnault, bonapartiste mais
voltairien, ne lui avait pas encore pardonné, en 1833, de s'être
converti (voir la note 12 de ses *Souvenirs d'un sexagénaire*),
et l'on sait comment M. Paul Albert a jugé de cette conversion dans sa *Littérature du dix-huitième siècle*.

(2) Voir le *Messager du soir* du 18 janvier 1797 et la *Décade*
du 30 nivôse an V.

sent aussi leur concours : aux noms peu connus
d'Audin Rouvière, de Pinglin, chargés l'un de
l'hygiène, l'autre de la logique, il était fier
d'ajouter ceux de Sue pour l'histoire naturelle,
de Demoustier pour la *morale à l'usage des dames*,
de La Harpe enfin pour la littérature. Il ne faudrait pas croire qu'il eût pour cela dérobé ces
trois professeurs au Lycée de Pilâtre. Les termes
dans lesquels la *Décade* annonce le 30 nivôse an V
qu'ils vont enseigner à l'hôtel Marbeuf marquent
bien qu'ils gardent leur première chaire : « Ce
qu'il y a de singulier, dit-elle, c'est que ce sont
à peu près les mêmes professeurs qui remplis-
sent les chaires de l'autre Lycée, c'est-à-dire
La Harpe, Sue, Demoustier. » Pour La Harpe,
en particulier, c'est au Lycée Républicain qu'il
recommença en 1797 la réfutation d'Helvétius
qu'il y avait présentée en 1783. On retrouve sur
tous les programmes ultérieurs du Lycée Républicain, sinon Demoustier, du moins Sue et
même La Harpe dès qu'il ne croit plus le séjour
de Paris dangereux pour lui. Les trois professeurs avaient sans doute cédé au désir légitime
d'accroître leurs ressources (1).

_____

(1) Fourcroy a longtemps professé à la fois au Lycée Républicain et au Lycée des Arts. Durant l'an VI, Sue fit simultanément un cours d'histoire naturelle au Lycée Républicain
(*Décade* du 10 frimaire an VI) et un autre chez lui (*Décade* du
10 brumaire an VI).

Il ne faudrait surtout pas croire que le nouveau Lycée eût été fondé dans une pensée d'hostilité contre la République. Si La Harpe y professe, si en juin 1797 on y couronne son buste, la *Décade*, qui sur un rapport inexact le raille d'avoir assisté complaisamment à sa propre apothéose (1), n'attribue au Lycée Marbeuf aucun caractère politique. Comment l'aurait-elle fait, quand Chénier comptait au nombre des souscripteurs de ce Lycée, et quand un des statuts en bannissait la politique? C'est le journal même de Chénier, *le Conservateur*, fondé le 1er septembre 1797, trois jours avant le 18 fructidor, qui nous l'apprend dans le numéro du 3 floréal an VI. La vérité est que ce Lycée offrait l'attrait alors plus rare que jamais d'*une douce société;* le mot est de la *Décade :* les discussions irritantes étaient formellement exclues des morceaux qu'on présentait à ses concours et bannies même des conversations. L'on était sûr de goûter, dans un cercle où l'irascible Chénier consentait, c'est tout dire, à n'être qu'un poète, le plaisir d'oublier ce qu'on avait fait ou souffert pendant la Terreur. On y venait dans les instants où l'on était las d'entretenir ses propres ressentiments. Des femmes du monde, des hommes

---

(1) *Décade* du 30 prairial an V ; réponse du *Déjeuner* du 23 juin 1797; rétractation de la *Décade* du 10 messidor an V.

de lettres, des artistes de tous les partis ou dégagés de tous les partis, Lebrun, Lemercier, Ducis, Palissot, Cherubini, Lesueur, Méhul, Mesdames de Beauharnais et Dufresnoy s'asseyaient auprès de Rouget de l'Isle et de David, l'ancien ami de Marat. Il aurait fallu que les vers soumis avant la lecture publique au jugement d'Arnault, de Legouvé, de Laya et de Vigée fussent bien mauvais pour ne pas plaire à un auditoire heureux et surpris de se trouver si pacifique. Ce Lycée avait un journal à lui, *les Veillées des Muses*, qui trouvait des lecteurs. On avait sans doute la même indulgence pour ses cours, mais on la témoignait en n'en parlant pas.

Nous ferons de même, et nous répondrons au journaliste malin qui constate que telle leçon n'y a duré qu'un quart d'heure, que dans ces cours, au moins, on n'avait pas le temps de s'ennuyer (1).

IV

Le Lycée des Arts avait de plus justes titres à balancer la célébrité du Lycée Républicain. Il

(1) Voir, sur ce Lycée, le *Journal des veillées des muses*. le *Conservateur* du 3 floréal an VI, la *Décade* du 30 prairial an VIII, du 10 floréal an IX; le *Moniteur* du 6 brumaire an IX, des 15 et 29 brumaire an X; les *Débats* du 26 février, du 20 et du 29 décembre 1808; les *Souvenirs de Paris en 1804*, par Kotzebue, p. 116-117 de la traduction française de 1805.

avait même rendu des services plus immédiats. Durant ces années où il fallait défendre à la fois la France contre l'ennemi et contre la famine, ses membres, tout en faisant leurs cours, s'étaient employés avec un zèle admirable à provoquer, à faire connaître les inventions utiles, depuis la machine à fabriquer des canons que venait d'inventer un ancien facteur de pianos, Jean Dillon, depuis les procédés nouveaux pour faire du salpêtre, jusqu'aux moyens de réserver toute la farine pour l'alimentation ; depuis l'exploitation des mines jusqu'à l'élève des vers à soie et aux machines à moissonner ou à fabriquer des rubans (1). Dès la fin de 1794, le Lycée des Arts avait rédigé plus de cent cinquante rapports signés des noms de Lavoisier, de Darcet, de Fourcroy, de Vicq d'Azyr, de Lalande, etc. ; en janvier 1797, il avait récompensé déjà cinq cent quatre-vingts inventions ou perfectionnements utiles (2). Il appuyait d'autant plus efficacement les inventeurs pauvres auprès du gouvernement que ses membres composaient en grande partie le Bureau de consultation des Arts et

---

(1) On trouvera, dans les numéros de la *Décade*, le compte rendu de toutes les inventions propagées par le Lycée des Arts ; celles que nous mentionnons sont consignées dans les numéros du 20 frim. an III, du 10 germin. an IV et dans le *Moniteur* du 28 fructidor an II.

(2) *Décade* du 20 frim. an III ; lettre de Désaudray du 1er pluviôse an V, dans le *Moniteur* du 4 du même mois.

6

Métiers, établi le 12 septembre 1791 pour leur distribuer 300,000 livres par an ; il payait, nous l'avons dit, une partie des frais de l'application de leurs théories ; il leur offrait un Bureau central des Arts pour se mettre en communication avec les industriels, une caisse de dépôts pour la montre et la vente de leurs machines moyennant un droit de 3 p. 100, leur avançait de l'argent aux mêmes conditions, et souhaitait que, à l'exemple de l'Angleterre, le gouvernement prêtât gratuitement à tout homme qui en aurait besoin, sur sa valeur personnelle estimée d'après sa profession (1). Cinq sociétés d'utilité publique recevaient de lui l'hospitalité ; la Vendée ravagée lui demandait un modèle de pressoirs propres à être construits rapidement, et il promettait d'en fournir un dans les quarante-huit heures ; plusieurs départements, qui manquaient de professeurs pour leurs Ecoles centrales, en réclamaient de lui.

Nous passerons, à un établissement d'un zèle reconnu, l'apparence de futilité que lui donnaient ses concerts et ses fêtes (2). Nous donnerons acte des encouragements qu'il offrait à la

---

(1) Voir les *Annuaires du Lycée des Arts* pour l'an III et pour l'an IV.

(2) Voir, outre l'*Annuaire du Lycée des Arts* de l'an III, et la *Décade*, *passim*, le *Moniteur* du 28 mars 1796, du 29 septembre et du 25 novembre 1797, l'*Ami des lois* du 19 mai 1796.

vertu. Nous ne nous permettrons pas, comme la *Décade* du 10 germinal an IV, de sourire de ce vœu adressé à un fabricant de filigrane : « Puissions-nous enflammer votre génie et l'encourager à produire de nouveaux miracles! » Mais nous ne lui accorderons pas le sens pédagogique ; non que plusieurs de ses membres ne sussent parfaitement enseigner, mais ils méconnaissaient une vérité primordiale, savoir : que le talent des maîtres ne supplée pas à l'insuffisance de préparation des élèves. Il est vrai que sur ce point le malheur du temps les ramena malgré eux à des visées plus sages ; en l'an II ils avaient professé des cours dont la plupart, pour être entendus, auraient réclamé des auditeurs une vocation éprouvée dans un examen : agronomie, mécanique et perspective, calcul appliqué au commerce et aux banques, physique végétale, chimie appliquée aux arts, harmonie théorique et pratique, contrepoint, composition, technologie (c'est-à-dire tout ce qui a rapport aux manufactures); mais l'année suivante, la réquisition ne laissant à Paris que les jeunes gens au-dessous de dix-huit ans, le Lycée des Arts ne distribua durant l'an III, outre l'enseignement primaire, que les connaissances qu'on acquiert aujourd'hui dans les Ecoles de commerce. Mais en l'an IV, l'anatomie, la physique végétale, l'économie politique reparurent ; la chimie s'ins-

talla à côté d'elles; Sue et Fourcroy remontèrent
en chaire, introduisant avec eux Brongniart :
par malheur, pour de tels cours, ce ne sont pas
toujours les maîtres, même illustres, qu'il est le
plus difficile de trouver.

Le directeur du Lycée des Arts n'entendait
peut-être pas très bien non plus les règles d'une
bonne éducation. N'était-ce pas exalter par une
récompense disproportionnée l'amour-propre de
ses jeunes élèves que de présenter les meilleurs
d'entre eux à la Convention (1)? On nous répondra que cet honneur était si prodigué qu'il ne
devait plus tourner les têtes. Soit ! Mais, même
dans un temps où nos soldats observaient leur
pacte avec la mort, était-il sage de confier aux
quatre cents élèves gratuitement admis, le soin
de rédiger leur règlement d'ordre, et fallait-il
demander à l'âge de l'étourderie un serment de
bien travailler (2) ? Espérons du moins que le
Lycée des Arts n'avait pas invité ses écoliers à
la séance publique où il laissa une institutrice
de la rue des Champs-Elysées faire réciter par
une de ses élèves un morceau sur l'influence
réciproque des deux sexes qu'heureusement, dit
la *Décade* du 30 thermidor an III, l'enfant n'était
pas en état d'avoir composé !

(1) *Moniteur* du 25 vendém. an III.
(2) *Annuaire du Lycée des Arts* pour l'an III.

Mais ces erreurs ne doivent pas faire oublier les services qu'il a rendus à la science, surtout si l'on se souvient qu'il donnait son zèle gratuitement, que l'entrée aux séances publiques même était gratuite, et que les deux artistes qui prirent à leur charge les frais que le désintéressement des savants ne pouvait supprimer ont caché leurs noms (1).

Ce n'est qu'en l'an III que l'administration revint à l'espérance de faire payer l'entrée aux cours et aux séances : on espérait tirer de là quelques ressources qui, jointes au produit de la vente du *Journal des Arts* et de notices sur les inventions examinées par le Lycée et aux cotisations des membres de son directoire, permettraient de subvenir à des dépenses qui en l'an IV allaient monter à 500,000 francs par an ; on aurait aussi voulu, à partir de l'an IV, assurer quelques honoraires aux professeurs (2). Encore réservait-on quatre cents places pour les sujets pauvres ; et

---

(1) *Décade* du 20 messidor an II et du 20 frimaire an III.

(2) Voir les *Annuaires du Lycée des Arts* pour l'an III et l'an IV, la *Décade* du 20 germinal an III, le *Journal de Paris* du 17 thermidor an III. C'est surtout dans l'*Annuaire* de l'an IV qu'il faut étudier le règlement de ce Lycée ; on y verra les précautions prises pour obliger les membres du Directoire à prêter à l'œuvre une sérieuse collaboration. — En l'an III, l'entrée aux séances et l'abonnement au journal, et aux notices coûtaient en tout, si l'on payait d'avance, 60 livres ; pour chaque cours, on payait de 3 à 5 livres par mois ; les prix pour l'an IV sont un peu plus élevés.

le *Journal de Paris* put annoncer le 23 février et le 10 mars 1795 que, *à la prière de quantité de nos frères des départements*, appelés à l'Ecole normale, le Lycée des Arts ouvrait dix cours dialogués où il leur offrait six cents places également gratuites. Malheureusement les recettes n'atteignirent pas la somme qu'on espérait : bien que les membres se décourageassent si peu qu'en l'an V ils étaient trois cents (1), il fallut solliciter l'appui du gouvernement. Déjà, le 17 messidor an III, le directoire du département de la Seine avait recommandé le Lycée des Arts à la libéralité de la Convention, et, le 19 vendémiaire de la même année, Grégoire avait demandé et obtenu que l'Etat imprimât à ses frais les rapports lus dans les séances publiques du Lycée des Arts (2); mais cela ne suffit pas. Enfin le 1er vendémiaire de l'année suivante, Lakanal, au nom du comité d'instruction publique, obtint pour lui, à titre d'encouragement, une somme de 60,000 livres.

Pourtant des infiltrations détérioraient le local, l'architecte ayant eu l'ingénieuse idée de mettre les salles en contre-bas du jardin et d'entourer

---

(1) Lettre de Désaudray dans le *Moniteur* du 4 pluviôse an V.

(2) *Moniteur* du 27 thermidor an III (14 août 1795); *Décade* du 20 brumaire an III et *Annuaire du Lycée des Arts* de l'an III.

l'édifice d'une pièce d'eau. Ne pouvant obtenir
qu'on le réparât (1), Désaudray sollicita, comme
compensation, un prolongement de bail ou, à
charge d'entretenir en bon état le Jardin-Egalité,
la jouissance gratuite ; mais certaines personnes
mal disposées crièrent au charlatanisme, préten-
dirent qu'il ne cessait de demander de l'argent ;
et en ventôse an V, sur un rapport de Camus,
les Cinq-Cents passèrent à l'ordre du jour sur la
proposition (2). Le gouvernement songeait même
à s'épargner les frais d'assainissement que réclamait le quartier du Palais-Royal en faisant
passer des rues sur l'emplacement du jardin, et
laissait la *Décade* penser toute seule qu'il conviendrait en pareil cas de donner un autre local
au Lycée des Arts (3).

Une circonstance imprévue dispensa le gouvernement de commettre une injustice : le 26 frimaire an VII (6 décembre 1798) un incendie con-
suma entièrement le cirque où le Lycée des Arts

(1) Sur l'installation du Cirque où était ce Lycée, voir les
Voyages d'Art. Young en France (p. 356 du 1er vol. de la traduction Lesage. Paris, Guillaumin et Cie, 1860). En vendémiaire an III, le Lycée des Arts avait demandé à la Convention un local plus sain et des livres pris dans les bibliothèques
des émigrés.

(2) Voir une lettre de Désaudray dans le *Moniteur* du
4 pluviôse an V (23 janvier 1797), le rapport de Camus dans
le *Moniteur* du 7 ventôse de la même année et une protesta-
tion de Désaudray, dans le *Journal de Paris* du 13 ventôse.

(3) *Décade* du 10 thermidor an V.

était installé; et il faut bien croire que l'établissement passait pour faire mal ses affaires; car certains accusaient, sans preuves d'ailleurs, les administrateurs d'avoir allumé eux-mêmes le feu (1).

Cet événement porta un coup sensible au Lycée des Arts. Il erra quelque temps de salle en salle; un de ses membres, Frochot, préfet de la Seine, lui donna asile à l'Oratoire, alors sécularisé, puis à l'Hôtel de ville. Mais l'imminente réorganisation des écoles publiques fournit un prétexte opportun pour cesser les cours (2). Réduit au rôle plus aisé à soutenir de société d'encouragement, le Lycée des Arts, devenu l'Athénée des Arts, continua tant à publier qu'à récompenser des travaux littéraires et surtout scientifiques. Ses séances publiques, où l'on entendit, entre beaucoup d'autres poètes, Mme Anaïs Ségalas, et auparavant la belle Théis, qui s'appelait alors Mme Pipelet avant de s'appeler la princesse de Salm, attirèrent encore longtemps la foule. Car il ne cessa d'exister qu'à la fin de 1869. Mais le grand public avait peu à peu perdu la

(1) Moniteur du 27 frimaire an VII; Fontaine, *Le Palais Royal*, Paris, Gaultier-Laguionie, 1829, p. 23. Fontaine et l'auteur anonyme d'une *Histoire du Palais Royal*, publiée en 1830, se trompent en rapportant cet incendie à l'an VIII.

(2) En 1809, Bodard y ouvrit un cours de botanique médicale comparée dont il a publié l'analyse (Paris, Méquignon, in-4°), mais ce fut une exception dont on citerait peu d'exemples.

mémoire de son désintéressement, de ses services, de ses exemples. Toutefois, la science contemporaine se souvient de lui : M. Berthelot l'a
mentionné avec honneur en août 1888 dans le
Journal des Savants (1).

V

Le Lycée Républicain, avec des cours plus
attrayants et plus de professeurs célèbres, se
maintint beaucoup mieux. L'absence de La
Harpe, entre le 18 fructidor et la fin de l'année qui suivit le 18 brumaire, lui causa sans
doute quelque préjudice. Il l'avait remplacé par
Mercier, qui, dans une leçon, prit Newton à
partie et replaça, de son autorité privée, la terre
au centre du monde (2). Du moins l'auditoire

(1) Voir la *Décade* du 30 pluviôse et du 10 thermidor an VIII,
du 30 fructidor an IX, la table alphabétique du *Moniteur*, le
recueil coté 2447 à la Bibliothèque Carnavalet. Le dernier
Almanach du Commerce où figure l'Athénée des Arts est celui
de 1869. Sur la fin, il siégeait à la mairie du quatrième arrondissement.

(2) *Décade* du 30 ventôse an VIII. L'Annuaire du Lycée Républicain pour l'an VII donne comme professeurs, durant cette
année, outre Mercier, Fourcroy, Brongniart, Sue, Boldoni,
Roberts, Weiss, Garat (voir la *Révolution française* du 14 juin
1888). D'après la *Décade* du 10 frimaire an VIII, Mercier ne
professait pas proprement l'histoire littéraire au Lycée; il y
avait prononcé en l'an VII des discours sur la littérature ancienne et moderne, française et étrangère, et allait continuer
pendant l'an VIII. — Voir l'éloge du Lycée dans un curieux
discours de Mercier, *Moniteur*, 22 et 23 fructidor an IV (8 et
9 septembre 1796).

ne s'endormait pas; et La Harpe trouva un public attentif devant sa chaire, quand il y remonta à la fin de 1800.

Au surplus, il amenait avec lui et plaçait savamment en évidence une auditrice dont la présence eût suffi pour remplir la salle, Mme Récamier; mais son talent et ses digressions politiques n'avaient rien perdu de leur popularité (1). A la rentrée de l'an IX, on remarqua que le public était cinq fois plus nombreux que précédemment; et M. Legouvé m'a signalé le récit d'une curieuse ovation que l'auditoire fit un jour à son professeur favori : La Harpe, dit Bouilly dans les *Encouragements de la Jeunesse,* ayant passé la nuit à retoucher un morceau sur La Fontaine, s'endormit dans la salle d'attente du Lycée, tandis qu'un de ses collègues occupait la chaire; il dormait encore quand celui-ci eut fini; on respecta son sommeil, et Luce de Lancival, prenant ses cahiers, fit sa leçon à sa place; mais La Harpe s'éveille, écoute, s'approche, se montre sans le vouloir, et la salle éclate en applaudissements. Mais les clameurs soulevées par la publication de sa Correspondance Russe

(1) Sur la présence de Mme Récamier, voir p. 14 du 1er vol. des *Souvenirs et correspondance tirés de ses papiers,* 4e édit. — Sur les digressions de la Harpe à cette époque, voir la notice que Daunou lui a consacrée et la *Décade* du 10 frimaire an IX.

(2) *Décade* du 20 frimaire an IX.

et l'intempérance de ses attaques contre les philosophes, firent oublier à Bonaparte que La Harpe avait exalté le 18 brumaire ; et, une troisième fois, La Harpe, sexagénaire et malade, dut quitter le Lycée et Paris (1). Il ne revint guères d'exil que pour mourir le 11 février 1803 (2).

Il n'emportait pas avec lui la fortune du Lycée (3) : l'administration avait acquis à la fin de 1800 de précieux collaborateurs en donnant à Rœderer une chaire d'économie politique, à de Gérando une chaire de philosophie morale ; et celui-ci, résolu à s'interdire les réquisitoires que La Harpe n'avait pas eu tort de prononcer jadis, mais qu'il avait tort de répéter sous le Consulat, avait prononcé ces belles paroles : « C'est parce que nous avons tous souffert qu'il nous convient à tous d'oublier. Ce serait peut-être aujourd'hui être l'ennemi du présent, de l'avenir, que d'insister trop sur les souvenirs du

---

(1) Ce fut vers le 10 ventôse de l'an X qu'il reçut l'ordre de s'éloigner (v. la *Décade* de ce jour). Sur ce nouvel exil, voir Peignot, *op. cit.* — Il pourrait aussi se faire que Bonaparte eût voulu punir La Harpe de s'être mêlé au projet de restaurer l'Académie française.

(2) Sur la mort et les obsèques de La Harpe, voir la *Décade* des 12, 15 et 17 février 1803.

(3) Ce n'était pas une raison pour le Lycée de différer jusqu'au milieu de l'année 1805 l'éloge public qu'il devait à La Harpe, et de le confier à un littérateur aussi obscur que Chazet. Les *Débats* du 24 novembre 1803 blâment avec raison le silence gardé sur La Harpe dans la séance de réouverture des cours de 1803-1804.

passé ; » enfin, recrue bien plus illustre, le Lycée s'était adjoint un peu auparavant Cuvier
pour l'histoire naturelle des animaux (1), et Biot,
Thénard et Richerand y commencèrent, quelques années après, le premier un cours de physique expérimentale, le second un cours de chimie, le troisième un cours de physiologie (2).
A.-M. Ampère y enseigna, en 1806-1807, le calcul
des probabilités. Sans avoir une aussi bonne
fortune pour l'enseignement des lettres, le Lycée, à la fin de 1803, put enfin ressaisir Garat,
et s'agréger l'érudit et spirituel Ginguené, pour
lequel il fonda une chaire d'histoire littéraire
moderne, et qui préluda, devant ses auditeurs,
à son important ouvrage sur la littérature italienne (3). Seule, la chaire de La Harpe ne rencontra pas un brillant titulaire ; on la donna à
Vigée. François Hoffmann s'exprime avec inexac-
titude dans la première de ses *Lettres champenoises* quand il présente Chénier comme ayant

(1) *Décade* des 20 et 30 frimaire et du 10 nivôse an IX. *Délibérations et arrêtés du Comité d'administration du Lycée*
(manuscrit à l'hôtel Carnavalet).

(2) Je les trouve mentionnés pour la première fois comme
professeurs au Lycée, les deux premiers dans la *Décade* du
30 vendémiaire an XII, et le troisième dans la *Décade* du
10 frimaire an XIV.

(3) Daunou dit que déjà, dans l'hiver de 1802 et de 1803,
Ginguené avait fait au Lycée des lectures sur la littérature
italienne (Notice de Daunou sur Ginguené, dans la 2ᵉ édition
de l'*Histoire de la littérature italienne* de celui-ci, Paris, Michaud, 1824).

succédé à La Harpe (1). Chénier ne professa au Lycée que dans les deux années qui précédèrent les *Lettres champenoises* de 1807 ; il y fit alors, d'après la *Nouvelle Biographie générale*, un cours sur la littérature française jusqu'à Louis XII ; auparavant, il y avait simplement lu quelques morceaux, par exemple, comme nous l'apprend l'édition des œuvres de Chateaubriand de 1836, son jugement sur *Atala*.

La coutume s'était en effet introduite au Lycée de donner des séances littéraires où ne paraissaient pas seulement les professeurs : Luce de Lancival, Legouvé, Daru y lisaient des vers. On avait même cessé d'y dédaigner l'appât de la musique (2). Les administrateurs, entrant dans la pensée de Pilâtre de Rozier, voulaient en faire un lieu de réunion mondaine en même temps que d'étude ; de là, l'ouverture des salons de lecture et de conversation dont nous avons parlé.

Ce mélange de solidité et de frivolité permit au Lycée Républicain de se soutenir. Le retour de la tranquillité, de la prospérité, le silence auquel fut bientôt réduite la tribune politique

(1) Voir, au surplus, la liste des professeurs pour l'année 1803-1804, dans la *Décade* du 30 vendémiaire an XII et les *Débats* du 5 décembre 1803.

(2) *Décade* du 10 thermidor an XII, 10 frimaire an XIII.

lui profitèrent. L'épithète qu'il avait prise pendant la Révolution n'allait bientôt plus être compatible avec les institutions de la France : une conjoncture lui épargna la mortification de l'immoler à Bonaparte, et lui fournit une occasion décente de changer de nom. Les établissements nationaux d'enseignement secondaire ayant reçu en 1803 le nom de Lycées, il prit celui d'Athénée tout court : l'adjectif compromettant disparut ainsi sans bruit avec le substantif.

C'étaient d'ailleurs alors des citoyens fort paisibles que les habitués de ces cours : on nous les représente dormant près du feu ou parcourant des journaux dans le cabinet de lecture en attendant qu'un des garçons de service annonçât le commencement d'une leçon (1). Mais ils étaient fortement attachés à un établissement où ils trouvaient des plaisirs si variés : ils le prouvèrent en lui demeurant fidèles malgré l'acharnement avec lequel certains des adversaires de la Révolution essayèrent de le déconsidérer. Les rédacteurs des *Débats*, en particulier, Féletz d'abord, puis Hoffmann, épuisèrent leur ironie sur les leçons et les lectures qu'on y entendait. Le premier surtout ne cessait de harceler d'épigrammes poliment désobligeantes Vigée et Gin-

(1) *Débats* du 12 décembre 1801.

guené. Les incidents fâcheux qui, par aventure, se produisaient avant ou pendant la leçon étaient aussitôt publiés par lui. Vigée perdit enfin patience, et un procès intenté à Féletz en 1804 délivra pour onze ans l'Athénée d'un auditeur malveillant. Mais d'autres continuèrent la guerre, en attendant que les *Débats* revinssent à la charge à partir de 1807 avec les *Lettres champenoises* d'Hoffmann et que la *Gazette de France* pour des raisons analogues s'acharnât contre le cours d'éloquence de Victorin Fabre que le *Mercure* soutenait.

Les adversaires de l'Athénée lui reprochaient deux choses, le caractère superficiel de son enseignement et sa partialité contre le christianisme : griefs en partie fondés. Néanmoins le parti pris, l'insistance de Féletz lui font peu d'honneur. Autant on approuverait quelques articles où l'esprit du cours de Ginguené ou du Lycée en général serait exposé et critiqué, autant cette réfutation ironique, composée au jour le jour, fatigue même le lecteur désintéressé ou acquis aux idées que le journaliste défend. Aussi éprouve-t-on du plaisir à constater par les aveux répétés de Féletz et d'Hoffmann que les cours attiraient encore beaucoup d'auditeurs. On aime à entendre un de nos détracteurs, Auguste de Kotzebue, avouer, dans ses *Souvenirs de Paris*, qu'il est impossible de trouver à aussi bon marché un plaisir plus varié et qui flatte plus agréablement l'esprit. Pourtant on cessa de faire salle comble : les embarras financiers un instant conjurés reparurent. Mais l'Athénée restait en possession de la faveur publique.

Vers 1810, deux nouveaux professeurs y avaient contribué; Gall, en exposant son système sur la *cranioscopie*, Lemercier par le cours de littérature dramatique qu'il publiera plus tard en 1820 après l'avoir repris sous la Restauration. Ces deux cours furent plus remarqués encore que les professeurs ne l'auraient désiré : Gall fut poursuivi de brocards par les journalistes ennemis de l'Athénée, et Lemercier faillit payer encore plus cher son succès. Les esprits cultivés étaient alors si las du despotisme impérial, des guerres éternelles où Napoléon épuisait la France, que le sage Guizot, dans sa leçon d'ouverture du 11 décembre 1812 à la Faculté des Lettres, faussait par instants l'histoire pour censurer, non sans excès, le gouvernement de l'Empereur. Lemercier, de son côté, employait les auteurs anciens à rappeler aux auditeurs de l'Athénée que le despotisme tue la poésie. Ses paroles étaient rapportées au maître, et, en attendant que l'autorité punît ces insinuations, un fanatique de Napoléon prit sur lui de tirer sur Lemercier un coup de pistolet qui heureusement rata. Lemercier dut interrompre son cours (1).

(1) Sur le cours de Lemercier, voir ce qu'il en dit lui-même dans l'ouvrage où il l'a publié, et un article de la *Biographie des hommes du jour* par Sarrut et Saint-Edme, 1re partie du 1er volume. Pour la leçon de Guizot à la Faculté, en 1812, on la trouvera dans ses *Mémoires.* Le passage suivant offre une allusion évidente : « Les provinces n'existaient pour Rome que par les tributs qu'elles lui payaient ; Rome n'existait pour les provinces que par les tributs dont elle les accablait... Dès que cet empire fut conquis, il commença à cesser d'être, et cette orgueilleuse cité qui regardait comme soumises toutes les régions où elle pouvait, en entretenant une armée, envoyer un proconsul et lever des impôts, se vit bientôt forcée d'abandonner presque volontairement des provinces qu'elle était incapable de conserver. » On voit que Guizot abrège singulièrement la durée de la domination romaine, et qu'il oublie que les peuples vaincus par Rome et par Napoléon n'ont pas uniquement eu à se plaindre de leurs conquérants.

CHAPITRE IV.

Période de la Restauration.

I

Sous la Restauration, l'Athénée perdit quelques-uns de ses titres à la faveur des juges impartiaux. Il ne faut pas accepter aveuglément l'affirmation des *Débats* du 15 novembre 1820, qui le déclarent en décadence. Pourtant, il est vrai que la maison dut remercier cette année-là, par raison d'économie, le professeur d'italien Boldoni, qui lui appartenait depuis vingt-cinq ans, et que le nombre des cours, qui était d'environ quinze sous le Consulat, tombe à environ dix sous la Restauration et sous les premières années du règne de Louis-Philippe. Ce n'est pas, on le verra bientôt, que l'Athénée ne garde point un auditoire nombreux, enthousiaste. Mais nous avons fait remarquer plus haut qu'un établissement aussi dispendieux avait besoin de conserver sa clientèle tout entière, et, sous la

Restauration, cette clientèle se divisa de nouveau.

Le numéro précité des *Débats* en accuse une mauvaise administration : de fait, le fréquent changement des professeurs et des cours que l'on remarquera dans les programmes de cette période marque bien chez les directeurs un manque d'esprit de suite. Toutefois deux circonstances indépendantes des administrateurs de l'Athénée lui ont sans doute nui davantage.

En premier lieu, tant que la Sorbonne et le Collège de France avaient continué à distribuer sans éclat un enseignement abandonné par le grand public aux étudiants, il n'avait eu à lutter que contre des établissements privés qui, dès l'abord ou bientôt, faisaient, comme lui, payer leurs leçons, et il avait soutenu victorieusement la concurrence. Le Collège de France avait eu beau se mêler, dès avant la fondation du Lycée; de tenir des séances solennelles à l'exemple des Académies (1) : faute d'hommes de talent ou du moins faute d'hommes d'esprit, il n'en avait pas retiré grand honneur, jusqu'au temps où Delille, sous le Consulat, réveilla par ses vers, moins spirituels encore que son débit, l'auditoire endormi par la prose de ses collègues (2); ses

---

(1) Voir les *Nouvelles de la République des lettres* de La Blancherie, à la date du 28 novembre 1779.

(2) Sur les séances d'ouverture du Collège de France, voir

cours étaient fort arides : la plupart des professeurs exposaient des théories sans nouveauté,
lisaient un texte classique, le commentaient
laconiquement, comparaient, s'il s'agissait d'un
ancien, une traduction avec l'original, et c'était
tout (1). Le cours de littérature française au Collège de France n'avait encore, en 1805, que cent
cinquante auditeurs, en y comprenant tous les
candidats aux grades universitaires (2). Les amateurs aimaient mieux payer pour entendre La
Harpe que de s'ennuyer gratuitement sur la montagne Sainte-Geneviève. Mais, vers la fin de
l'Empire, Tissot au Collège de France, La Romiguière à la Sorbonne, commencèrent à ramener
la foule vers les chaires de l'Etat auxquelles Cousin, Villemain et Guizot assurèrent sous la Restauration une popularité sans égale : on trouva
dès lors un peu chères les leçons de l'Athénée.

En second lieu, l'esprit de l'Athénée n'était
plus de tout point à la mode : sa fidélité à la
philosophie du dix-huitième siècle diminuait son
influence sur la génération nouvelle. Encore la

Mémoires secrets, 13 et 14 novembre 1786, 16 décembre 1786,
13 novembre 1787; *Décade* du 30 brumaire an VI, 10 frimaire
an VII, 30 brumaire an XI; *Journal de Paris*, 30 brumaire
an III, 25 brumaire an V; *Débats* du 26 novembre 1803; *Publiciste* du 25 novembre 1805.

(1) *Décade* du 30 brumaire an VIII; *Débats* du 3 janvier 1804.

(2) Article de M. Liard sur l'Enseignement supérieur et le
Consulat, dans la *Revue internationale de l'Enseignement*,
15 avril 1889, p. 347.

doctrine de la sensation se soutenait-elle par son air d'indépendance ; mais la timidité d'esprit qu'elle engendre par ses procédés de minutieuse analyse, la froideur, la sécheresse dans lesquelles elle enferme ses partisans par la crainte d'être dupes de l'imagination ou du cœur, ne pouvaient plaire longtemps à un public charmé des vues générales qui renouvelaient alors l'histoire des sociétés. L'Athénée avait sans doute avec lui une partie des libéraux, quand il confiait au jeune Arm. Marrast, à la fin de, 1828, un cours de philosophie destiné à combattre le romantisme et l'éclectisme ; le *Courrier francais* approuvait cette résistance à l'éclectisme, dont l'apôtre le plus célèbre avait dit, d'après ce journal : « Il y a les trois quarts d'absurde dans ce que je dis, » et affirmait que cette leçon facilement et brillamment improvisée avait plu (1). L'enseignement de l'Athénée n'en prenait pas moins par là, pour ce qui touche à la philosophie et à la littérature, un caractère un peu suranné que le cours de philosophie posi-

(1) Numéro du 20 novembre 1828. Arm. Marrast a publié un *Examen critique du cours de M. Cousin* (Paris, Corréard jeune, 1828), qui justifie nos remarques sur le rationalisme méticuleux qui régnait alors à l'Athénée. Voir encore, à ce sujet, les éloges que le *Courrier français*, donne à Daunou le 9 décembre 1828, et le 7 du même mois, ses remarques malveillantes sur le cours de Guizot. Sur les rapports d'Arm. Marrast avec l'école de La Romiguière, voir *les Idéologues*, par M. Picavet (Paris, Alcan, 1891), p. 554-5 et 607-603.

tive qu'Auguste Comte y professa en 1829-1830 ne lui enleva pas, rien ne ressemblant plus au sensualisme démodé que le positivisme naissant.

Enfin, pour comble de malheur, l'Athénée repoussait indistinctement tous les principes du romantisme, auquel ses professeurs, qu'ils enseignassent l'histoire, la littérature française ou la littérature italienne, qu'ils se nommassent Jay, Buttura ou Lemercier, déclaraient une guerre sans merci. Ceux de ses amis qui gardaient plus de mesure, Benjamin Constant, par exemple, ne se risquaient pas à lui prêcher la conciliation. Seuls, deux hommes s'y hasardèrent. Le premier, Lingay, est absolument oublié aujourd'hui ; mais le courage, la judicieuse modération qu'il montre dans sa leçon d'ouverture du 22 novembre 1821, méritent qu'on s'y arrête un moment. Après avoir déclaré que Lemercier, auquel il donnait, d'un ton sincère, de grands éloges, avait, dans son cours, *immolé son génie à son goût* et développé des théories que le rigorisme du siècle de Louis XIV eût avouées, mais qui pouvaient paraître désormais insuffisantes ou excessives, il ajoutait : « Notre siècle serait un siècle d'imitation, s'il était resté un siècle de despotisme, de cour et de servitude, ou un siècle de décadence et de délire sous le règne de cette anarchie déjà si longue en peu de jours qui atteste si éloquemment la réaction inévitable des institutions sur les lettres... Laissons dans la tombe de Louis XIV, dans celle de Voltaire les regrets de toutes les gloires qui ont illustré la monarchie; hâtons-nous de découvrir et de féconder les espérances qui reposent dans le berceau de la Charte. » Il accordait que les vieilles nations ne pouvaient prétendre à la même poésie que les peuples primitifs, mais il montrait fort bien les inspirations qu'elles pouvaient en échange tirer de la religion et de la philosophie. N'étant pas doué du don de prophétie, il se préparait en déniant à la poésie le pouvoir de peindre les objets physiques, l'irréfutable démenti de Victor Hugo, mais c'était déjà justifier sa place dans sa chaire que de comprendre si nettement que Lamartine avait fait une révolution dans la littérature.

L'autre professeur qui, deux ans plus tard, réclama plus hardiment pour les poètes le droit de s'affranchir de la tradition, fut Artaud. Oubliant, comme tant d'autres, que ce sont des clercs de procureurs et des bourgeois assis aux places à quinze sous, qui ont fondé la réputation de Corneille et de Racine, il allait jusqu'à appeler notre système tragique « une littérature morte qui n'a rien de vrai, qui n'est pas la voix d'un peuple, mais tout au plus l'écho des temps passés, défigurés par l'ignorance et l'affectation. »

Heureusement pour Artaud, de fines observations firent pardonner cette irrévérence; les plus intraitables classiques étaient bien obligés de convenir qu'ils recouraient à un étrange procédé quand ils imputaient leurs propres torts à leurs adversaires : il nous apprend en effet que les premiers accusaient les seconds d'employer des inversions forcées, de substituer la périphrase au mot propre; Artaud renvoyait fort justement la friperie mythologique dont les novateurs se revêtaient quelquefois par mégarde à ceux qui prétendaient en affubler de gré ou de force tous les aspirants à la poésie. On goûtait aussi sa franchise et sa finesse quand il confessait que le malheur des romantiques était de *se faire les législateurs d'une littérature qui n'existait pas encore* : « On fait la poétique de la tragédie romantique, avant d'en avoir. Faites des ouvrages neufs qui réussissent : on en aura bientôt trouvé la poétique. Vienne un homme de génie plus profondément ému que les autres à l'aspect des événements contemporains..., il ne fera qu'exprimer naïvement ce qu'il aura senti, et par un instinct sûr il ira toucher droit au but. » Si le romantisme n'a pas tenu toutes ses promesses, c'est parce que le conseil d'Artaud n'a pas été suivi et parce que son espoir n'a pas été exaucé; il est bien venu un chef d'école assez grand pour se faire obéir et admirer, mais aussi peu naïf que possible, qui lui aussi a rédigé trop tôt sa poétique, et qui a moins étudié l'histoire et la société que les systèmes débattus autour de lui (1).

Mais tout ce qu'Artaud, comme Lingay, put obtenir, ce fut l'attention polie des habitués de l'Athénée ; son cours ne dura également qu'une année, et rencontra plus de faveur au dehors que d'adhésion parmi ses premiers juges. C'est peut-être parce que l'hostilité déclarée de l'Athénée contre le romantisme limitait ses choix pour les professeurs de littérature française, qu'il alla souvent les chercher parmi des hommes incomparablement inférieurs à ses professeurs de sciences : on comprend fort bien en effet qu'il se soit attaché, pour l'enseignement de l'éloquence et de la poésie, des hommes tels qu'un Lemercier, un Tissot, un Jouy; mais l'obscurité d'un Berville, d'un Parent-Réal, d'un Villenave même, tranche trop vivement, si je puis m'exprimer ainsi, sur la notoriété ou la gloire de leurs collègues les physiciens ou les physiologistes.

Toutefois, si les juges impartiaux et clairvoyants commençaient à mesurer leur faveur à l'Athénée, le gros de la bourgeoisie lui demeurait fidèle. Il se l'était attachée par une adhésion éclatante au parti libéral. A la vérité en 1814 il

(1) Voir, sur le cours d'Artaud à l'Athénée, ses *Essais* posthumes *de littérature* (Paris, Plon, 1863, in-8°), p. 306-351 et p. XII de la préface.

6.

avait envoyé une adresse respectueuse à Louis XVIII; mais le souvenir des bienfaits du comte de Provence, la joie d'être enfin délivré de guerres éternelles, d'échapper au despotisme, de trouver un arrangement qui sauvait l'intégrité du territoire, suffisent à expliquer cette démarche qui lui est commune avec le Conseil de l'Université, le Collège de France, la Faculté de Droit (1). Au demeurant, les ultras se chargèrent de tuer promptement la popularité renaissante des Bourbons. Sous ce régime où la censure ne parvenait pas plus à intimider l'opinion que la Charte à la rassurer, où l'on avait, si l'on veut parler sans chicane, et le droit de tout dire et le droit de tout craindre, l'Athénée accueillit hardiment les discussions politiques.

Benjamin Constant les y introduisit, en effet, tantôt sous la forme de ces questions générales où il excellait, tantôt sous celle d'hommage rendu à un étranger de mérite : « L'Athénée, » disait un peu naïvement la *Minerve*, en 1819, « s'est ouvert une route nouvelle : débattre les questions politiques est un moyen assuré d'exciter un grand intérêt. La dernière lecture de M. B. Constant avait pour objet de rechercher la différence qui existe entre la liberté des peu-

(1) Voir un article de M. Aulard, dans la *Révolution française* du 14 avril 1890.

ples anciens et la liberté des nations modernes. L'assemblée était nombreuse et brillante, et l'orateur a été souvent interrompu par de fréquents et vifs applaudissements. » Or ce débat une fois posé avait tout naturellement amené l'orateur à condamner l'exil politique (c'est-à-dire le bannissement des régicides), l'intolérance en matière d'éducation (c'est-à-dire le projet de rendre l'enseignement au clergé), et il ne lui avait plus fallu qu'un peu de bonne volonté pour louer la loi des élections qui venait, suivant son expression, de permettre à la reconnaissance nationale de récompenser trente ans de fidélité aux principes dans la personne du plus illustre défenseur de la liberté (c'est-à-dire de Lafayette) (1). Quand Jouy consacrait une partie de son cours de 1819-1820 à prouver que les rois ne peuvent se réclamer d'une morale spéciale, il partait lui aussi d'une thèse générale, mais les conseils que la même année Viennet donnait à Ferdinand VII, dans une épître lue à l'Athénée, invitait à l'application des théories. Azaïs, dans son cours de philosophie générale en 1821-1822, avait invité ses auditeurs à lui adresser par lettre des objections et des questions : ils en vinrent très vite,

---

(1) 5ᵉ vol. de la *Minerve*, p. 209; voir *ibid*, 4ᵉ vol., p. 516 et suiv.

curieux symptôme du temps, à lui demander
son opinion sur les conjonctures politiques ; il
répondit sans embarras qu'à son sens les hommes actuellement au pouvoir n'iraient pas jusqu'au bout de leur système, que la vérité triom-
pherait prochainement puisqu'on le laissait
paisiblement exposer sa doctrine, alors que
sous Napoléon qu'il vénérait, mais qui était
obligé de respecter la religiosité, il était mal vu
du pouvoir : il ajoutait que, maintenant que *la
glace était rompue*, il s'ouvrirait avec la même
franchise sur tout ce qui intéresserait l'auditoire. Les administrateurs de l'Athénée firent
sur ces digressions des remarques qui l'année
suivante empêchèrent Azaïs de remonter dans
sa chaire. Mais plus tard ils accordèrent à d'autres bien plus de liberté que n'en avait pris
l'ancien pensionnaire du duc Decazes, puisqu'ils
laissèrent Tissot, dans la séance d'ouverture de
l'année 1826-1827, dénoncer, à la joie du *Courrier Français*, *l'influence occulte* qui menaçait les
libertés les plus chères de la France (1).

Encore était-ce là seulement ce que l'on confiait
à la presse ; les professeurs de l'Athénée osaient
bien davantage. Des rapports de police conservés
aux Archives nationales les montrent discutant

---

(1) *Courrier français* du 8 décembre 1826. Pour Azaïs, voir,
dans son *Cours de philosophie générale*, les trois premiers
volumes qui reproduisent ses leçons de l'Athénée.

hardiment le projet de loi sur le sacrilège, le licenciement de la garde nationale, déchirant la fiction constitutionnelle de l'irresponsabilité du monarque ; à propos d'une des mesures de Charles X, qu'il considère comme une provocation, Villenave disait : « Ce ne serait pas la première fois qu'on aurait vu des souverains déposés pour avoir méconnu la voix du peuple. » A propos de la chronique de Turpin, qui qualifie Charlemagne de très grand et très révérendissime, il s'écriait : « Voilà bien le style servile et rampant d'un moine ! Il n'y avait qu'un prêtre qui fût capable de commencer ainsi un ouvrage rempli d'ailleurs de prodiges et de miracles. » Dunoyer, Charles Comte rivalisent de véhémence avec lui, Crussolle-Lami tient des propos séditieux ; Alexis de Junien donne clairement à entendre que la Constitution des Etats-Unis pourrait bien franchir l'Atlantique ; il n'est pas jusqu'à un futur recteur qui ne s'émancipe : Artaud taxe, en effet, les Croisés de fanatisme et de brigandage. Les rapports ajoutent qu'une assistance nombreuse savourait par avance ces invectives, les applaudissait avec éclat, les commentait avec passion.

Il ne faudrait pas suspecter la police, quoique alors insuffisamment scrupuleuse d'avoir inventé ces propos. Le ministre de la police semble pourtant nous y inviter, quand il demande au préfet, son subordonné, s'il ne pourrait pas charger de ces rapports un commissaire de police qui eût qualité pour verbaliser. Mais le préfet, outre qu'il avertit judicieusement qu'un personnage officiel serait mal choisi pour une surveillance occulte, garantit l'exactitude de son agent, et tout lecteur de ces rapports y verra le cachet de la sincérité : ce n'est pas une énumération incohérente de propos compromettants que tout délateur peut imaginer ; on y reconnaît un homme qui sait suivre et rédiger une leçon, qui discerne la thèse générale licite dans ses hardiesses d'avec le défi, le sarcasme, la menace. Le gouvernement n'a donc pu douter que l'Athénée ne se transformât à certains jours en un véritable club : il ne le ferma pas pourtant, et se contenta de refuser, en 1822, l'autorisation d'ouvrir à Marseille un établissement analogue (1). Cette longue patience indique de quel prestige la maison de Pilâtre jouissait encore.

II

Soit que cette tolérance déplût aux royalistes

---

(1) Une pièce, émanée des bureaux de la censure, rapporte qu'on dit que l'autorité a fait cesser, comme trop agressif, un cours de Jouy ; c'est la seule mention d'une mesure prise contre l'Athénée, et elle n'est pas positive. Toutes ces pièces sont dans le carton F7, 6915, des Archives nationales, au dossier qui porte les noms de Villenave et de Comte.

intransigeants, soit qu'ils espérassent battre
l'adversaire par ses propres armes, ils résolurent
de donner un rival à l'Athénée, de même qu'ils
avaient fondé le *Conservateur* pour l'opposer à la
Minerve. Ils résolurent de fonder un établissement aussi royaliste et religieux que l'autre était
libéral et philosophe, et d'offrir, là aussi, aux
gens du monde et aux dames, des fêtes littéraires, une bibliothèque, un cercle. Ils imaginè-
rent même, ce dont l'Athénée ne s'avisa qu'à
leur exemple, d'attirer les jeunes gens par une
réduction de prix. Tous leurs prospectus portent
en effet que l'abonnement sera seulement de
cinquante francs, au lieu de cent, pour les étudiants en droit et en médecine (1). Toutefois,
Decazes, qui avait autant de raisons pour redouter que pour souhaiter leur concours, n'accorda
jamais l'autorisation nécessaire ; ce fut seulement après sa chute qu'on put préparer l'ouverture des cours qui eut lieu le 2 février 1821.
Encore n'osa-t-on d'abord fonder l'association
que pour trois années. Plus d'un an après, un
vice-président de cette société appelée par un
archaïsme significatif Société des bonnes lettres,
flétrissait en ces termes les ministres qui
s'étaient défiés d'elle : « Ils tremblaient pour

---

(1) Voir aussi le numéro du *Drapeau blanc* du 26-27 décembre 1822.

leur déplorable système qui n'osait avouer la vertu par égard pour le vice, qui imposait silence aux honnêtes gens par la crainte des factieux, et qui ne connaissait d'autres moyens d'étouffer les cris de révolte que d'interdire aux Français le cri de vive le roi ! Grâce à la Providence qui ne permet jamais en France un long empire à la sottise, ce système est tombé (1). » Le ministère de Villèle voyait assurément la nouvelle société d'un œil favorable ; mais il ne paraît pas lui avoir octroyé autre chose que le titre de Société royale qu'elle porta depuis 1823.

En revanche, le faubourg Saint-Germain et la jeunesse royaliste affluèrent dans les salons de plus en plus spacieux où elle s'installa tour à tour, rue de Grenelle, 27, rue Neuve-Saint-Augustin, 17, rue de Grammont, où elle occupa l'ancien hôtel de Gesvres. Présidée par Fontanes d'abord, puis par Châteaubriand, puis par le duc de Doudeauville, ayant pour rapporteurs attitrés de ses concours de poésie et d'éloquence des membres de l'Académie française. Roger, Charles Lacretelle, comment n'aurait-elle pas attiré un auditoire choisi? Un heureux hasard y avait aidé en donnant à quelques-uns de ses fondateurs, à Roger, à ses deux confrères Auger et Michaud,

---

(1) Voir le discours de clôture prononcé par Roger, le 31 mai 1822, dans les *Annales de la littérature et des arts.*

au baron Trouvé, des femmes et des filles charmantes qui furent là ce qu'avait été Mme Récamier au cours de La Harpe : on vint les regarder tout en écoutant les orateurs. La Société eut même assez longtemps un journal à elle : *Les annales de la littérature et des arts,* dont les trente-trois volumes fournissent beaucoup de documents sur son histoire, et qui lui prêtèrent pour ses séances et pour ses cours la plupart de leurs rédacteurs, lui empruntèrent à un certain moment son nom comme sous-titre. Le royalisme le plus pur, le plus exalté régnait dans cette réunion ; les infortunes des Bourbons, leur rétablissement imprévu y excitaient un attendrissement simulé chez les uns, très sincère chez les autres ; la Vendée, la guerre de 1823 y inspiraient des dithyrambes. On n'y mettait pas seulement au concours la réfutation du sensualisme mais l'entrée de Henri IV à Paris, l'exposition des avantages de la légitimité, l'éloge du duc d'Enghien. La politique était d'ailleurs alors tellement inséparable de toute assemblée qu'on y prononçait des discours spécialement consacrés à réclamer l'intervention de l'Europe en faveur des Grecs, et qu'on imagina, ce que l'Athénée avait également omis, de célébrer par des banquets les dates qui rappelaient des événements agréables : bien que la Société eût applaudi dans une de ses séances cette jolie

épigramme lancée aux *ventrus :* « La gastrono-
mie ne saurait plus être un ridicule sous le gouvernement représentatif, » elle célébra la Saint-
Louis et le sacre de Charles X, en écoutant, le
verre en main, les couplets de Martainville, le
fougueux rédacteur du *Drapeau blanc* (1).

Cependant, les historiens de la Restauration
exagèrent lorsqu'ils présentent la Société des
bonnes lettres comme uniquement occupée des
intérêts du trône et de l'autel, et lorsqu'ils ne
donnent ses exercices littéraires que comme un
appât offert, presque comme un piège tendu à
la jeunesse. L'illustration nobiliaire ou littéraire
de quelques-uns des patrons de la Société lui
amena quelques maîtres d'un grand mérite. Il
est vrai qu'elle donnait des honoraires bien supérieurs proportionnellement à ceux qu'avait jamais proposés l'Athénée, puisque Véron nous
dit dans ses Mémoires qu'elle payait chaque
leçon ou lecture cent francs. Aussi, outre Michaud, on vit dans sa chaire des hommes d'un
talent vraiment estimable, dans différents genres, comme Laurent de Jussieu, l'auteur d'un
des meilleurs ouvrages de morale populaire,
Capefigue, Cayx, Alf. Nettement et même des
hommes dont le nom demeure attaché à l'histoire des sciences ou des arts qu'ils ont culti-

(1) Débats du 31 août 1821; *Moniteur* du 30 juin 1825.

vés ; car Abel Rémusat y étudia les mœurs de
la Chine, Raoul Rochette y disserta sur l'histoire
et la littérature de la Grèce, M. Patin y lut
l'ébauche de son ouvrage sur les tragiques grecs
et, en parcourant les extraits que le *Journal de
l'Instruction publique* donnait alors de ses leçons,
on se demande si l'ébauche a gagné de tout
point aux patientes, aux lentes retouches qui
en alourdirent l'agrément et en défraîchirent
l'originalité. Enfin, Berryer y fit un cours pratique d'éloquence : observa-t-on bien dans ce
cours la résolution qu'on avait prise d'en écarter les questions brûlantes ? je l'ignore ; mais ces
discussions sur la morale, la politique, l'économie politique, l'histoire ancienne et moderne,
instituées entre jeunes gens et dirigées par un
des hommes les plus éloquents de notre siècle,
ont certainement contribué à former les brillants publicistes et orateurs qui ont fleuri à la
fin de la Restauration et sous le gouvernement
de Juillet.

Il faut, toutefois, reconnaître que, à la Société
des bonnes lettres, l'enseignement fut d'ordinaire moins solide, moins sérieux qu'il ne l'était,
certains cours mis à part, à l'Athénée. D'abord,
dès l'origine, il n'y eut que trois jours de leçons
par semaine et ce chiffre fut promptement réduit à deux : très peu de professeurs étaient
chargés de plus de deux leçons par mois : et

plus d'un se faisait peu de scrupule de manquer une leçon ou d'interrompre son cours avant la clôture de l'année. Puis, les sciences physiques et naturelles n'y furent jamais enseignées par des hommes vraiment supérieurs; on avait compté sur Biot pour l'astronomie, il fallut se contenter de Nicollet. Pour l'hygiène, Pariset, qui s'était vu remercier par l'Athénée pour avoir accepté une place de censeur, et qui finit par être suspect aussi à la Société des bonnes lettres (1), cherchait surtout à plaire par les grâces de sa parole ; son jeune collègue pour la physiologie, Véron, le futur directeur de journaux et de théâtre, aurait eu quelque peine, sans doute, à donner un enseignement grave. Pour les sciences morales et politiques, la Société nouvelle le cédait également à sa rivale : qu'est-ce que son professeur de droit public, M. de Boisbertrand, comparé à Benjamin Constant, à Mignet qu'on entendit à l'Athénée? Il est singulier que ni l'auteur de la *Monarchie selon la Charte*, ni celui de la *Législation Primitive*, qui ne dédaignaient pas le titre de journalistes, se soient peu souciés de celui de professeurs, surtout alors que la chaire devait ressembler fort à une tribune; l'absence de loisirs ne l'expliquerait

---

(1) P. 46 de la *Galerie*, publiée par Lacretelle aîné, à la suite de la cessation de la *Minerve*; p. 121 du 18ᵉ volume des *Annales de la littérature et des arts*.

pas, car, sauf durant son court ministère et durant ses plus courtes ambassades, Chateaubriand était beaucoup moins occupé que Constant. On se serait moins aperçu de son silence, si Guizot avait consenti à consacrer à la Société une partie des vacances indéfinies que le gouvernement lui avait faites, mais je ne sais comment le rédacteur du prospectus de 1822-3 avait pu se bercer d'une telle espérance : il y avait trop longtemps que Guizot était revenu du voyage de Gand.

On croirait que la Société des bonnes lettres prenait sa revanche dans les cours de littérature moderne, d'abord parce qu'ici elle n'était plus gênée par ses scrupules politiques et religieux, ensuite parce que, comme on admet généralement que le Romantisme est né à l'ombre du parti monarchique, on penserait que l'enthousiasme pour une doctrine vraie ou fausse, mais neuve, a dû vivifier son enseignement. Mais la célèbre préface où Alfred de Musset range tous les partisans de l'ancien régime sous la bannière du romantisme, tous les libéraux sous l'étendard opposé, n'est pas absolument d'accord avec les faits; car, si les romantiques fournirent plus d'adeptes que les libéraux à la nouvelle école, celle-ci pourrait se réclamer du très libéral auteur de *l'Allemagne* à meilleur titre encore que de Chateaubriand. La divergence en littérature

7

ne se réglait pas sur la divergence en politique.
D'une manière générale, entre 1820 et 1830, la
grande pluralité des littérateurs en renom, et,
dans le public, la plupart des hommes faits,
aussi bien parmi les amis que parmi les ennemis
de la Restauration, tenait pour l'école classique;
ce fut la jeune génération qui donna la victoire
aux Romantiques.

Aussi, dans la Société des bonnes lettres
comme à l'Athénée, le romantisme ne se glissait-il
qu'à la dérobée; le grand monde royaliste applaudissait Victor Hugo comme il applaudissait
Guiraud, Soumet et bien d'autres, mais il ne
distinguait pas sa poétique d'avec la poétique
traditionnelle, par la raison simple que Hugo
écrivit d'abord dans le goût classique et que,
dans le *Conservateur Littéraire*, il se prononçait
nettement contre quelques-uns des procédés dont
il allait bientôt faire un usage retentissant. L'opinion dominante de la Société des bonnes lettres
s'est exprimée dans les leçons où Duviquet réclamait pour nos poètes classiques toutes les qualités que s'attribuait le Romantisme naissant,
dans le discours d'ouverture du 4 décembre 1823,
où Lacretelle déclarait qu'un des objets de la
Société était de combattre les novateurs littéraires, se prononçait pour la règle des trois
unités et se moquait des poètes pleureurs qui
prêtaient au joyeux moyen âge leur lugubre mé-

lancolie. Sans doute M. Patin démêlait plus judicieusement du vrai goût classique la fausse
délicatesse qui s'y était mêlée au cours du dix-
huitième siècle, et raillait spirituellement La
Harpe pour avoir dédaigné des beautés simples
que Racine osait sentir s'il n'osait pas les copier :
mais on peut voir dans le journal officiel de la
Société que, tout en appréciant la finesse de son
esprit, elle ne lui donnait pas raison (1). Il n'aurait pas fallu moins qu'un Villemain, c'est-à-dire
un véritable enchanteur, pour lui faire admettre
que Voltaire l'avait pris de trop haut avec Shakespeare ; encore Villemain n'y réussira-t-il en
Sorbonne et peut-être ne s'en apercevra-t-il que
dans les dernières années de la Restauration.
Au reste Villemain, quoique Lacretelle dans le
discours d'ouverture que nous venons de rappeler l'eût fait espérer à ses auditeurs, ne parut
jamais dans la chaire de la Société des bonnes
lettres.

Aussi le *Globe*, qui rendait justice à cette Société comme à l'Athénée, mais qui ne cachait
pas son éloignement pour la superstition intolé-
rante des classiques de son temps, confondait à
cet égard les deux maisons dans un même
blâme. Le 4 décembre 1824, à propos d'un dis-

(1) Voir p. 122 du 18ᵉ volume des *Annales de la littérature
et des arts*.

cours d'ouverture où Villenave avait maladroitement laissé voir l'inquiétude qu'une ardente concurrence faisait éprouver aux professeurs de la rue de Valois, le *Globe* disait que l'Athénée, fort d'un passé illustre, de la sympathie attachée à *la seule société littéraire libérale de France*, n'éprouverait pas de pareilles craintes s'il gardait aussi bien ses avantages dans l'enseignement littéraire qu'il les gardait dans l'enseignement scientifique; le public, d'après le *Globe*, n'hésitait entre les deux maisons que parce que, dans le domaine de la critique, la routine y régnait également.

III

La concurrence entre les deux établissements dictait quelquefois des mots un peu vifs. C'est bien, je crois, la Société des bonnes lettres que vise un passage assez obscur du discours précité de Lingay, où il parle des « passions mal inspirées qui ont élevé aux Lettres qu'elles n'osent appeler belles, aux Arts qu'elles frémiraient de nommer libéraux, un autel rival consacré aux Muses par trois sœurs qui ne sont point les trois Grâces. » Roger, dans un rapport sur un concours d'éloquence présenté à la Société des bonnes lettres en 1827, affirme que les ennemis de la religion et de la royauté ont

« épuisé contre elle toutes les ressources de la langue perfectionnée des injures et des calomnies » qu'on a « cherché par tous les moyens les plus odieux, soit à imposer silence à ses professeurs les plus distingués, soit à écarter de leurs leçons les auditeurs de tout âge et surtout la jeunesse de nos écoles. » Mais le *Drapeau blanc*, de son côté, ne ménageait pas Lingay (1). Toutefois, ni les feuilles de droite ni celles de gauche ne marquèrent à cet égard l'acharnement que nous avons vu, sous le premier Empire, les *Débats* déployer en pareille matière. Je mettrais plutôt l'intempérance de langage et les actes d'intimidation dont parle Roger sur le compte d'étudiants, qui auront porté plus loin qu'il n'est permis la crainte de se laisser endoctriner.

Il y avait cependant un point sur lequel la Société des bonnes lettres et l'Athénée s'accordaient sans avoir besoin de s'entendre : c'était sur l'opportunité de propager chez nous la connaissance des langues et des littératures étrangères. L'Athénée, en renouvelant sous la Restauration son personnel pour cette partie de l'enseignement, trouva quelques étrangers de mérite, tels que Buttura et Michel Beer, le frère du compositeur, qui plus tard lui reviendra un

---

(1) Voir les numéros des 3, 9, 22 décembre 1821.

jour de cérémonie pour prononcer l'éloge de Benjamin Constant; et, s'il ne posséda pas, lui non plus, Villemain, Artaud, en étudiant pour lui la littérature comparée, mérita d'être distingué par le *Globe* des critiques étroits. La Société des bonnes lettres fit professer la littérature espagnole par Abel Hugo, les littératures italienne, anglaise, portugaise par des hommes oubliés aujourd'hui, mais qui contribuèrent à faire lire, au moins dans des traductions, Milton, Dante, Byron, Cervantès et Camoëns.

Quelques circonstances étrangères à l'esprit de parti et au goût du jour aidèrent encore les deux établissements : d'abord, pour les changements dans le personnel, on n'était plus obligé de choisir parmi les seuls littérateurs de profession; on pouvait prendre aussi, ce qui rendait le recrutement plus aisé, des professeurs dans les collèges royaux de Paris. Avant la Révolution et sous Napoléon Ier, l'Université gardait encore trop le caractère d'une corporation religieuse, ses maîtres étaient en général trop exclusivement humanistes, trop timides pour qu'on pût trouver parmi eux beaucoup d'hommes capables d'affronter un auditoire de gens du monde. Au contraire, à partir de 1820, elle fournit un assez grand nombre de professeurs à l'Athénée et à la Société des bonnes lettres. Ensuite le talent de la parole s'était notablement développé en

France ; le don de parler d'abondance commençait à n'être pas beaucoup plus rare que l'art de bien lire, et le public prenait un tel plaisir à cette nouveauté qu'il allait en chercher le spectacle jusqu'au domicile des professeurs. On sait avec quelle émotion était écouté le cours que Jouffroy faisait dans sa chambre à quelques disciples d'élite. Azaïs, beaucoup moins profond, n'étonnait guère moins : « J'habite au sein de Paris une maison solitaire, » disait-il dans les *Débats* du 8 décembre 1820 en annonçant un de ses livres, « un beau jardin l'entoure ; tous les jours, pendant deux heures, j'y serai à la disposition des personnes qui voudraient se procurer l'un de mes ouvrages et en discuter avec moi les principes. De deux à quatre heures pendant l'hiver et, pendant l'été, de six heures jusqu'à la nuit, il me sera très agréable de faire connaissance avec les amateurs des sciences et de la philosophie, de me promener avec eux dans mon petit domaine, de répondre à leurs questions, à leurs observations... Si j'osais composer un mot qui peindrait nos rapports d'instruction et de confiance, je dirais : nous platoniserons ensemble. » La foule répondait à cet appel que le plus répandu, le plus à la mode des professeurs de philosophie de notre génération n'eût pas osé tenter ; on dit qu'un jour, entre autres, deux mille personnes environ, réunies dans le jardin d'Azaïs, l'écoutèrent dans un silence qu'interrompaient parfois des salves d'applaudissements. Aussi, quand Azaïs parlait à l'Athénée, ceux même qui faisaient des réserves sur sa doctrine, subissaient le charme de *ses paroles qui naissaient sans affectation de ses pensées* (1).

La Société des bonnes lettres avait aussi ses brillants improvisateurs ; on admirait la facilité de Nicollet, la verve pittoresque de Pariset, la sensibilité toujours prête de Charles Lacretelle, ressource très appréciée de ses collègues qu'il suppléait au pied levé. Pour Lacretelle, en particulier, nous pouvons nous faire une idée assez exacte de l'effet qu'il produisait, parce que les journaux nous donnent l'analyse de plusieurs de ses leçons et même (car il n'improvisait pas toujours) le texte d'une partie de ses cours ; il n'y faut certes pas chercher la profondeur ni la méthode ; le lieu commun y abonde et l'apprêt s'y fait sentir quelquefois ; mais la chaleur n'en est assurément pas refroidie, et, même quand on ne partage pas les opinions qu'il exprime, on est touché des sentiments généreux qui l'inspirent.

La Révolution de 1830 fut fatale à la Société des bonnes lettres. Elle lui survécut à peine

---

(1) Voir le *Constitutionnel* du 18 décembre 1821, et sur les leçons qu'Azaïs faisait dans son jardin, la biographie placée en tête de la 5ᵉ édition de son traité des *Compensations*.

un an (1). Les principes qu'elle représentait
étaient devenus trop impopulaires, et une partie
des hommes qui avaient contribué à l'établir
était passée dans le camp des libéraux.

(1) C'est en 1832 qu'elle disparaît de l'*Almanach du commerce*, où elle figure encore en 1831.

CHAPITRE V.

I

D'ailleurs, nous l'avons dit, l'enseignement avait eu moins de fond à la Société des bonnes lettres qu'à l'Athénée, qui, souvent aussi, à la vérité, se piquait surtout d'amuser les loisirs, de flatter les passions de son auditoire, mais qui du moins y mettait plus de suite. Devenu plus positif qu'élégant, depuis qu'il se considérait comme un asile de l'esprit moderne menacé par la Restauration, il cultivait avec éclat les sciences sociales. Il trouva pour les enseigner des hommes vraiment supérieurs : ses abonnés entendirent quelques morceaux de Daunou, deux cours consécutifs, dont un sur l'histoire de l'Angleterre, de Mignet, un cours sur la constitution anglaise de Benjamin Constant qui, l'année précédente, avait donné plusieurs con-

férences sur l'histoire du sentiment religieux (1),
un cours de Charles Dupin sur les forces productives et commerciales de la France. Si
l'Athénée courut une aventure en s'adressant
à M. Considérant (1836-1837), il avait été fort
bien inspiré en appelant à lui Jean-Baptiste Say
et en priant Adolphe Blanqui de décrire la civilisation industrielle des nations de l'Europe
(1827-1828).

Mais c'est surtout pour les sciences proprement
dites qu'il peut étaler avec orgueil la liste de
ses maîtres. L'assemblée qui rédigea la liste de
ses cours pour 1821-1822 était présidée par
Chaptal, et l'on citerait difficilement un chimiste, un physicien, un mathématicien, un
physiologiste illustre du temps de la Restauration qui n'y ait pas enseigné dans la chaire
de Fourcroy, de Biot, de Cuvier, d'A.-M. Ampère, de Thénard; parmi ceux qui la remplirent
dignement, nommons Chevreul, Orfila, de Blainville, Fresnel, Pouillet, Robiquet, Dumas,
Trélat. Et qu'on ne croie pas que c'était à leurs
débuts, et encore obscurs, que ces hommes
acceptaient de professer à l'Athénée. Ils y ont
pour la plupart accru et non commencé leur

(1) Voir, sur les cours de Mignet à l'Athénée, le livre de
M. Edouard Petit : *François Mignet*, Paris, Didier, 1889, p. 40
et suiv., et sur les lectures de Constant, relatives au sentiment
religieux, le *Moniteur* des 6 février, 16 et 19 mars 1818.

renommée. Qu'on ne pense pas que chacun d'eux se montrait un instant par complaisance aux abonnés et s'éclipsait après quelques leçons. Cuvier, Thénard, de Blainville y ont enseigné de longues années, Fourcroy y avait professé presque jusqu'à son dernier jour.

L'éclat de ces cours prolongea la vie de l'Athénée : vers 1836, le nombre des cours s'éleva jusqu'au chiffre de quinze, comme à l'époque de sa plus grande prospérité ; on en compte même vingt et un pour l'année 1840-1841 et pour l'année 1842-1843. La raison en est sans doute que, à la suite de la révolution de 1830, l'Athénée avait eu la bonne fortune de mettre la main sur de spirituels causeurs qui, malheureusement, lui échappèrent bientôt, mais qui y relevèrent pour un temps l'enseignement de la littérature : ce furent d'abord M. Ernest Legouvé qui établit une comparaison ingénieuse entre la biographie de Byron et celle de Benvenuto Cellini ; puis Léon Halévy, dont le onzième volume de la revue *la France littéraire* a conservé la piquante leçon d'ouverture ; Jules Janin, qui raconta l'histoire des journaux en France ; Philarète Chasles, qui étudia tour à tour la littérature du seizième siècle et les romans anglais. Mais ensuite, pour cette partie de l'enseignement, la liste des professeurs recommença à offrir des noms inconnus. Tel d'entre eux, pour suppléer à l'originalité véritable par un adroit mélange de paradoxe et de flatterie à l'adresse des auteurs en vogue, donnera une analyse philosophique du livret de *Robert-le-Diable* et la conclura en disant que cette œuvre de Scribe *est peut-être la plus capitale et la plus magnifique conception dramatique de la scène française.*

Réfléchissons toutefois que parmi ces maîtres médiocres, il a pu s'en rencontrer à qui l'accent d'une énergique conviction donnait une réelle puissance de parole, témoin cet Ottavi, dont Gozlan s'est fait le biographe, et qui, estropié dans l'accomplissement d'un acte de courage, allait d'un auditoire à un autre, prodiguant et communiquant son enthousiasme, jusqu'à l'heure où un dernier effort lui coûta la vie.

Une circonstance faillit pourtant hâter la fin de l'Athénée en lui suscitant un rival redoutable dans l'Institut historique, fondé le 24 décembre 1833, constitué le 6 avril 1834. Michaud, de Monglave, et les autres fondateurs de cette société se proposaient surtout en effet de provoquer, de publier, de discuter des ouvrages historiques, mais ils projetaient aussi de fonder des chaires de toute nature; une commission des cours se forma, composée notamment d'Alex. Lenoir, du marquis de Sainte-Croix, de Villenave, de Mary Lafon, d'Isidore Geoffroy Saint-Hilaire. Un moment, en 1837 et en 1838,

il ne manqua plus qu'un local convenable; l'Athénée tenta de parer le coup en offrant le sien;
les deux établissements se seraient fondus, mais
son offre fut déclinée, bien que plusieurs de ses
amis, outre Villenave, fissent partie de l'Institut
historique. Déjà la liste des cours était dressée;
on avait élaboré une règle où l'on voit qu'on
interdisait toute discussion à la suite des leçons
professées, afin, disait le secrétaire perpétuel,
d'éviter les désordres que ces discussions avaient
produits à l'Athénée : constatation fâcheuse
pour l'Athénée, d'une conséquence naturelle de
la place qu'il avait souvent faite à la politique
militante. Mais la défiance d'un propriétaire
qui, prenant l'Institut historique pour l'honnête
couverture d'une conspiration, n'en voulut pas
pour locataire, fit ajourner indéfiniment la concurrence dont l'Athénée s'inquiétait. L'Institut
historique entendit quelques conférences faites
par des hommes de talent, mais demeura surtout
une sorte d'Académie (1).

Néanmoins le déclin de l'Athénée était visible.
Le nombre des cours retombe à onze en 1844-
1845, et, ce qui est beaucoup plus grave, la liste

(1) Voir l'*Investigateur*, journal de cette Société, vol. I,
p. 185; vol. VII, p. 237-238; vol. VIII, p. 43-44, 89, 187. Je
dois ces indications à M. Joret-Desclozières, secrétaire général de la Société historique, qui a succédé à l'Institut historique; c'est l'intervention de M. Berth. Zeller qui m'a valu
cette gracieuse communication.

n'offre plus aucun nom célèbre, même pour les sciences, alors que, durant les années précédentes, elle présentait encore dans cet ordre d'enseignement, sans parler de Payen et d'Audoin, des noms tels que ceux d'Isidore Geoffroy Saint-Hilaire, de Babinet, de Raspail. L'Athénée vivait sur sa réputation, qui suffisait encore à lui amener des auditeurs bénévoles, mais non des maîtres de génie. Les directeurs avaient cherché dans leur mémoire et dans leur imagination des moyens d'attirer le public ; ils avaient rétabli les concerts dont les programmes ne faisaient plus mention depuis 1815, institué des *répétitions chorales de musique religieuse;* des séances de déclamation, inventé le *feuilleton dramatique parlé*, ouvert des discussions littéraires et philosophiques : tout s'usa, même des attraits plus sérieux ménagés à une curiosité légitime. Car, fidèle à l'esprit de son fondateur, l'Athénée se piquait de donner à son auditoire la primeur des découvertes. Il enseignait donc l'homéopathie au moment où Hahnemann venait de s'établir en France, la phrénologie, quand Spurzheim venait de modifier et de baptiser le système de Gall, la théorie des machines à vapeur, quand on lançait les premières locomotives; l'art photogénique, pendant que le nom de Daguerre était dans toutes les bouches; enfin la sténographie et l'écriture hiéroglyphique ; il plaida le droit social des femmes, par la bouche de Mme Dauriat. Que dis-je ? soit amour de la nouveauté, soit parce qu'il se sentait vieillir, peu s'en faut qu'il ne se soit fait ermite : il chargea Glade et Emile Broussais de lui prêcher le néo-catholicisme. Sainte-Beuve n'hésitait pas, et voyait là une marque irrécusable de sénilité. Il faut bien avouer que le second des deux apôtres annonçait, sur un ton étrange, *une nouvelle Eglise, un nouveau Dieu pour un autre univers :* « Je parais ici le cœur à la gêne, » s'écriait le fils du célèbre physiologiste, « les membres contractés, l'œil étincelant, comme un lion traqué dans son fort, mais ce n'est que la vérité de ma position vis-à-vis de l'influence prépondérante du monde. Je l'ai trouvé traître, féroce, implacable. » Em. Broussais anathématisait d'ailleurs l'Eglise et la sommait de ne pas répliquer (1). La piété de quelques autres professeurs de l'Athénée n'avait rien d'hétérodoxe :

---

(1) C'est évidemment sa leçon d'ouverture qu'il a publiée sous un titre interminable dont nous transcrirons les premiers mots : *Régénération du monde*, Paris, Leroy, in-8°, 1842. — A propos des cours précités de Mme Dauriat, le programme imprimé de 1837-8, qui est à la bibliothèque Carnavalet, dit que Mme de Staël et la princesse de Salm s'étaient fait entendre à l'Athénée. C'est la seule mention que je connaisse de ce double fait. Quant aux lectures de la princesse de Salm à l'Athénée des arts, nous les avons rappelées. On sait d'autre part que Mme de Staël a lu à l'Académie romaine des Arcades une traduction en vers d'un sonnet italien.

la religion bienfaisante à laquelle Dréolle veut ramener, paraît être purement et simplement le christianisme, et son collègue pour l'histoire, Henri Prat, a fondé entre deux cours, à l'Athénée, le *Mémorial catholique*, un des adversaires les plus ardents du monopole de l'Université.

Au demeurant, l'attention publique se portait ailleurs : on en trouve la preuve jusque dans l'indulgence des satiriques, qui épargne l'établissement : sans doute Louis Reybaud abonne encore le vaniteux Paturot *à tous les Athénées*, mais c'est aux cours de la Sorbonne et du Collège de France qu'il l'envoie satisfaire sa curiosité crédule et narquoise : quarante ans plus tôt, il l'aurait adressé rue de Valois, en compagnie du Champenois Lourdet d'Hoffmann.

L'Athénée avait assez duré pour sa gloire. La Révolution de 1848 le trouva non plus rue de Valois, mais galerie Montpensier, n° 6 ; l'abandon du local, que pendant plus de soixante années il avait rendu célèbre, fut un symptôme inquiétant. Il cessa d'exister à la fin de 1849. Il ne figure plus, en effet, dans l'Almanach du Commerce de 1850. C'est peut-être lui qui renaît un instant en 1852, rue du 24 Février, 8, et Cour des Fontaines, 1, sous le nom d'Athénée National, qu'il avait pris en 1849, puis sous un autre nom rue de Valois, 8, en 1853 ; mais ces résurrections, s'il faut les appeler ainsi, n'appartiennent plus à son histoire.

II

Dans l'histoire de cet établissement, ce qui nous a paru mériter d'être exposé, c'est le changement dans les mœurs littéraires qui l'avait fait fonder, ce sont les péripéties qu'il a traversées durant la Révolution, les établissements analogues qu'il a suscités. Nous nous proposions moins d'en écrire les annales que d'étudier, à propos de ces vicissitudes, certaines transformations de l'esprit public. Sa vogue, quelque part qu'y ait eue la frivolité, fait époque dans l'histoire de l'enseignement supérieur. Elle a préparé, en se soutenant durant tout l'Empire, l'auditoire qui allait applaudir sous la Restauration les illustres régénérateurs de la Sorbonne. Ceux-ci auraient-ils même daigné monter en chaire, si les bancs avaient dû être garnis comme quarante ans auparavant de simples écoliers, si le succès de l'Athénée ne leur avait appris que le public élégant peut donner à un brillant professeur une réputation, sinon aussi populaire et aussi fructueuse, du moins aussi prompte et aussi flatteuse que celle de l'auteur dramatique ?

D'ailleurs, une maison qui a compté pendant de longues années tant d'hommes éminents parmi ses maitres appartient à l'histoire de notre patrie, d'autant que ses souscripteurs n'ont pas seuls profité de leur enseignement. *Le Système des connaissances chimiques* et la *Philosophie chimique*, de Fourcroy, les *Leçons d'Anatomie comparée*, de Cuvier, le *Traité d'Economie politique*, de Jean-Baptiste Say ont-ils été véritablement composés pour lui, comme ses administrateurs le disent dans plusieurs de leurs prospectus? La nature de quelques-uns de ces ouvrages et le silence de leurs auteurs à cet égard permetiraient d'en douter. Mais il est évident que l'obligation d'intéresser un auditoire mondain auquel ils offraient la primeur de leurs travaux a fait mieux sentir à ces savants la nécessité de répandre une vive clarté sur leurs démonstrations. Pour l'*Histoire littéraire de l'Italie*, par Ginguené, pour le *Lycée* de La Harpe, il n'y a pas le moindre doute. Mais je pourrais citer une douzaine d'autres ouvrages dont quelques-uns fort appréciés ou même plusieurs fois réimprimés qui sont sortis de ces cours; je signalerai seulement les *Principes élémentaires de botanique expliqués au Lycée républicain*, par Ventenat, l'ouvrage où Charles Dupin a traité précisément sous le même titre le sujet qu'il venait d'y professer en 1826-7, l'*Etude des passions appliquée*

aux Beaux-Arts, par Delestre ; c'est évidemment
aussi là qu'Adrien de la Fage avait préparé
son *Histoire générale de la Musique et de la
Danse*.

L'influence de l'Athénée peut encore se mesurer au nombre des établissements créés à son
image : à ceux que nous avons cités, nous en
pourrions ajouter six autres pour la seule ville
de Paris, sans parler de deux revues littéraires,
le *Lycée Armoricain*, fondé à Nantes en 1823 et
le *Lycée Français*, de Charles Loyson, qui date
de 1829, auxquelles, sans le vouloir, il servit de
parrain. Dans la partie de la France où le don
de la parole est le plus répandu, plusieurs grandes villes, Bordeaux, Marseille voulurent avoir
leurs cours libres d'enseignement supérieur.
Ce fut l'objet, dans la première de ces deux
villes, d'une Société Philomathique qui y remplaça un Musée, fondé sur le modèle de l'établissement de Court de Gébelin ; c'est à l'Athénée de Marseille, dont l'ouverture avait été enfin
autorisée sous le ministère de Martignac, que
J.-J. Ampère fit ses débuts à défaut de Méry et
sur le refus de Sainte-Beuve, et qu'un premier
caprice de sa mobile imagination lui donna
bientôt pour successeur Auguste Brizeux (1).

---

(1) Dans un appendice sur les cours établis à Paris et en
province à l'imitation du Lycée, nous donnerons des détails

L'Athénée a eu des imitateurs au delà même
de nos frontières. Outre les voyageurs qui de
retour chez eux avaient vanté ses agréments de
toute espèce, nombre d'étrangers admis à professer dans sa chaire avaient donné de lui une
idée avantageuse à leurs compatriotes; car, sans
compter les professeurs de langues, il avait vu
parmi ses maîtres Spurzheim, un autre Allemand nommé Gustave Œlsner, chargé d'affaires
de Francfort et de Brême, le Suisse Hollard, et
un illustre exilé italien, le comte Mamiani. Aussi
s'intéressait-on à lui ailleurs que chez nous. La
feuille célèbre qui travaillait sous l'ombrageuse
surveillance de l'Autriche, à entretenir en Italie
l'esprit public naissant, le *Conciliatore*, le signalait à ses lecteurs, et un de ses plus nobles rédacteurs, Federico Confalonieri, projetait d'instituer un établissement analogue à Milan (1). Sans
doute, l'Athenœum de Londres ne doit à
l'Athénée que son nom; mais c'est déjà quelque
chose pour celui-ci que d'avoir baptisé un des
plus luxueux et des plus riches clubs du monde.
Quant à l'*Ateneo* de Madrid, M. Rafael de Labra,
son historien, a raison de le considérer comme
unique dans son genre : une institution qui, dès

---

dûs à M. Dezeimeris et à Mgr Richard, sur ces établissements
de Bordeaux et de Marseille.

(1) Voir le *Conciliatore* du 21 mars 1819 et la p. 28 de l'at-
tachante étude de M. d'Ancona sur F. Confalonieri.

le premier jour a excité l'intérêt des patriotes, à
commencer par Castaños, le vainqueur de Bay-
len, et que Ferdinand VII a honoré de sa haine,
un établissement à qui la Commission chargée
de réformer le Code pénal a demandé une consultation peut légitimement s'appeler original;
c'est la générosité castillane qui en a décidé tous
les professeurs pendant une suite d'années si
longue à offrir gratuitement leur parole, circonstance qui explique pourquoi tous les cours y
ont toujours eu un caractère d'apparat et pourquoi, à la différence de nos Athénées, l'enseignement des sciences proprement dites y a toujours
langui; des cours dont les applaudissements sont
l'unique salaire seront toujours plus ou moins
faits en vue des applaudissements. Mais notre
Athénée que M. de Labra oublie a évidemment
fourni le modèle de l'institution madrilène; c'est
à son exemple qu'elle a mêlé la politique et l'enseignement : toute la différence tient à ce que
l'*Ateneo* fondé en 1820 lors du soulèvement de
Riego, supprimé au rétablissement de l'absolu-
tisme, réouvert sous Marie-Christine, a sans cesse
recruté plutôt des partisans pour la liberté que
des adhérents pour la science même mondaine.
Ce qui achève de prouver que cette institution
encore aujourd'hui florissante fut imitée de la
France, c'est qu'en 1836 Madrid vit naître un
établissement assez semblable sous l'autre des

deux noms que nous avions remis à la mode :
el *Liceo* (1).

L'Athénée a donc puissamment contribué à
répandre le goût des conférences à la fois savantes, et mondaines qui est un des caractères
de notre siècle. Mais on demandera quel profit
réel ses auditeurs ont pu retirer de ses leçons.
Certes tout l'avantage a été souvent pour les
professeurs qui s'y sont plus instruits dans l'art
d'enseigner la science qu'ils n'ont instruit leurs
auditeurs dans la science elle-même : il faut se
faire courageusement écolier pour suivre utilement un cours de mathématiques ou de chimie.
Cependant la génération qui a fait la Révolution
et soutenu pendant plus de vingt ans l'effort
acharné de l'Europe cachait trop d'énergie sous
sa frivolité pour ne pas porter quelque application dans ses divertissements. De nos jours, les
gens du monde qui vont écouter un cours public, s'y rendent, j'en ai peur, ou par distraction,
ou pour y rencontrer leurs amis, ou par bel air;
et c'est beaucoup s'ils s'entretiennent, à la sortie, du cours qu'ils viennent d'entendre. On peut
affirmer qu'aux beaux jours du Lycée, les gens
du monde ne se croyaient pas si tôt quittes envers les sciences qu'ils se mêlaient d'aimer : de

---

(1) Le livre où M. de Labra a écrit l'histoire de ces établissements a pour titre : *El Ateneo de Madrid* (Madrid, Alaria,
1878). C'est M. Ernest Mérimée qui me l'a signalé.

retour chez eux, ils complétaient par des lectures et des réflexions les connaissances qu'ils venaient d'acquérir. Pour la botanique en particulier, toute personne qui a pratiqué d'un peu près
la littérature de cette époque conviendra qu'elle
leur était alors très familière. Chateaubriand, pendant son ambassade à Londres, étonnait son jeune
secrétaire, M. de Marcellus, par la sûreté avec laquelle il lui nommait les plantes que le hasard
de la promenade leur faisait rencontrer. On peut
même remarquer que ses descriptions et celles
de Bernardin de Saint-Pierre, à la différence des
descriptions de Victor Hugo, supposent souvent
cette connaissance chez le lecteur; pour apprécier le dessin et le coloris de leurs paysages, il
faut connaître par soi-même la forme, la couleur
des arbres, des feuillages qu'ils y disposent en
se bornant d'ordinaire à les nommer; et c'est précisément parce que leurs indications sommaires
ne nous suffisent plus que nous sommes un peu
moins touchés que les contemporains de leur talent pittoresque. Mais qu'on y regarde bien, et
l'on verra que l'on peut leur appliquer ce qu'on
a dit, je crois, de Théodore Rousseau, quand on
l'a loué d'avoir dans ses tableaux substitué à
l'*arbre en soi*, si l'on peut s'exprimer ainsi, dont
se contentait l'école du paysage historique, les
arbres vivants et variés que produit la nature.
Or c'était à force de se parer de tous les attraits

à la mode, de faire appel à la galanterie, à la sensibilité sous toutes ses formes, que la science s'était insinuée dans le grand monde; mais une fois admise, elle se faisait écouter. Nous sourions aujourd'hui, quand nous feuilletons un des mille ouvrages où les compliments aux dames et les déclamations philanthropiques s'entremêlent à l'énumération des plantes, et nous nous imaginons que les lecteurs ne lisaient que ces digressions. C'est de nos jours que l'on saute les pages sérieuses des romans d'aventure qui visent à répandre les découvertes de la science. Les souscripteurs du Lycée lisaient de pareils livres d'un bout à l'autre avec un intérêt soutenu; et des ouvrages que nous n'oserions plus appeler savants inspiraient un goût véritable pour l'étude. Un éminent géologue italien, M. le sénateur Capellini, me pardonnera mon indiscrétion si je dis que les Lettres d'Aimé Martin à Sophie sur la physique, la chimie et l'histoire naturelle lui ont révélé sa vocation. Assurément les amateurs des deux sexes qui s'amusaient à se composer un herbier n'ont pas autant fait avancer la science, et la raillerie a beau jeu contre un divertissement qui peut être aussi stérile qu'il est inoffensif, contre les chasseurs de papillons, les amateurs de tulipes, les collectionneurs de cailloux. Pourtant, à intelligence égale, de qui doit-on attendre des observations plus fines, plus originales, et

7.

un intérêt plus sincère pour la science, de
l'homme du monde qui lit dans nos Revues
le résumé des doctrines transformistes ou de
l'homme du monde qui savait reconnaître et
classer toutes les plantes de son jardin ?

Sur un autre point encore, la peine des professeurs du Lycée n'a pas été perdue. La connaissance de la langue, de la littérature de deux
nations étrangères, l'Angleterre et l'Italie, était
sans contestation beaucoup plus répandue alors
qu'aujourd'hui dans le grand monde. Nous avons
aujourd'hui plus de savants versés dans ces
connaissances, plus de critiques capables d'apprécier justement les écrivains étrangers ; nous
envoyons plus d'habiles explorateurs dans les
archives de Londres et de Rome. Mais la haute
société compte infiniment moins de personnes
capables de lire dans le texte les poèmes, les
romans des deux nations, de saisir les allusions
qui s'y rapportent. Au temps dont nous parlons,
elle comprenait mal Shakespeare, mais Fielding,
Richardson, Robertson trouvaient encore plus
de lecteurs parmi ses membres que n'en ont eu
plus tard Dickens et Macaulay. Quant à l'Italie,
nous avons vu dans la précédente étude que
les éditions et traductions de ses classiques formaient un article important de la librairie française. On dira que la faveur a passé aux
romanciers russes, mais combien de personnes

ont imité le courage de M. Ernest Dupuy et appris le russe pour les mieux goûter (1)? La méthode alors suivie dans l'enseignement et dans la critique amenait plus directement l'auditeur à prendre par lui-même connaissance des textes, car elle consistait principalement dans l'analyse suivie des chefs-d'œuvre. Fauriel admirait par exemple celle que Ginguené a donnée de la Divine Comédie, et l'appelait *un chef-d'œuvre en son genre.* Cette méthode nous paraît aujourd'hui bien timide, nous l'accusons de réduire les professeurs aux remarques que tout lecteur intelligent ferait de lui-même; nous essayons d'entrer plus avant et de découvrir non plus seulement la beauté des œuvres mais le secret de cette beauté, d'autant que l'analyse des chefs-d'œuvre se trouvant faite, nous ne pouvons la recommencer. Mais il faut bien reconnaître que des leçons consacrées au commentaire suivi d'un poème invitent plus irrésistiblement à le lire que de savantes leçons sur l'influence de la race et du milieu. Notre méthode requiert assurément des connaissances plus vastes et plus de force d'esprit; elle forme

(1) On n'oubliera pas que nous parlons des gens du monde, de l'éducation qu'on se donne à soi-même; car nul n'ignore ce que l'Université a fait depuis trente ans pour répandre la connaissance des langues modernes. Dans cet ordre de connaissances, les hommes qui écrivent sont en France beaucoup plus instruits que ceux des époques précédentes.

des esprits plus philosophes, elle développe
davantage le sens de l'histoire. Les leçons de
l'Athénée formaient des *dilettanti*, ou plutôt,
car ce mot implique de nos jours une curiosité
mobile et capricieuse, elles enseignaient à lire
et à relire sans cesse un petit nombre de livres
de choix.

Cette méthode si simple nous paraît un peu
primitive. Elle était neuve alors. On peut dire
qu'un genre est né dans la maison de Pilâtre,
la critique appliquée. L'école actuelle procède
de La Harpe en ce sens que, tandis que Boileau, Fénelon et Voltaire recherchent surtout
les lois de la littérature et n'apprécient les
œuvres qu'incidemment et pour contrôler leurs
théories, La Harpe s'intéresse déjà plus aux
œuvres qu'aux principes, et que son dogma-
tisme, qui le sépare de ses successeurs, se cache
d'ordinaire sous des analyses raisonnées. Autrefois on discutait sur les lois de l'épopée, sur les
règles de théâtre, ou, comme dirait Cicéron,
de optimo genere dicendi. Au Lycée comme
aujourd'hui on discutait beaucoup moins sur les
règles que sur la façon très différente dont les
différents maîtres de l'art s'y sont conformés.
Resterait seulement à savoir si ce changement
n'a eu que des avantages; en effet, la littérature
en général pourrait bien y avoir perdu autant
que la critique en particulier y a gagné. La cri-

tique s'est assuré, par cette transformation, une vaste matière et un avenir indéfini, puisque à la discussion d'un petit nombre de principes invariables elle a substitué l'étude successive des innombrables ouvrages qui forment la bibliothèque du genre humain. Mais ici encore notre siècle pourrait bien se méprendre : car la critique appliquée, plus féconde assurément en aperçus, développe peut-être moins le talent oratoire ou poétique que la critique théorique, puisque, au lieu d'insister seulement sur les règles obligatoires pour tous et d'inviter ensuite à composer d'original, elle risque de retenir indéfiniment les esprits dans la contemplation des ouvrages d'autrui. Quoi qu'il en soit, le *Cours de littérature* de La Harpe, tout inférieur qu'il est aux *Lund'* de Sainte-Beuve, marque une date comme les célèbres feuilletons du *Moniteur*.

CHAPITRE VI.

Conjectures sur l'avenir de l'enseignement supérieur libre
en France.

Aujourd'hui une association libre de cette nature, sans attache avec aucune Eglise, absolument réduite à ses propres forces, comme l'était
celle-là, car c'est seulement d'une manière toute
accidentelle qu'elle a reçu des secours du gouvernement, pourrait-elle prétendre à une aussi
longue carrière? Pourrait-elle même s'installer
aussi convenablement, ne fût-ce que pour vivre
d'une existence éphémère? Il est permis d'en
douter.

D'abord les conditions matérielles ont changé :
les loyers coûtent plus cher, les professeurs
aussi ; les progrès de la science ont rendu beaucoup plus dispendieux l'approvisionnement d'un
cabinet de physique; enfin, l'agrandissement de
Paris a dispersé les amateurs. Ce n'est pas tout :
l'esprit public a changé aussi. Ce qui avait soutenu l'Athénée aux heures de détresse qui furent

fréquentes, au milieu de sa gloire, c'était le
reste d'un sentiment jadis très énergique et qui
va s'affaiblissant tous les jours, l'esprit de corps.
Fondateurs, professeurs, abonnés, tous l'aimaient avec fidélité, avec fierté, souvent avec
abnégation. Ils avaient pour lui quelque chose
de l'affection, sinon du religieux pour son ordre,
au moins du bourgeois pour sa province et son
quartier. C'est ce même sentiment qui, dans la première moitié de notre siècle, donnait encore tant
de force à la camaraderie de collège, et en faisait
une des formes proverbiales de l'amitié. Ce sentiment s'efface. Où est le temps où un ancien
barbiste n'eût point, pour ainsi dire, osé envoyer son fils ailleurs qu'à Sainte-Barbe? Les
succès d'un Lycée dans les concours académi-
ques excitent-ils, parmi ses élèves présents ou
passés, le même enthousiasme qu'autrefois? Les
associations d'anciens élèves vivent toujours
parce que, Dieu merci! la bienfaisance n'est pas
morte; mais il suffit de se rendre à leurs réunions annuelles pour se convaincre que les anciens condisciples n'éprouvent pas un impérieux
désir de se revoir, même une fois par an. Une
autre sorte de camaraderie est née, celle que
Scribe a décrite : les gens habiles savent fort
bien se réunir et s'entendre; les intrigants découvrent à merveille l'homme qu'il est utile
de louer, sauf à glisser dans l'éloge et jusque

dans l'expression du respect et de la reconnaissance un peu de perfidie et de méchanceté ; car aujourd'hui la louange la plus lucrative est celle qui fait craindre une satire. Mais l'attachement naturel, désintéressé, dévoué, qui naît du rapprochement des personnes, des habitudes communes, des émotions partagées, n'existera bientôt plus. Aucun établissement privé ne survivrait donc à une suite un peu longue de mauvais jours.

Un autre sentiment, qui aide à comprendre l'attachement des souscripteurs de l'Athénée pour leur établissement, s'est affaibli aussi : la sociabilité. On a vu que l'Athénée était un cercle en même temps qu'une sorte d'université. Il avait été fondé à une époque où le goût, le talent de la conversation, où la courtoisie atteignirent en France leur apogée ; car à cet égard le règne de Louis XVI l'emporte même sur celui de Louis XIV, parce que l'esprit libéral a déjà rapproché les rangs sans que l'esprit démocraque ait encore gâté les manières. Les hommes des différentes classes se sentaient alors le besoin et la faculté de s'entretenir, d'autant que le nombre des objets qui éveillaient l'intérêt public avait fort augmenté. C'était l'époque où l'on portait si loin la persuasion que les conditions et les sexes peuvent se rencontrer partout impunément, que les femmes honnêtes se rendaient aux bals publics de l'Opéra et dans ce qu'on nommait des vauxhalls. Aujourd'hui un cercle pourra bien donner des fêtes où il invitera les dames, mais il n'osera pas inscrire, comme faisait l'Athénée, des dames au nombre de ses abonnés, et ouvrir un salon pour elles; ce sera désormais une association exclusivement masculine; encore l'âme des cercles véritablement vivants est-elle de nos jours, non plus la conversation, mais le jeu.

Privé des soutiens que l'esprit de corps et la sociabilité fournirent longtemps à l'Athénée, un établissement de ce genre n'est donc plus possible. Cependant une considération adoucira nos regrets : c'est bien l'esprit d'association qui a soutenu l'Athénée, mais c'est aussi quelque chose de beaucoup moins bon et qui, sans en être inséparable assurément, s'y joint souvent et le renforce : l'esprit de parti. Il dut dans une certaine mesure, nous l'avons montré, ses derniers beaux jours au zèle obstiné qu'il conservait en tout pour les doctrines du dix-huitième siècle. Chose curieuse! L'enseignement de l'Etat s'est renouvelé beaucoup plus vite que le sien. Ce n'est pas l'Athénée, c'est la Sorbonne qui a rompu la première avec une philosophie étroite, sèche, creuse, avec une école historique généreuse sans doute, mais dénuée de vigueur et de couleur, mais où la philanthropie tenait souvent lieu d'érudition solide et de vues originales. C'est la Sorbonne et non l'Athénée qui a fait la première, de bonne grâce, les concessions nécessaires aux adversaires des classiques. Nous reviendrons sur ce point dans l'étude qui va suivre celle-ci.. Les professeurs de l'Etat ont eu, je ne dis pas seulement plus de talent, du moins dans l'ordre des lettres (1), mais plus de hardiesse et d'ouverture d'esprit que les maîtres de l'Athénée.

Expliquons cette apparente anomalie : il ne faut évidemment pas reporter aux gouvernements le mérite de cette supériorité. Ni Fontanes, ni Corbière, ni l'évêque d'Hermopolis, ne se souciaient de rajeunir les doctrines, et, à vrai dire, tel n'est pas l'office d'un grand-maître de l'Université. Mais le gouvernement, qui avait le tort de s'effrayer trop vite quand le trône ou l'autel lui paraissait menacé, avait le mérite de ne pas prendre fait et cause contre des systèmes philosophiques ou littéraires qui ne menaçaient ni l'un ni l'autre. Le ministre demandait aux professeurs de l'Etat de ne pas le gêner dans sa marche, et non de l'entretenir dans les opinions qu'il avait jadis apprises sur les bancs du collège. D'autre part, les auditeurs de Villemain, de Cousin, de Guizot leur arrivaient sans doute,

(1) Pour les sciences, tous les illustres professeurs de l'Athénée ont enseigné aussi dans les chaires de l'Etat.

pour la plupart, prévenus en faveur des systèmes que la Sorbonne attaquait ou modifiait,
mais, ne se sentant nul droit d'empêcher qu'on
pensât différemment, ils écoutaient et se laissaient convaincre. Au contraire, les auditeurs
de l'Athénée, qui payaient leur abonnement,
qui, au besoin, subvenaient à l'insuffisance de la
recette, exigeaient des maîtres, non pas seulement du talent, mais une doctrine de leur goût.
Ils laissaient une entière indépendance aux
mathématiciens et aux physiciens, parce que,
dans ces matières spéciales, le public est toujours plus docile, et c'est ce qui aide à comprendre pourquoi, dans ces branches, l'Athénée
a brillé plus longtemps. Mais dans les matières
où chacun croit pouvoir émettre un avis, il fallait que les professeurs fissent à l'auditoire la
galanterie de lui prouver qu'il avait raison. Il
y a un inconvénient, disions-nous à propos de
l'*Ateneo* de Madrid, à ce que les professeurs ne
soient pas payés ; il y en a un autre à ce qu'ils
le soient par leurs auditeurs. On dira que c'est
la condition de tout homme vivant de sa plume,
puisque le débit des livres dépend de la satisfaction des lecteurs. Non ; car l'écrivain s'adresse
à tout le public ; la pièce que les habitués des
premières représentations accueillent froidement
peut se relever le lendemain devant d'autres
spectateurs. Mais le professeur qui débute dans

un Athénée conservera, pour unique juge, une assistance invariablement composée de la même manière ; puis, il se sent comme introduit dans une famille étrangère ; il y trouve une tradition sur laquelle sans doute on ne lui fait pas prêter serment, mais qu'il se croit engagé d'honneur à ne pas choquer. Il aperçoit sur les visages gracieux ou respectables qu'il a sous les yeux la confiance que donne une adhésion paisible, invétérée à une doctrine et il se conforme peu à peu à l'opinion qu'il trouve établie ; ou bien, comme Lingay et Artaud, il essaie doucement de la modifier, et l'inutilité de ses efforts l'avertit de les cesser un instant avant qu'on l'y invite.

En dernière analyse, un professeur était et sera d'ordinaire moins libre dans l'enseignement libre que dans l'enseignement de l'Etat. L'Athénée n'aurait pas remercié Cousin et Guizot pour les motifs qui firent suspendre leurs cours en Sorbonne ; mais, quant à Cousin tout au moins, il l'aurait certainement moins longtemps supporté que ne fit le ministère.

Est-ce à dire que l'enseignement libre n'ait pas servi et ne doive plus servir aux progrès de la science ? Nullement, puisque nous avons vu les heureux effets du talent, du zèle des maîtres de l'Athénée. Qui sait si, par la routine même où une partie d'entre eux s'engagea, ils n'aiguillonnèrent pas d'une autre manière encore les professeurs de l'Etat? Puis il peut fort bien arriver qu'une doctrine, une science nouvelle née hors de l'Université ne parvienne pas tout d'abord à y trouver sa place légitime, soit que l'Etat la juge à tort futile, soit qu'il la voie d'un mauvais œil. En effet, il y a des revirements dans l'esprit des peuples et, par suite, des gouvernements, comme dans celui d'un seul homme : à certaines époques l'Etat est prodigue, à d'autres il est avare ; tantôt il se préoccupe un peu trop du devoir de n'imposer aucune doctrine, tantôt il prend un peu plus à cœur qu'il ne convient le devoir de veiller au salut de la société. Ce salut il l'entend, suivant les époques, de manières fort opposées. De la meilleure foi du monde, il juge pernicieuses, à certains moments, des opinions qu'il jugeait bienfaisantes quelques années plus tôt. C'est alors que l'enseignement libre méritera son nom, ou, pour mieux dire, car cette expression fait équivoque, il se formera, à la faveur de la liberté, des établissements aussi intolérants peut-être, mais animés d'un autre esprit, et les systèmes opposés pourront se faire entendre et se balancer.

Mais il se produira bientôt une conséquence après tout fort heureuse : la science dédaignée, la doctrine suspecte s'imposeront, si elles sont fondées, à l'Etat lui-même qui les installera dans ses chaires ; et alors cessera la raison d'être, non pas de la liberté de l'enseignement supérieur qui est essentielle là comme partout, mais de tel ou de tel établissement qui, indissolublement attaché à la vérité qu'il aura fait triompher, ne voudra pas voir les vérités qui limitent celle-là. Certains établissements libres d'enseignement supérieur pourront rendre des services permanents lorsque, comme notre Ecole des sciences morales et politiques, ils prépareront à des examens spéciaux ; mais quant aux Facultés libres, quoiqu'il puisse s'y rencontrer quelques hommes d'un grand mérite, elles ne brilleront jamais chez nous de l'éclat qu'a longtemps jeté l'Athénée, et elles ne rendront à la science que les services intermittents dont nous venons de parler, ce qui suffit, au reste, pour qu'on leur souhaite de vivre.

L'Etat a eu beau abdiquer le monopole de l'enseignement supérieur, la force des choses lui rend, de nos jours et dans notre pays, une sorte de monopole de la haute culture. De même que les collections particulières de livres et de tableaux viennent une à une se fondre dans ses vastes Musées, dans ses immenses bibliothèques, de même toutes les sciences viennent à lui pour se répandre par ses soins dans les intelligences. On peut lui faire une concurrence durable dans l'enseignement primaire ou secondaire ; on ne peut lui faire qu'une concurrence

momentanée dans l'enseignement supérieur. De
là pour lui le devoir, auquel du reste il a travaillé avec ardeur, de porter à la perfection
qu'elle peut atteindre cette partie de nos institutions pédagogiques.

VILLEMAIN EN SORBONNE

CHAPITRE PREMIER

Quelques remarques sur la condition des professeurs de Facultés sous la Restauration. — Succès de Villemain. — Mauvais moyens de succès qu'il s'est interdits.

Nous nous proposons ici d'étudier en Villemain, non pas le critique récemment apprécié dans un intéressant chapitre de M. Brunetière, mais le professeur. Cette étude offre plus d'importance qu'il ne semble peut-être d'abord. L'art d'enseigner était à la vérité moins indispensable alors à un professeur de Faculté, par la raison que les Facultés n'avaient pas au même degré qu'aujourd'hui la charge de préparer aux examens et à l'enseignement. Mais un maître de l'enseignement supérieur, fût-il absolument dispensé de cette fonction plus spécialement pédagogique, il faudrait encore lui souhaiter les dons

professionnels. Le talent de l'homme de lettres,
c'est-à-dire un jugement fin, une plume habile,
ne lui suffit pas. Sans doute, plus il aura de ce
talent et plus il agira sur les esprits, mais il est
clair que cette action dépendra de la façon dont
il l'exerce, de la manière dont il présente ses
pensées. Si par hasard, en effet, il ne joignait
pas aux qualités d'un homme de lettres le talent
de la parole qui ne les accompagne pas toujours,
quelque occasion qu'on ait eue de s'y exercer,
qui même se concilie malaisément avec certaines
d'entre elles, son ascendant s'en trouverait à la
longue notablement diminué. Mais laissons cette
conséquence trop évidente. Ce n'est pas seulement par sa doctrine qu'un professeur influe sur
l'assistance : l'idée qu'il donne de son caractère,
la façon dont il en use avec le public, la manière dont il ordonne ses leçons, ne contribuent
guère moins à la bonne ou à la mauvaise direction qu'il imprime. Chercher dans quelle mesure
Villemain entendait son métier, c'est donc approfondir le rôle qu'il a joué dans l'histoire littéraire de notre temps.

On nous permettra seulement de ne pas nous
hâter, et, avant d'entrer en matière, d'examiner
quelle était la condition des professeurs de l'enseignement supérieur sous la Restauration et de
rectifier sur quelques points les idées inexactes
qu'on s'en fait d'ordinaire.

I

D'abord, l'éclat des cours de Villemain, de
Cousin et de Guizot a pour nous effacé le souvenir de leurs collègues, et nous croirions volontiers qu'eux seuls ils attirèrent la foule. Or, sans
rappeler l'Athénée dont nous venons d'écrire
l'histoire, dès les dernières années du premier
Empire plusieurs professeurs de la Faculté des
Lettres et du Collège de France eurent un nombre considérable d'auditeurs. Ce n'était pas,
paraît-il, le cas de Royer-Collard, mais Laromi-
guière, mais Daunou, mais Andrieux, mais Charles Lacretelle s'adressaient à un public fidèle et
nombreux, au milieu duquel il n'était pas rare
d'apercevoir les hommes politiques les plus en
vue. En 1819, six ans avant que le général Foy
reçût au cours d'éloquence française l'ovation
que Villemain a racontée dans ses *Souvenirs
contemporains*, La Fayette et Dupont de l'Eure,
reconnus pendant une leçon de Daunou, avaient
été vivement applaudis et installés par l'assistance à des places d'honneur. En 1827, un journal félicitera Andrieux du concours d'auditeurs
qu'il obtient sans manège et sans passions de
parti. « Quel charme depuis vingt ans attire à
ses leçons une foule de personnes comme au
plus rare spectacle, des étudiants, des gens de

lettres, de jeunes demoiselles, des mères de famille (1) ? » Certes, nul professeur n'occupait l'attention publique au même degré que les trois maîtres dont les noms sont inséparables ; nul ne fut poursuivi comme eux par les offres de services des sténographes et des libraires ; mais leur succès n'eût pas été aussi grand si d'autres n'avaient pas, à la même époque, répandu par leur talent le goût des leçons instructives et agréables.

Un autre point sur lequel il n'est pas inutile de s'expliquer avec quelque précision, ce sont les rapports du gouvernement et des professeurs.

Il serait absurde de soutenir que la Restauration traitât l'Université avec une indulgence maternelle. Si elle ne l'a pas sacrifiée à ses ennemis, elle l'a décimée. Voici le tableau des exécutions de la première heure, tel que l'a tracé Guizot, qui en approuvait le principe, sans prévoir qu'elles s'étendraient un jour jusqu'à lui : « Neuf recteurs entre vingt-cinq et cinq inspecteurs d'académie ont été remplacés. Dans les collèges royaux, trois proviseurs ou censeurs, trente-six professeurs, trois économes et un très

---

(1) Article du *Mercure* reproduit aux p. 23-25 du 1ᵉʳ volume du *Journal de l'Instruction publique* (1827). Pour Daunou, voir le *Constitutionnel* du 8 décembre 1819, et un article de Tissot, à la p. 578 du 5ᵉ volume de la *Minerve*.

grand nombre de maîtres d'étude ont été desti-
tués ; quatre proviseurs, cinq censeurs, vingt-
trois professeurs ont été suspendus ou déplacés ;
plus de trois cents élèves boursiers ont été ren-
voyés. Dans les collèges communaux, dix-huit
principaux et cent quarante régents ont été des-
titués, suspendus ou déplacés. La suppression
de la plupart des Facultés des lettres et des
sciences a dispensé la commission d'examiner la
conduite des professeurs de ces établissements.
Dans les Facultés de droit et de médecine, neuf
professeurs ont été suspendus (1). » La plupart
de ces mesures n'étaient certainement pas plus
justes que celle qui, à la même époque, atteignait
Daunou, privé un instant de sa chaire du Collège de France et, pour quinze ans, de la direction des Archives. Enfin personne, aujourd'hui,
ne s'aviserait de prétendre que les doctrines de
Guizot ou de Cousin méritassent qu'on leur re-
tirât la parole. Tous deux avaient détesté l'Empire, mais ils ne détestaient pas la Restauration (2). Lorsque, pour un enseignement qui ne

(1) Guizot, *Essai sur l'histoire et sur l'état actuel de l'instruction publique en France* (Paris, Maradan, 1816, p. 121).

(2) Voir les vains griefs des *Débats* du 18 novembre 1820 et
du 8 mai 1821 contre le cours de Guizot. Cousin donnait quelquefois une forme provocante à des idées très sages, mais
c'était un pur artifice ; dans la fameuse leçon où il exposa
sa politique, il ne demandait même pas le jury pour la presse
que tous les libéraux réclamaient.

s'adresse pas à des enfants et que la publicité corrige en cas d'erreur par la réfutation, un gouvernement a la bonne fortune de rencontrer de pareils hommes, il doit leur permettre de ne pas penser de tout point comme lui. En ce qui concerne Guizot, comme le fit remarquer le *Globe* du 22 mars 1828, souscrivant à une réflexion émise la veille par les *Débats*, le gouvernement avait violé non seulement l'équité, mais la justice; car Guizot, professeur titulaire et inamovible, n'aurait dû être suspendu que pour trois mois au plus. On lui avait laissé, il est vrai, son traitement, ce qui explique la demi-résignation qu'il confiait à Prosper de Barante (1); mais on ne pouvait prétendre qu'il ne demandait qu'à jouir de ce loisir rétribué, puisque tous les ans il informait le doyen qu'il était prêt à reprendre son cours.

Mais, ceci posé, il faut convenir qu'on s'exagère, en général, les torts de la Restauration dans cette circonstance. Elle a fait payer à Cousin et à Guizot (et c'est déjà beaucoup trop) des fautes qui n'étaient pas les leurs, mais qui, nous le montrerons, étaient à la fois très réelles et

(1) Le 20 octobre 1822, il lui écrivait qu'il regrettait un peu cette petite tribune d'où il exerçait quelque action directe; que cependant il avait pour dédommagement tout son temps et toute sa liberté. (Voir le volume de lettres de Guizot, publié par la maison Hachette, en 1884.)

très difficiles à saisir, très fréquentes et très
fâcheuses ; j'entends ces allusions faites du haut
de la chaire, en termes irréprochables, à les
prendre au pied de la lettre, à des actes de l'autorité. Lorsque Naudet, par exemple, expliquait
à ses auditeurs du Collège de France qu'un gouvernement ébranle toutes les lois quand il en
change une sans nécessité, il émettait la plus
saine des doctrines ; mais personne ne se trom-
pait sur sa pensée, et, le *Constitutionnel* n'eût-il
pas transcrit dans son numéro du 24 décembre 1819 la déclaration du professeur, tout le
monde aurait compris qu'il blâmait le projet de
changer la loi des élections. Or, le droit du professeur de Faculté à inspirer des principes un peu
différents de ceux du gouvernement pourvu que
la morale ne les réprouve pas, ne va point évidemment jusqu'à celui de censurer les mesures
du gouvernement. La Restauration se sentait
quotidiennement atteinte par cent traits partis
de l'Université, dont les ultras lui avaient aliéné
nombre de membres à une époque où Cousin et
Guizot espéraient encore dans la branche aînée
des Bourbons.

Le cours de Tissot en fournirait la preuve (1) ;
mais ne nous lançons point à la poursuite d'al-

_____

(1) Voir, sur ce cours, un article du *Conservateur littéraire*
de juillet 1820.

lusions oubliées depuis longtemps, et arrêtons-
nous sur une affaire célèbre. On a fait grand
bruit, à l'époque où Cousin allait être frappé, de
l'arrêté pris contre Bavoux, le professeur de la
Faculté de droit. Je crois que toute personne
qui se donnera la peine de lire en entier les
pièces du procès, conviendra que Bavoux avait
gravement manqué à la réserve professionnelle.
Je ne parle pas ainsi sur la foi des journaux qui
l'attaquèrent; on sait trop, et ma propre expérience me l'a montré jadis, jusqu'où peut aller
la crédulité ou la mauvaise foi des feuilles politiques; je ne m'en rapporte pas davantage au
petit nombre d'étudiants royalistes qui incrimi-
nèrent son enseignement : on peut juger Bavoux sur ses propres paroles puisque, suivant
l'usage qui dominait encore à cette époque, il
lisait son cours, et que son manuscrit, avoué
par lui, fut produit aux débats. Bavoux, dans la
leçon qui mit le feu à l'Ecole de droit, avait
agité une question qui n'excédait pas sa compé-
tence et l'avait résolue d'une manière licite à un
professeur de droit pénal qui, en principe, peut
donner son avis sur les lois qu'il explique. Il
examinait l'article du Code, qui punissait d'une
amende de 16 à 200 francs le magistrat qui
viole le domicile d'un citoyen hors des cas pré-
vus par la loi; et il avait déclaré cette peine
insuffisante. Mais il avait oublié qu'un professeur

de droit, qui parle du haut de la chaire et devant
un auditoire facile à enflammer, ne doit pas critiquer une loi, même défectueuse, avec la véhémence d'un orateur politique; il n'avait montré
dans le Code pénal que l'œuvre d'une hypocrite
tyrannie ; et voici en quels termes il avait présenté l'inconvénient de ne pas prévenir par la
menace d'une répression plus sévère la violation
du domicile : « Ne nous y trompons pas! S'il
est des êtres pusillanimes et capables de tout
sacrifier à la crainte, il en est d'autres qui n'en
ressentiront jamais l'impression; il en est que
le sentiment d'une injustice révolte, que le péril enhardit, et qu'un vif attachement pour leurs
proches exalte au moindre danger. » A qui la
faute, si les auditeurs se battirent sous les yeux
de Bavoux et sous ceux du doyen appelé par
l'appariteur, si les partisans de Bavoux en vinrent aux mains avec la police, et si l'ordre ne
put être rétabli que par l'intervention de la
troupe et la fermeture momentanée de l'Ecole
de droit? Comme citoyen, Bavoux n'avait commis aucun délit, puisque c'était la résistance à
un acte illégal qu'il approuvait; mais, comme
professeur, la révocation dont il fut frappé lui
fit très justement porter la peine d'un langage
fougueux, qui n'avait même pas pour excuse
l'entraînement de l'improvisation. Au reste, les
hommes sages dans le parti libéral regrettèrent

que dans cette affaire l'effervescence de la jeunesse eût été fomentée et exploitée à son détriment et à celui de l'ordre public ; car à la Chambre, après une discussion où tout l'avantage avait été pour le garde des sceaux, pour le ministre de l'intérieur, pour Lainé qui les appuyait, l'ordre du jour pur et simple qu'ils demandaient sur une pétition des étudiants en faveur de Bavoux, fut voté même par le centre et par la gauche, à la réserve d'un petit nombre de voix ; et, quelques années plus tard, devant Villemain, Foy blâmera Benjamin Constant, d'une façon générale, il est vrai, d'avoir échauffé les têtes des étudiants (1).

Ce n'étaient pas seulement les étudiants qui s'agitaient : la tranquillité ne régnait pas davantage dans les collèges. Pendant la délibération qu'on vient de rappeler, Royer-Collard avait exposé à la Chambre que, quelques mois auparavant, une révolte avait éclaté à Louis-le-Grand et au collège de Nantes, qu'en même temps des désordres avaient été tentés dans les collèges de Rouen, de Bordeaux, de Périgueux, de Caen, de Lyon, de Tournon, de Vannes, à la suite de

(1) Sur l'affaire de Bavoux, voir le *Moniteur* des 5, 6, 11, 12, 28 juillet, 1, 2, 3 août, 9 septembre 1819. Entre autres journaux qui défendirent Bavoux, voir la *Minerve*, p. 418-9, 530 et suiv. du VIe volume ; p. 26 et suiv. du VIIe. Parmi ceux qui l'attaquaient, voir un article de Chateaubriand, p. 76 et suiv. du IVe volume du *Conservateur*.

provocations insensées répandues sous le nom du collège Louis-le-Grand ; et l'on sait que les émeutes scolaires de ce temps-là ne se bornaient pas à des promenades en file indienne et à des refrains irrévérencieux ; les poings se mettaient de la partie, et ce n'était pas toujours seulement sur les meubles que les mutins frappaient.

Cette ébullition de l'Université ne justifie pas la disgrâce de Cousin et de Guizot, mais elle l'explique. Puis cette disgrâce ne fut point aussi brutale qu'on l'a prétendu. Kératry avançait, en 1821, dans *La France telle qu'on l'a faite*, que *des détails odieux* s'étaient, à ce qu'on l'assurait, mêlés à la révocation de Cousin, et qu'il n'avait plus ni titre, ni fonctions, ni traitement. Mais M. Paul Janet qui a, en 1884, dans de remarquables articles de la *Revue des Deux-Mondes*, approfondi l'histoire de l'enseignement de Cousin, fait fort justement observer qu'il conserva sa place de maître de conférences à l'Ecole normale, et, en fait de détails odieux, n'a rencontré qu'une note, fort peu franche à la vérité, par laquelle le *Moniteur* du 29 novembre 1820 présentait la cessation de son cours à la Faculté comme une renonciation spontanée inspirée au jeune maître par le désir de réserver tout son temps pour d'importantes recherches sur la philosophie. Pour Guizot, nous avons déjà dit qu'il

gardait son traitement de professeur titulaire; à plus forte raison conservait-il son droit
de vote dans les assemblées de la Sorbonne,
comme on peut le voir par le registre de la
Faculté qui, malheureusement, ne contient pour
cette époqu ? que des résumés dénués d'intérêt.

J'ajouterai, d'après des pièces conservées aux
Archives nationales, que la foudre n'avait pas
éclaté à l'improviste. Le directeur de l'Ecole
normale, Guéneau de Mussy, qui paraît avoir
joué un rôle important dans la révocation de
Cousin, avait écrit, le lundi 27 mars 1820, au
président de la Commission de l'Instruction pu-
plique : « Monsieur le Président, j'ai l'honneur
de vous envoyer, comme vous me l'avez demandé, le numéro du *Censeur*, où vous trouve-
rez l'exposé sommaire de la doctrine philosophique de M. Cousin. Vous jugerez dans votre
sagesse si vous devrez en parler au Ministre
dans votre séance de demain. Si l'on veut prendre un parti, il me semble que c'est avant l'ouverture d'un second semestre qu'il convient de
le prendre. Agréez la nouvelle assurance de mon
respectueux dévouement(1). » Peut-être n'était-ce
pas la première marque de défiance donnée à

---

(1) Arch. nat., dossier de Cousin coté 71968. La lettre est
simplement datée du lundi 27 mars, mais elle appartient évidemment à l'année 1820 où le 27 mars tombait en effet un lundi.

Cousin : le 13 novembre 1819, la Commission
de l'Instruction publique avait écrit à Royer-
Collard que Cousin venait de demander, pour
raison de santé, un congé de trois mois à l'Ecole
normale, qu'on supposait qu'il ne pourrait pendant ce temps faire son cours à la Faculté, et
qu'en conséquence on priait Royer-Collard d'indiquer un autre suppléant; le professeur titulaire n'avait heureusement pas tenu compte de
ce zèle trop officieux. Mais, cette fois, les ennemis de Cousin le crurent perdu. Déjà la *Quotidienne* annonçait (21 avril 1820) que le Conseil
de l'Université venait de mettre Cousin à la retraite. Mais tous les maîtres de conférences de
l'Ecole normale écrivirent à Guéneau de Mussy
en faveur de leur collègue, et Guéneau de Mussy
transmit, le 17 mai 1820, à la Commission ces
vœux qu'il déclarait partager dans la mesure où
ils se concilieraient avec un intérêt qu'il devait
mettre avant tous les autres : « Je me suis toujours plu, ajoutait-il, à rendre justice aux connaissances de M. Cousin et à son talent pour
l'enseignement. Il peut sans aucun doute se rendre très utile à l'Ecole; mais pour cela je crois
qu'il faudrait que, même pour ses leçons publiques (1), il fût renfermé dans un sujet absolu-

---

(1) C'est-à-dire pour ses leçons de la Faculté, où il n'existait pas encore de cours fermé.

ment étranger à ces questions qui ne peuvent pas être l'objet de discussions philosophiques, par cela seul que les passions auxquelles elles s'adressent les ont résolues d'avance, de manière que non seulement l'Ecole ne reçût que l'enseignement qui lui convient, mais encore que le professeur, par la couleur trop tranchée qu'il aurait prise au dehors, ne pût lui apporter aucun préjudice. Un arrangement qui remplirait ces conditions paraîtrait concilier tous les intérêts. Les élèves pourraient continuer à profiter des leçons de M. Cousin, et M. Cousin lui-même y trouverait encore de plus grands avantages. » La note suivante tracée en marge de cette lettre indique l'accueil qu'elle reçut : « Ecrire que la Commission serait fâchée que les services d'un homme aussi distingué que M. Cousin fussent perdus pour l'Ecole normale et qu'elle désire connaître le programme détaillé des leçons qu'il pourrait y faire; qu'elle le croit d'autant plus disposé à le remettre, qu'il en a fait, il y a déjà du temps, la promesse verbale à M. le Président, et que M. le Directeur de l'Ecole doit l'engager à l'exécuter. »

Une correspondance s'engagea en fait à la fin des vacances de la Faculté entre le ministère et Cousin. Comme on n'a pas les réponses de celui-ci aux accusations de faux-fuyants que contiennent les lettres ministérielles dont on

possède les minutes (1), on ne peut dire si
vraiment il usa de tergiversations; mais le ministère, prévenu ou non, lui témoignait de
réels égards. Dans une première lettre on se
plaint qu'il n'ait pas accusé réception de la
première partie de son programme qu'on lui
a retournée paraphée, qu'il ait remis au doyen
Barbié du Bocage une annonce de son cours
rédigée dans des termes différents de ceux que
contenait ce commencement de programme;
et on l'avertit ainsi : « Je suis donc obligé,
pour éviter toute erreur, de prévenir le Doyen
de ce que je vous ai dit au sujet de votre
cours et de ce que vous êtes convenu de faire. »
On lui retourne la deuxième partie de son programme également paraphée, avec prière de
faire parvenir au ministère l'épreuve du tout
dès qu'elle sera tirée. Remarquons la formule
finale de cette lettre : « Agréez, je vous prie,
l'assurance de ma haute considération et de mon
attachement. » Le 14 novembre on annonce à
Cousin que la Commission de l'instruction publique a reçu communication de son programme :
« Je sais », est-il dit dans cette lettre, « qu'en
pareille matière un programme n'est pas un

---

(1) Ces minutes sans signature, écrites de la même main et
de la même encre, sur du papier qui porte l'en-tête imprimé :
Commission de l'Instruction publique, se trouvent aux Archives nationales, dans le dossier précité.

indice certain de doctrine ; mais le Conseil
Royal compte en cette occasion sur votre bonne
foi, et il me charge de vous prévenir qu'en vous
donnant une marque de la considération qu'il
porte à vos talents, il se réserve, s'il était trompé
dans son attente, le droit de faire tout ce que
réclameraient l'honneur de l'Université et surtout l'intérêt de la jeunesse qui doit être le premier objet de sa sollicitude. Je vous renvoie les
deux premières feuilles paraphées de ma main.
Veuillez me faire passer de même les suivantes
avant de les livrer. » Une dernière lettre adressée non plus à Cousin mais au Doyen prouve
qu'à ce moment toutes les difficultés semblaient
levées : « Monsieur le Doyen, la présente lettre
est pour vous seul et ne doit, sous aucun prétexte être communiquée à d'autres. Le Conseil
Royal de l'instruction publique a consenti à ce
que M. Cousin continuât cette année à faire
pour M. Royer-Collard le cours d'histoire de la
philosophie, mais seulement à condition qu'il
ferait, avant de l'ouvrir, imprimer son programme tel qu'il aurait été approuvé par le
Conseil. M. Cousin m'a remis, en effet, ce programme. Je le lui ai rendu paraphé de ma main
en l'invitant à m'envoyer l'épreuve que je verrai
encore avant le tirage, et ce n'est qu'après que
j'aurai donné mon approbation à cette épreuve
que M. Cousin sera autorisé à enseigner à la

Faculté. Vous voudrez donc bien attendre pour insérer l'annonce de son cours dans votre programme que vous ayez reçu de moi avis que cette pièce a été vue. Vous aurez soin d'ailleurs de ne pas mettre l'annonce du cours telle que vous venez de me la faire connaître mais telle qu'elle était sur le programme que m'a remis M. Cousin. Je vous en communiquerai la rédaction. Le Conseil Royal me charge expressément de vous adresser ces instructions dont vous sentez sans doute assez l'importance pour que je n'aie pas besoin de vous en recommander davantage la stricte exécution. Veuillez, je vous prie, m'accuser réception de cette lettre et agréer... » Que se passa-t-il durant les quinze jours qui suivirent, je l'ignore; mais, en rapprochant ce qui précède du maintien de Cousin à l'Ecole normale, je crois pouvoir conclure que, dans l'injustice même des mesures prises contre lui, le ministère n'avait pas dépouillé toute bienveillance.

Quant à Guizot, qui, récemment évincé du Conseil d'Etat, remontait alors dans sa chaire d'où on ne l'écarta que deux ans après, on trouve une trace d'une négociation semblable, à son sujet, dans le *post-scriptum* de la dernière des lettres précitées : « Si M. Guizot ne vous a pas envoyé une autre rédaction de son annonce, je vous prie de me le faire savoir. Je vous donnerai également une direction à ce sujet. » Le bruit courut même alors que Guizot avait été mandé devant la Commission de l'instruction publique pour y donner communication de ses cahiers, rumeur que le *Constitutionnel*, après l'avoir rapportée le 3 décembre de cette année, démentit le lendemain.

II

La tolérance ininterrompue accordée à Villemain prouve encore que le gouvernement opposa plus de résistance qu'on ne croit aux ennemis de l'Université. L'opinion publique s'était si fort habituée à ne point séparer son nom de ceux de Guizot et de Cousin que certaines personnes, Etienne Delécluze, par exemple, ont cru qu'il avait été suspendu comme eux sous l'administration de Villèle, de même que beaucoup de personnes croient que Cousin et Guizot furent frappés dans un seul et même jour. L'erreur est excusable, parce que, du moins dans son cours sur le dix-huitième siècle, c'est-à-dire à l'époque où Villemain fut exclu du Conseil d'Etat pour avoir courageusement défendu la liberté de la presse, la politique inspira plus fréquemment sa parole qu'elle n'avait jamais fait celle de ses collègues. D'autre part, les gages qu'il avait donnés à la Restauration n'étaient

pas plus marqués que ceux qu'elle avait reçus
de l'un et de l'autre ; il avait accepté la fonction
de Directeur de l'Imprimerie et de la Librairie,
mais Guizot avait accepté celle de secrétaire général du ministère de l'intérieur ; il avait com-
plimenté, en 1814, l'empereur de Russie et le
roi de Prusse, mais Guizot était allé où l'on sait
pendant les Cent Jours, et il n'avait pas tenu à
Cousin qu'à cette même époque les Normaliens
ne couvrissent de leurs corps Louis XVIII, menacé par le retour de Napoléon. Villemain a loué
Charles X dans les termes les plus gracieux, les
plus caressants, mais c'était en 1824, dans un
moment où l'amabilité du nouveau roi, la suppression de la censure faisaient oublier les fautes du comte d'Artois, et chacun de ces éloges
cachait le plus opportun des conseils (1). Néanmoins il fut, jusqu'en 1827, l'objet d'une bienveillance particulière. L'autorisation de ne faire
qu'une leçon par semaine qu'on lui accorda dès
le 6 novembre 1822 avait été accordée, au moins
provisoirement, le 27 avril 1816, à Laya, à Raoul
Rochette, alors suppléant de Guizot, à Cousin (2); mais dès 1826 il était officier de la Lé-

(1) C'était sans doute à la même époque qu'il lui échappait
le compliment par calembourg, rapporté dans les *Mémoires
de Sosthène* de Larochefoucauld : « Charles X, c'est deux fois
Charles V. »
(2) Voir, aux Archives nationales, le dossier de Villemain

gion d'honneur, distinction que pas un de ses collègues, ni le doyen, ni Guizot, ni Cousin n'avaient encore ; et, lorsqu'on voulut l'incriminer pour l'accueil fait par ses auditeurs au général Foy, Frayssinous, c'est Villemain lui-même qui le rapporte, répondit que le professeur d'éloquence française aurait bien mal fait son devoir si les étudiants n'avaient pas pris un goût vif pour la parole brillante de cet orateur.

On lui avait même accordé une faveur bien autrement précieuse pour lui que les décorations et qui tourna au bien de la littérature, mais dont la justice pourrait prêter à la contestation : on l'avait laissé changer absolument la nature de sa chaire et annexer à son domaine celui de son collègue Laya. Ce n'est même pas assez dire : Villemain était professeur d'éloquence française, et Laya professeur d'histoire littéraire et de poésie française ; Laya, son aîné de trente ans, son ancien à la Faculté, après avoir obtenu de Fontanes

coté F, 72081 et le dossier déjà cité de Cousin. Un statut du 16 février 1810 exigeait de chaque professeur de la Faculté deux leçons d'une heure et demie par semaine, fixait l'ouverture des cours au mois de décembre, et la durée de l'année scolaire, pour l'enseignement supérieur, à huit mois. — D'après un article de la *Rivista critica della letteratura italiana* de janvier 1892, sur les vacances et les fêtes de l'Université de Pise, le grand-duc de Toscane avait décidé, en 1575, que les professeurs de Faculté feraient chacun, par an, au moins cent dix leçons : prétention exorbitante, et qui ne pouvait avoir pour effet que d'abaisser la valeur de l'enseignement donné.

une rhétorique pour ce débutant, s'était laissé, à la mort de Delille, transférer de la chaire d'éloquence à la chaire de poésie française, pour que la première de ces deux chaires pût être donnée à Villemain. Que Villemain s'attribuât pour son cours, non seulement les orateurs, mais tous les prosateurs, nul ne pouvait s'en étonner ; mais si un des deux professeurs était fondé à embrasser dans son ensemble la littérature d'un siècle, c'était celui dont l'enseignement comprenait, d'après le titre de la chaire, l'histoire littéraire, c'est-à-dire Laya. Le gouvernement laissa Villemain renverser les choses et ajouter à la supériorité du talent l'avantage du rôle. Laya en fut probablement mal satisfait. Scribe aurait peut-être trouvé là l'occasion d'expliquer, suivant sa coutume, les grandes choses par les petites ; il aurait dit que, par cette extension de son domaine, qui entraîna une révolution dans la critique, Villemain se vengeait de la brochure où Laya, en 1819, lui avait attribué « ce courage de persévérance qu'il faut pour arriver aux places, cette constance obséquieuse qu'il faut après cela pour s'y maintenir, » enfin, une reconnaissance qui ne survivait jamais au pouvoir des protecteurs (1). Quoi qu'il en soit, et

(1) Cette brochure, éditée à Paris par Pélicier, avait pour titre : *Un mot sur M. le Directeur de l'imprimerie et de la librairie.* Villemain, en cette qualité, avait fait confirmer l'in-

bien que le dossier de Villemain aux Archives ne porte pas trace d'une autorisation analogue à celle qui, dans le dossier de Cousin, autorise une incursion dans l'histoire de la philosophie ancienne, il est clair qu'en laissant faire Villemain, le gouvernement lui témoignait une bienveillance très caractérisée ; on allait jusqu'à lui permettre de railler l'*objet officiel* de son cours, ce qu'il appelait son *devoir ostensible* et d'affirmer, contrairement à l'avis de tous les grands orateurs qui, depuis Démosthène jusqu'à Bourdaloue, ont cru à la rhétorique, que l'éloquence qu'il était chargé d'enseigner ne s'enseigne pas (1).

D'où vient que le parti qui frappait Cousin et Guizot traitât Villemain avec tant de condescendance ?

Le premier motif est qu'une chaire de littérature donne toujours moins d'ombrage qu'une chaire d'histoire ou de philosophie. Sans doute, le siècle précédent avait fait voir quel allié redoutable l'esprit de révolution trouve dans le

terdiction de jouer l'*Ami des lois*, que la Restauration n'osait laisser représenter par crainte des cabales des bonapartistes ; ceux-ci prenaient alors pour eux ce que Laya avait écrit contre les démagogues de 1793. C'est dans cette brochure qu'on trouve la mention des services rendus auparavant à Villemain par Laya.

(1) Voir le début de la 52° leçon. Encore est-ce par malice que Villemain rappelle ici qu'il est professeur d'éloquence. Il veut justifier la longue étude qu'il entreprend de l'éloquence politique en Angleterre.

talent d'écrire; mais toute la génération qui lui avait survécu, Louis XVIII le premier, gardait au fond du cœur pour la littérature l'idolâtrie dont Rousseau, qui en était lui-même atteint, n'avait pu la guérir. Puis Villemain, aussi répandu dans le monde que Guizot et beaucoup plus que Cousin, était de sa personne plus séduisant que tous deux. Sa redoutable causticité ne lui nuisait pas, parce qu'il ne s'y livrait qu'à bon escient; et il portait dans les salons une grâce, une aisance que la nature leur avait refusées. Ce charme le suivait dans ses cours et en dissimulait la portée à ceux de ses auditeurs qui auraient pu s'en choquer. On les trouvait instructifs, mais par-dessus tout amusants. C'est le jugement de Charles de Rémusat dans une lettre à sa mère, de Dubois et de M. Patin dans le *Globe*, de Sainte-Beuve dans le premier volume des *Causeries du Lundi*. Les ouvrages où il a recueilli son enseignement des quatre dernières années ne peuvent donner une idée exacte de l'agrément qu'on y trouvait, parce que son goût, plus délicat que le nôtre, l'avertissait de sacrifier, en travaillant pour l'impression, certaines fantaisies piquantes de l'improvisation qui, dans un livre, eussent paru entachées tantôt de négligence, tantôt d'affectation.

Obligés de croire sur l'attrait de sa parole vivante ceux qui l'avaient entendu, nous citerons quelques lignes des journaux du temps et un charmant passage de Sainte-Beuve que, d'ailleurs, M. de Loménie a déjà cité. Voici l'appréciation des *Annales de la littérature et des arts* : Il commence, disent-elles, par un morceau très brillant et très substantiel dont l'Académie avouerait l'élégance soutenue, puis entre pour ainsi dire en conversation avec l'auditoire, lui communique son enthousiasme, l'électrise, l'égaye par des saillies qui vont jusqu'à la naïveté et à la bonhomie ; si un trait de satire lui échappe, il gourmande avec grâce et autorité les rires ou les applaudissements indiscrets et se condamne lui-même avec une modestie qu'on peut trouver extrême. Le *Globe* dit qu'on peut jusqu'à un certain point se figurer l'action oratoire de Cousin et de Guizot sans les avoir entendus, mais qu'on ne saurait s'imaginer « cette éloquence toute en saillies, en originalités, en caprices » de Villemain, « ce désordre d'un esprit inspiré par le spectacle d'un chef-d'œuvre, et pourtant si présent pour en interpréter les beautés, ces agaceries d'une coquetterie charmante mêlées aux impétuosités d'une verve irréfléchie, ces élans comprimés tout à coup par un sourire et une suspension maligne. » Écoutons enfin Sainte-Beuve : « Il ne ramène pas à lui impérieusement son auditoire sur un point principal autour de la monade *moi*, comme faisait dans sa manière différemment admirable M. Cousin ; mais penché au dehors, rayonnant sur tous, cherchant, demandant à l'entourage le point d'appui et l'aiguillon, questionnant et pour ainsi dire agaçant à la fois toutes les intelligences, allant, venant, voltigeant sur les flancs et comme aux deux ailes de sa pensée, quel spectacle amusant et actif, quelle délicieuse étude que de l'entendre !..... Si la saillie est trop forte, trop hardie (jamais pour le goût), il la ressaisit au vol, il la retire, et elle échappe encore ; et c'est alors une lutte engagée de la vivacité et de la prudence, un miracle de flexibilité et de contours, et de saillies lancées, reprises, rétractées, expliquées, toujours au triomphe du sens et de la grâce (1). »

Aussi, Villemain était-il encore plus goûté que Cousin et Guizot. La preuve n'en est pas seulement dans le nombre encore plus grand d'auditeurs qu'il réunissait au pied de sa chaire : car, outre qu'on ne s'est point avisé de mettre un tourniquet à l'entrée des cours et qu'il faut se défier des évaluations approximatives (2),

(1) Voir ces appréciations dans les *Annales de la littérature et des arts*, p. 234 du 26ᵉ vol. ; dans *le Globe*, p. 387 du 6ᵉ vol. ; dans l'article sur Villemain du 1ᵉʳ vol. des *Causeries du lundi*.

(2) Près de deux mille cartes auraient été distribuées lors de la séance d'ouverture de Guizot, en décembre 1820, d'après le *Constitutionnel* du 8 de ce mois ; mais on venait, ce jour-là, donner une marque d'adhésion à un homme politique qu'une

un cours de littérature est plus attrayant pour la foule qu'un cours d'histoire ou de philosophie ; mais on peut noter que, dès le premier jour, Villemain fit courir les amateurs : sa première leçon sur la littérature française, le 8 décembre 1815, alors qu'il n'était encore connu du public que pour avoir quelque temps suppléé Guizot, amena à la Faculté, au dire du *Moniteur*, une assistance nombreuse qui avait réussi à découvrir la date de la séance, que nulle annonce n'avait indiquée. Les revues du temps rendent bien plus souvent compte des leçons de Villemain que des leçons de Cousin et de Guizot, et les comparaisons qu'elles établissent parfois entre eux sont d'ordinaire à son avantage. Tout en déclarant que l'ascendant de Cousin « est déjà très marqué sur une partie de son auditoire », les *Annales de la Littérature et des Arts* estimaient qu'il plairait surtout aux *amateurs indigènes de la philosophie allemande ;* elles croyaient également Guizot fait surtout pour plaire aux *enfants de la Germanie :* « M. Villemain a, plus que ses deux collègues, ce qu'il faut pour captiver des esprits éminemment français (1). » La

disgrâce imméritée obligeait à reprendre possession de sa chaire. Guizot, dans ses *Mémoires*, dit que son auditoire était alors beaucoup moins nombreux et moins varié qu'il ne fut quelques années plus tard.

(1) 34ᵉ volume de cette Revue, à propos d'une leçon de Villemain, du 6 janvier 1829.

Quotidienne du 2 juin 1828 accusait Guizot de vouloir dérober à Villemain « les formes de son ingénieux et pittoresque langage », de se livrer à des *boutades d'imitation*; elle dit qu'elle comprend les expressions hasardées chez un littérateur ou chez M. Cousin, qui ressemble à un enfant racontant son rêve de la nuit, et qui, d'ailleurs, finira par trouver la vérité qu'il cherche avec tant d'ardeur ; mais elle blâme ce langage aventureux chez un professeur d'histoire. Personne ne croira que Guizot ait copié Villemain ; toutefois, la *Quotidienne* aurait touché juste, en disant qu'il avait dû acquérir lentement l'aisance dans la parole que Villemain avait apportée en venant au monde. Le *Globe* constatait, en effet, en 1828, que Guizot avait gagné et non perdu dans la retraite : « Autrefois, il y avait plus de solennité apprêtée; maintenant c'est de la force qui va sans calcul, jaillit tantôt en mots spirituels et tantôt en émotions (1). » La réfutation qu'Armand Marrast a prétendu faire à cette époque du cours de Cousin marque un esprit aussi étroit qu'élégant, mais il ne se trompe pas quand il compare Villemain, qui s'assied négligemment dans sa chaire et ne cherche pas ses mots, et Cousin, qui compose ses attitudes et médite ses expressions : « M. Cousin, dit-il, se

_____

(1) P. 347-348 du 6ᵉ volume du *Globe*.

tient debout, ne s'assied qu'à temps fixes, et il n'est pas jusqu'à son verre d'eau qu'il ne boive d'un air méditatif et consciencieux. » Marrast nous apprend que, tandis que dans l'auditoire du premier on distingue des vieillards et de hauts fonctionnaires de l'Université, celui du deuxième est exclusivement formé de jeunes gens ; il affirme même que, vers la fin, Cousin n'aurait plus eu pour auditeurs que *la cour de Victor Hugo*, y compris Sainte-Beuve, et Armand Marrast n'est pas absolument seul à soutenir qu'en 1829 l'auditoire de Cousin a diminué (1). Au contraire, l'auditoire de Villemain est toujours allé s'accroissant ; et c'est pour son cours, je crois, qu'en 1828 on ouvrit pour la première fois, aux étudiants, les tribunes de côté de la salle de distribution des prix du Concours général, mise depuis six ans à sa disposition (2).

(1) Nous avons déjà touché un mot de l'*Examen critique du cours de M. Cousin*, par Marrast, à propos de l'Athénée.

(2) Voir, dans les *Annales de la littérature et des arts*, l'article des p. 377 et suivantes du 33ᵉ volume, et le *Moniteur* du 26-27 décembre 1822. Sur d'autres travaux d'appropriation exécutés à la Sorbonne sous la Restauration, voir le *Moniteur* du 13 novembre 1819 et du 3 janvier 1820. Il résulte, de recherches consignées par M. le doyen Himly dans un registre de la Faculté des lettres, que ce fut une ordonnance du 3 janvier 1821 qui attribua la Sorbonne aux Facultés de Théologie, des Sciences et des Lettres, et que les affiches de la Faculté des lettres, depuis 1815-6 jusqu'à 1817-8, portent : « rue Saint-Jacques, ancien Collège de France; » depuis 1817-8 jusqu'à 1820-1821, « rue Saint-Jacques, ancien collège du Plessis; » depuis 1821-2, « à la Sorbonne. »

III

Villemain a dû un pareil succès tout d'abord
à son talent de parole, puis aux qualités qu'on
lui reconnaît universellement, et dont nous avons
dit que nous ne recommencerions pas l'analyse,
à l'étendue de sa science, qui embrasse l'antiquité, le moyen âge dans tout ce qu'on en savait
alors, et les temps modernes, qui s'étend des
lettres sacrées aux lettres profanes, des œuvres
originales aux livres de critique et aux journaux,
de l'histoire littéraire à l'histoire politique, qui
n'est guère moins familière avec l'Angleterre et
l'Italie qu'avec la France, et cela dans un temps
où l'on ne possédait pas encore ces manuels de
toute nature qui aujourd'hui permettent à un
homme adroit de feindre d'avoir tout étudié; il
l'a dû aussi à sa prompte et souple intelligence,
à sa manière neuve de concevoir la critique.
Mais, puisque nous étudions en lui le professeur,
c'est sa méthode d'exposition, et non sa doctrine avec toutes les qualités d'esprit qu'elle
suppose, que nous examinerons. Cherchons donc
si en lui le professeur acheta par de graves
concessions la vogue qui ne l'abandonna pas.

Il semble que nous ayons tranché d'avance la
question par l'affirmative; car nous avons dit
que durant plusieurs années son cours eut une

visée politique. Etudier le dix-huitième siècle,
c'était traiter une question brûlante ; on ne
s'échauffait guère moins à propos de Voltaire et
de Jean-Jacques qu'à propos de Chateaubriand
et de Villèle. Encore Villemain ne se bornait-il
point à l'appréciation du talent que les philosophes du dix-huitième siècle avaient déployé dans
leur lutte contre l'ancien régime ; il s'intéressait à cette lutte, il y prenait parti, puisque tout
son enseignement tendait alors à inspirer l'amour
des conquêtes de la Révolution ; par exemple,
c'était évidemment ce désir qui lui faisait consacrer tant de leçons aux orateurs de l'Angleterre ; car on ne dira pas que lord Chatam et
son fils aient eu dans la France de leur temps
des maîtres ou des élèves, et par conséquent ils
ne se rattachent guère à l'histoire de notre littérature au dix-huitième siècle.

Cela est vrai. Mais d'abord il faut remarquer
que Villemain n'est arrivé à cette époque si voi-
sine de la sienne que conduit en quelque sorte
par la marche de son enseignement ; en effet, il
avait pris l'étude de notre littérature à son origine, et mis plus de dix ans pour parvenir à
Voltaire ; le dix-huitième siècle une fois étudié,
il retourna immédiatement en arrière et revint
au moyen âge. Il travaille à faire aimer la liberté,
mais la liberté telle précisément que la Charte
la définit et la garantit : ce n'est pas sa faute si

le roi rêve la destruction de la Charte. Enfin, les allusions qu'il se permet ne sortent pas de ces généralités dont la forme fait tout le prix et dont ceux mêmes qu'elles pourraient atteindre seraient les premiers à sourire. Un prêtre se serait-il fâché pour lui entendre appeler le Père Isla *bon prédicateur et assez bon romancier?* Lorsqu'en réponse aux personnes qui l'accusent d'avoir fait l'apothéose *de ce vil, de cet infâme Rousseau,* il promet « d'être plus ennuyeux parce que cela est plus orthodoxe, » ce mot vif passe à la faveur de sa position d'accusé. Les hommes en place ne pouvaient guère s'offenser davantage de quelques railleries sur le goût naturel aux ministres pour le pouvoir, sur ceux d'entre eux qui, avec toute leur habileté, n'ont pas assez de génie pour s'accommoder de la libre discussion. A peine relèverait-on dans tout son cours un trait qui porte contre les hommes et les choses du jour, ici un regret pour l'Ecole normale supprimée, là une allusion aux fournées de pairs, à l'article de la Constitution qui retarde outre mesure l'âge de l'éligibilité. A propos de la fin prématurée de quelques orateurs anglais, il rappelle, en terminant une leçon, Camille Jordan, de Serre, le général Foy; mais bien peu de royalistes eussent incriminé cette piété envers de pareils morts. Un mot sur Burke, à qui les ministres donnaient des maisons, pourrait

tomber sur Azaïs, qu'on avait jadis accusé de
s'être vendu à Decazes pour un semblable présent ; mais Villemain et ses auditeurs se rappe-
laient-ils, en 1828, les sarcasmes que nous re-
trouvons dans les journaux de 1819 ? Seuls, les
Jésuites ont à se plaindre de lui : il laisse percer sa joie quand cette *corporation puissante et
vivace, mais moins indestructible que les Provin-
ciales*, et qui, à la fin du dix-huitième siècle,
*n'était plus qu'intrigante, tracassière et bonne à
être chassée*, est *enfin* abolie en France et dans
d'autres Etats ; il pense à elle, même quand son
sujet ne l'y invite pas, puisqu'il appelle le sacre
de Napoléon Ier *cette grande escobarderie du con-
quérant* ; mais sous la Restauration, les évêques
qui entraient au conseil des ministres se déclaraient gallicans et ne prenaient pas fait et cause
pour la Compagnie de Jésus. En somme, Villemain ne touche pas à la politique courante.

Mais, dira-t-on, vous en jugez d'après le cours
imprimé où il a pu effacer ce qu'il a voulu ; la
première édition même, celle qui parut leçon
par leçon grâce aux soins des sténographes,
avait été revue par lui ; Sainte-Beuve, dans un
passage cité tout à l'heure, ne semble-t-il pas
autoriser à croire que la parole de Villemain a
été plus hardie que sa plume ? — Je ne crois
pas que sa malice ait souvent dépassé la limite.
D'abord, et c'est un argument de poids, Guizot,

dans ses Mémoires, précisément à propos de l'époque où l'on a dit depuis que Villemain se vengeait de sa radiation du Conseil d'Etat, déclare que Villemain et Cousin s'interdisaient comme lui-même les allusions aux événements du jour. Puis, ceux des contemporains qui attaquent Villemain, qui vont jusqu'à demander la suppression de sa chaire, l'accusent, les uns, comme on l'a vu, de trop louer Rousseau, les autres de méconnaître l'influence du christianisme sur la littérature du moyen âge, d'autres de discréditer les études classiques; mais on ne voit pas qu'on lui reproche des incursions dans la polémique des partis.

Il ne faudrait pas conclure de quelques brocards contre les jésuites qu'il ait systématiquement flatté les passions de ses auditeurs. Il est vrai que, comme la plupart des libéraux de la Restauration, il pèche par un optimisme un peu confiant; il croit, non pas que la liberté suffit à tout, mais qu'elle produit nécessairement toutes les vertus dont la société a besoin, qu'elle corrige de toutes les erreurs, que, par exemple, la France est irrévocablement désabusée de celles qui ont égaré Jean-Jacques, et c'est pourquoi il prononce à son sujet la phrase qui souleva la colère des journaux royalistes : « Dans cette apothéose que fait la gloire, les erreurs de l'homme s'effacent par ses services. » Il n'aper-

çoit pas le ferment caché qu'il eût pu reconnaître à la persistance du bonapartisme, au peu de
scrupule des libéraux à s'allier avec lui, à entrer
dans des sociétés secrètes. Mais avouons que
c'est la lumière des événements postérieurs qui
nous éclaire sur ces indices. Si Villemain se
trompe sur l'avenir, ce n'est ni qu'il flatte le
présent, ni qu'il se méprenne sur le passé. Il a
très nettement démêlé toutes les parties ré-
préhensibles de l'œuvre et de la vie de Rousseau; car s'il exalte son génie et son caractère,
c'est par rapport aux autres hommes du dix-huitième siècle ; Rousseau lui paraît beaucoup
moins grand comparé aux hommes de l'âge
antérieur : « Sa libre rêverie », dit-il, « en
étant plus abandonnée que celle des écrivains
du dix-septième siècle n'est pas toujours plus
naïve ; en s'arrêtant à plus de détails, elle n'est
pas plus vraie. Le naturel que peint Rousseau
est celui d'un malade plutôt que d'un homme
en santé. » Il déclare courageusement que Jean
Jacques, du moins en France, n'a subi *ni persécution ni martyre* : « Nous disons les choses
comme elles sont; il faut que nul enthousiasme
trompeur, nulle réminiscence exagérée ne vienne
altérer pour vous la vérité dont vous êtes dignes
par votre âge et par l'époque où vous vivez. Il
faut encore moins sous la Charte s'indigner
comme Rousseau sous le bon plaisir; et, pour

être juste, on doit reconnaître que dans ce bon plaisir même il y avait souvent plus d'indécision et de faiblesse que de tyrannie. » Il ose davantage encore; il met les *Confessions* de Jean-Jacques, pour la valeur morale, au-dessous des *Confessions* de saint Augustin. Ce n'est pas la seule fois qu'il ait en Sorbonne rendu justice aux Pères, puisque son beau tableau de l'*Eloquence chrétienne au quatrième siècle* avait été esquissé dans les dernières séances de l'année où il acheva l'étude du dix-huitième siècle. Chateaubriand lui en avait sans doute donné l'exemple; mais au lendemain de la Révolution, l'éloge de tout ce qui touche à l'Eglise ne rencontrait pas plus de défiance qu'à l'époque où l'entourage de Charles X compromettait le clergé. Quant à l'heureuse influence du christianisme, il ne l'a jamais méconnue, quoiqu'on l'en ait alors accusé; et c'est parce qu'il en était frappé, autant que par sympathie pour les victimes de la persécution, qu'il a consacré une de ses plus belles leçons, une de celles qui frappèrent le plus les contemporains à réfuter les froids et lourds sarcasmes de Gibbon contre les chrétiens morts pour leur foi.

Il n'a pas davantage cherché le succès dans ce qu'on a nommé l'art de confire le fruit défendu. C'était une innovation hardie de la part du professeur et séduisante pour le public que de trai-

ter du roman dans une chaire de Sorbonne. Il a
senti le besoin de s'en justifier ; mais il y a
réussi aisément ; si l'on admet qu'à l'étude isolée
du genre oratoire on substitue celle du génie
des peuples, il est clair que ce génie s'accuse
dans les fictions en prose et dans la peinture
des mœurs bourgeoises, comme dans l'épopée et
dans la tragédie. Tout ce que l'on doit exiger,
c'est qu'il en parle avec la réserve d'un homme
tenu à se faire respecter. Villemain s'est assu-
jetti à cette réserve avec une rigueur singulière.
La Harpe avait montré, dans quelques pages
fort intéressantes sur Manon Lescaut et sur
Clarice Harlowe, qu'un homme de bonne compagnie peut analyser, même devant des dames,
un roman hardi sans alarmer trop vivement aucune des parties de l'assistance. Villemain a
pensé qu'il fallait encore plus de retenue devant
un auditoire universitaire que devant un auditoire mondain, car là où le public mûr de
l'Athénée n'observait que l'art du romancier, le
public juvénile de la Sorbonne ne verrait que
l'intrigue dont le romancier se sert pour carac-
tériser ses personnages. Le passage où il touche
au roman de Prévost est une merveille de délicatesse : l'essentiel s'y trouve indiqué, mais
sans que les auditeurs puissent s'arrêter à rien
de scabreux ; c'est au milieu d'observations sur
l'habitude qu'avait l'auteur de se peindre lui-

même dans ses ouvrages, que Villemain jette le jugement auquel il ne pouvait se soustraire sur « cette aventure vulgaire dont les détails offrent souvent des mœurs dégradées, » mais « qui s'élève, en finissant, au sublime de la passion. » S'agit-il de romans dont l'appréciation n'est pas indispensable pour en faire connaître les auteurs ? Il les rappelle d'une manière encore plus expéditive. Il montre la portée des *Lettres Persanes* ; mais quant à la fiction même dans laquelle Montesquieu a caché son prélude à l'*Esprit des Lois*, il l'appelle « un ouvrage que nous ne pouvons pas lire ici. » « Ce n'est pas ici, » dira-t-il ailleurs, « que nous pouvons juger la *Nouvelle Héloïse.* » Il désigne l'*Ingénu*, de Voltaire, par ces mots : « un ouvrage que je ne nommerai pas. » On sait que Fénelon, dans la *Lettre sur les Occupations de l'Académie*, s'excuse de citer Catulle : Villemain demande également pardon de citer le *Satyricon*, de Pétrone, « ce livre qu'il ne faut pas lire et qu'il est à peine permis de nommer, » tant il est vrai qu'il est inutile d'étaler la licence d'un siècle pour en marquer la conséquence ! Villemain doit être d'autant plus loué de cette retenue, qu'il ne paraît pas avoir prévu combien elle était opportune ; car il était optimiste en matière de morale comme en matière de littérature, et ne semble pas avoir prévu que l'adultère allait, dans quelques années, devenir le thème obligé et presque le héros du drame et du roman.

Villemain s'interdit aussi l'appât moins dangereux en apparence du paradoxe. Avec plus de lecture et d'ouverture d'esprit que La Harpe, avec un tact plus sûr que Mme de Staël et Chateaubriand, libre des partis-pris qui abusaient Schlegel, il ne pouvait se laisser surprendre par un système exclusif; mais on feint souvent par calcul les erreurs dont on n'est pas dupe. Il pouvait donc imaginer comme un autre un système à lui, auquel il aurait fait semblant de croire, auquel il aurait bientôt obtenu du ciel la faveur de croire; car la prédication peut donner la foi au prédicateur même. Rien ne frappe autant la foule qu'un système; et l'heure était particulièrement propice, puisque de toutes parts alors, en économie politique comme en littérature, on élaborait des plans de renouvellement universel. Nous avons souscrit, dans l'étude qui précède la présente, au jugement d'Artaud, qui croit que les romantiques auraient mieux fait de ne pas débuter par publier des manifestes; mais ce qui nuit à la gloire durable sert souvent à la vogue. Villemain, qui apercevait mieux que pas un de ses contemporains le fort et le faible de la littérature classique et de celle qui aspirait à la remplacer, eût frappé encore bien davantage l'opinion s'il s'était érigé en défenseur intransigeant de l'une ou de l'autre. Loin de là : jamais les imperfections de nos tragiques ne lui ont fait méconnaître la profondeur avec laquelle ils ont représenté les passions. Il déclare positivement à plusieurs reprises que la littérature est une science expérimentale, qu'on ne peut prévoir toutes les formes du beau, à plus forte raison imposer celles d'un siècle à un autre; mais affranchir les génies à venir, ce n'est pas pour lui les soulever contre les génies d'autrefois; l'ingratitude et le dédain lui paraissent une mauvaise école de liberté. Il montre d'ailleurs que, s'il y a des règles purement transitoires, il en existe d'éternelles. Il prévoit les inévitables changements de la langue; mais il n'en maintient pas moins qu'il y a pour chaque idiome un point de maturité après lequel il se gâte. Il ne veut pas plus qu'on copie les siècles barbares que les siècles polis, et prémunit contre l'engouement pour les littératures étrangères dans le moment où il en inspire le goût; il avertit par exemple que « la récente poésie du Nord est savante, réfléchie, artificielle, » que Gœthe appartient à une école subtilement naturelle , laborieusement téméraire, que Byron cherche avec effort des émotions nouvelles. En un mot, il s'expose par amour pour la vérité, à déplaire tour à tour aux deux partis entre lesquels se partageaient alors à peu près tous les amateurs de littérature.

L'amour de la vérité ou plutôt la malignité qui en prend le nom désaccoutume quelquefois d'une sorte de réserve différente de celle que nous avons relevée chez lui et dont il est plus méritoire de ne pas se départir parce que tout le monde n'a pas la finesse nécessaire pour y manquer. Lorsqu'on réfléchit notamment sur quelques passages des leçons qu'il consacre à Jean-Jacques, on se persuade qu'il n'a tenu qu'à lui d'égaler par avance la perspicacité presque diabolique avec laquelle Sainte-Beuve, dans l'instant même où il vient de louer comme un fervent solitaire de Port-Royal la vertu ou le grand sens d'Arnaud et de Nicole, signale leurs faiblesses et leurs ridicules. Dans le passage pénétrant où il montre que c'est plus par rapport à son siècle qu'absolument parlant que Jean-Jacques est original, il glisse cette remarque : son originalité réelle se marque par le pathétique familier et *la mélancolie dans les petites choses*. Quand Sainte-Beuve fait une découverte de ce genre, il n'appuie pas lourdement, mais il insiste d'une main légère et cruelle; il tient, non pas à humilier la raison humaine, mais à nous tenir en joie par le spectacle de ses faiblesses et à nous prémunir par là, en passant, contre les doctrines qui nous attribuent, à nos risques et périls, une origine et une destination

d'ordre supérieur; personne ne prêche moins
que lui, mais, s'il ne dogmatise jamais, il insi-
nue toujours. Eût-il été difficile à Villemain
d'expliquer agréablement ce qu'il entendait par
la mélancolie dans les petites choses, et d'arriver enfin, de réflexions malignes en expressions
pittoresques, à prononcer ou à suggérer les
mots d'enfantillage charlatanesque? Il possédait,
lui aussi, l'art de tout dire; il était sûr de retrouver à point, après un mot spirituel, sa sensibilité pour admirer le beau et le faire sentir.
Dans la vie quotidienne, dans la polémique, il a
su fort bien mêler les épigrammes aux compliments; il pouvait dans sa chaire excercer ce talent pour le plaisir de son auditoire; il n'a pas
voulu l'exercer sans péril, aux dépens des
grands écrivains et de la jeunesse même qui,
en riant d'eux, aurait perdu l'habitude salutaire
du respect. Ce cours si amusant ne forme point
à l'irrévérence. Villemain avait trop d'esprit
pour régenter le génie, mais il en avait assez
pour oublier et faire oublier à ses auditeurs la
distance qui les sépare, eux et lui, des grands
hommes. Il s'en garde bien. Ce qu'il cherche à
exciter en eux, plus encore que le sens critique,
c'est l'enthousiasme.

Cette dernière assertion, qui, aujourd'hui,
étonnera peut-être, n'eût pourtant pas été con-
tredite par ceux mêmes qui trouvaient, qu'en

dernière analyse, le cours était surtout amusant.
Qu'on se reporte aux éloges que nous avons
cités plus haut, on verra que si Sainte-Beuve a
surtout goûté l'agrément de Villemain, les revues du temps lui accordent le don de ressentir
et de communiquer la passion du beau. Charles
Lacretelle, dans son discours de 1823 à la Société des bonnes lettres, l'appelle « un phéno-
mène d'instruction et de facilité à qui l'expression éloquente ne coûte pas plus que l'expression
spirituelle. » Comme nous lisons moins les
livres de Villemain que nous ne discutons ses
doctrines, comme aussi le don oratoire est allé
chez lui s'affaiblissant du jour où il a plus écrit
que parlé, nous nous étonnons un peu d'entendre vanter sa verve éloquente ; nous lui concé-
derions seulement la verve spirituelle. Mais, de
quelque épithète qu'on la distingue, la verve ne
va jamais sans quelque chaleur ; chez un homme
dont le sens est juste et dont le cœur n'est
pas corrompu, il suffit pour qu'elle change de
nom, qu'elle passe d'un objet à un autre. Celle
de Villemain, quand il s'émeut, n'est jamais factice ou déclamatoire, elle part de faits rassem-
blés et médités. Un jour, ses auditeurs applau-
dirent ce trait : « L'Angleterre a mis partout
des gardes aux barrières de l'Océan. » Dans le
passage où il se rencontre, ce mot oratoire n'est
autre chose que la conclusion d'un raisonne-

ment : Villemain veut établir qu'une nation libre, au milieu même de ses fautes et de ses revers, travaille efficacement au bonheur du monde et à sa propre gloire , et il le prouve en montrant que la politique qui a fait perdre à l'Angleterre, sur la fin du siècle dernier, sa plus belle colonie, a donné naissance à une grande nation capable de se passer désormais de la métropole, et a remplacé cet empire perdu par l'Inde et par les clefs de tous les détroits du monde. Ailleurs, un instant après avoir approuvé Montesquieu d'attribuer à chaque climat une religion différente, il affirme que le christianisme sera un jour la religion de l'univers : est-ce une précaution de rhéteur prudent qui rachète une proposition hardie par une contradiction ? Non. A lire le passage, on voit que, dans l'intervalle de ces deux déclarations qui s'accordent mal, la pensée des pointes aventureuses que les soldats , les négociants , les missionnaires anglais et russes, poussent chaque jour sur le continent asiatique, l'imposante perspective du triomphe final des lumières a frappé son imagination et entraîné sa parole (1). Quand on pense qu'il avait fait sa rhétorique sous le premier Empire, à l'époque où la litté-

(1) Voir ces deux passages dans le *Cours sur le dix-huitième siècle*, leçons XIV et XV.

rature d'opposition et la littérature officielle,
très inégalement riches d'idées, cultivaient toutes
deux l'emphase, on s'étonne de le trouver si
sobre dans l'usage des procédés oratoires. Dans
ses leçons, il fait des parallèles ; le cours en
comprenait même un peu plus que n'en contient le livre ; mais on n'y sent pas l'antithèse
arrangée à plaisir : le morceau où il oppose la
mort de lord Chatam à celle de Richelieu et de
Mazarin, est plus expressif encore par l'idée que
par les mots, et l'idée du morceau est la morale
même du cours dont il fait partie. Au reste, la
chaleur ne se marque pas seulement dans quelques
passages isolés ; elle anime des leçons entières,
par exemple celles où il fait l'apologie de Jean-
Jacques, et celle où, comme nous l'avons dit,
il défend le christianisme contre Gibbon.

Une preuve qu'au milieu de toutes ses saillies, de toute sa coquetterie, il se faisait une
haute idée de sa profession, c'est la sympathie,
on dirait presque l'onction, avec laquelle, pour
expier, disait-il, son enseignement et mille choses qui lui échappaient, il a tracé le portrait de
Rollin. Les contemporains admirèrent, on le
voit par les journaux du temps, l'affectueuse
loyauté de la leçon où, tout en expliquant ce qui
manque à l'auteur du *Traité des études*, il
dépeint sa charmante et noble candeur. Ici encore, il diffère à son avantage de Sainte-Beuve,

qui veut bien admirer la vertu, mais qui, lorsqu'elle n'a pas l'excuse du génie, en fait la consolation des esprits bornés.

L'homme qui a dignement parlé de Rollin n'a pu, malgré son désir de succès, courtiser son auditoire. La tentation était grande ; car la jeunesse de la Restauration, ces étudiants en droit qui formaient, non pas la totalité, mais la pluralité de son assistance (1), méritaient des éloges et étaient habitués à en recevoir. On pressentait tout ce que la jeune génération allait produire, on voyait ce qu'elle donnait déjà par les mains de Lamartine et de Victor Hugo, et les hommes politiques ne se faisaient pas faute de lui révéler les espérances fondées sur elle. Chateaubriand lui a en personne décerné des félicitations qui, du reste, ne dépassent pas la mesure de la vérité. Pourtant, ni le spectacle de l'attention qui dénotait le zèle de cette jeunesse, ni la reconnaissance pour l'admiration qu'elle lui témoignait n'ont décidé Villemain à l'aduler. Il loue très volontiers les débutants qui viennent de faire leurs preuves ; le nom d'Augustin Thierry revient presque aussi souvent dans son cours

(1) On a vu plus haut que son auditoire était moins exclusivement composé de jeunes gens que celui de Cousin. — C'est dans la 52ᵉ leçon du *Cours sur le dix-huitième siècle* qu'il nous dit que la plupart de ses auditeurs sont des étudiants en droit.

que celui de Chateaubriand (1) ; mais il ne dit pas à ses auditeurs, précisément parce qu'il le pense, qu'ils sont, suivant la phrase dont on abusait tant, l'espoir de la patrie ou de la science ; il exprimait quelquefois des souhaits ambitieux pour elle, mais ne lui adressait pas de compliments. Il ne fait pas non plus étalage des lettres très nombreuses sans doute qu'il recevait de ses auditeurs ; on le voit seulement en mentionner quatre qui contenaient des critiques et y répondre en homme uniquement occupé d'instruire l'auditoire et non de récompenser un flatteur ou de gagner un rebelle. Son éclatant succès, celui de Cousin et de Guizot avaient changé les rapports de l'auditoire et des professeurs ; il n'a rien fait pour accélérer ce changement. Auparavant, c'était chose insolite dans une Faculté que d'applaudir un professeur ; car, dans le réquisitoire prononcé contre Bavoux, ces marques d'approbation sont qualifiées de *non moins extraordinaires dans l'Ecole que son genre d'enseignement ;* ce n'était point là une vaine phrase ; jusque vers 1825, l'interdiction d'applaudir fut assez rarement violée, sauf dans les séances d'ouverture et sauf pour des incidents étrangers aux leçons des maîtres pour qu'à propos d'une leçon

---

(1) Il y loue aussi Lamartine ; je n'ai pas remarqué qu'il y fasse mention de Victor Hugo.

de Villemain de décembre 1824; le *Globe* constatât
que c'était la deuxième fois qu'on l'enfreignait
en son honneur (1). Mais Villemain, tout en
travaillant à mériter d'être applaudi, a toujours, comme Guizot, essayé de réprimer cette
dérogation à l'usage, aussi bien quand l'hommage allait à son talent que quand il allait
à son intervention en faveur de la liberté de
la presse (2); et il ne faut pas dire que c'était
calcul de sa part, puisqu'il n'employait pas le
moyen le plus sûr pour être applaudi, les compliments.

Ajoutons que, si ses empiétements ont pu mé-
contenter Laya, il n'a, du moins, jamais cherché à
traverser le succès des seuls collègues qu'il pût
considérer comme ses rivaux. Il ne fait jamais
que les plus honorables allusions à leurs cours,
même quand il discute franchement une de leurs
opinions. Bien plus : c'est par leur retour à la

(1) Dans l'affaire de Bavoux, on voit les étudiants royalistes
avancer que, puisque ses partisans s'arrogent la liberté d'applaudir, les mécontents acquièrent le droit de siffler, et Bavoux, au moment où il s'inquiète de la tournure que prennent
les événements, déclarer qu'il n'est pas un acteur, et prier
ses auditeurs de l'approuver en silence ou de se retirer paisiblement. — Sur une manifestation politique des auditeurs
au cours de Raoul Rochette et à celui de Charles Lacretelle,
voir p. 45-6 de la *Galerie*, recueil qui avait succédé à la *Minerve*, en 1820.

(2) Voir les *Annales de la littérature et des arts*, 26ᵉ vol.,
p. 198-9, et un article du *Moniteur* sur la leçon du 24 novembre 1824. Pour Guizot, voir ses *Mémoires*, 1ᵉʳ vol., p. 343.

Faculté en 1828, que dans une_préface il explique l'accroissement, à partir de cette époque, de
son propre succès.

CHAPITRE II.

Défauts de la méthode d'exposition de Villemain. — Limites
de ses qualités intellectuelles et morales. — Pourquoi son
talent n'est pas toujours allé en grandissant.

I

Pourtant, comme professeur, Villemain n'est
pas impeccable, et il faut enfin marquer les défauts de sa méthode.

Gardons-nous cependant de rien exagérer.
Avant de lui demander compte de ces boutades,
de ces fantaisies d'expressions qui amusaient les
auditeurs, avant de prononcer qu'elles conviennent peu à la gravité doctorale, il faudrait les
connaître, et nous ne les connaissons pas. Il les
a effacées. Les contemporains disent que c'étaient
de gracieux et charmants caprices; ils n'auraient
certainement qualifié ainsi ni des traits de mauvais goût, ni ces expressions triviales que le
vulgaire aime aujourd'hui à retrouver sous la
plume ou dans la bouche des hommes d'esprit.
D'ailleurs, le mauvais goût et la bassesse du

langage sont des défauts dont on se dépouille malaisément ; il en serait demeuré des traces malgré la revision de Villemain. L'extrême limite de la familiarité était, je pense, chez Villemain des expressions comme : *A la bonne heure ! Je crois bien !* que nous rangerions presque aujourd'hui dans le style soutenu. Quant aux boutades, c'étaient probablement des expressions piquantes dans le goût de La Bruyère, comme celle-ci qui a trouvé grâce devant la revision : il appelle le succès d'un livre qui préluda au succès du *Voyage du jeune Anacharsis* « un commencement d'admiration qui était prêt et attendait l'ouvrage de l'abbé Barthélemy ; » c'étaient encore des remarques utiles énoncées d'une manière frivole en apparence, telles que la mention du goût d'Alfieri pour les chevaux présentée comme par un caprice de la mémoire dans le moment où Villemain décrit l'impétuosité qui changeait tout sentiment en passion dans le cœur du poète d'Asti. Rien là qui donne prise au blâme. On voit bien au style que le cours de Villemain a été fait de vive voix avant d'être rédigé, et l'on peut dire à cette occasion qu'une des choses qui ont contribué dans notre siècle à gâter la langue, c'est qu'un grand nombre de nos meilleurs livres n'ont plus été que des conversations écrites ; nos lectures même ne nous corrigent pas des négligences, des bizarreries de la parole im provisée ; le cours de La Harpe, fort inférieur, à tout autre égard, à celui de Villemain, l'emporte par le naturel du style. Mais quant à la langue que Villemain parlait dans sa chaire, quant à son style considéré comme style d'improvisateur, rien n'autorise à l'inculper.

Il ne faut pas s'arrêter trop longtemps au reproche qu'un lecteur pourrait être tenté de faire à Villemain en parcourant la table des matières du cours sur le dix-huitième siècle : on pourrait dire que l'ordre n'en est pas lumineux, que Villemain voyage d'un pays à un autre, qu'il passe de la littérature militante à la littérature pacifique, sans autre raison que l'amour de la variété, laquelle, s'il fallait l'en croire, forme son unique plan. Ce grief n'est pas fondé. Le plan de tout ouvrage qui embrassera la littérature d'une pareille époque prêtera par quelque endroit à la critique. Si toutes les productions de ce siècle se rattachaient étroitement à la querelle engagée entre les philosophes et leurs adversaires, le plan serait tout fait ; il suffirait de suivre la décadence du gouvernement et les progrès de la libre pensée ; mais on rencontre alors des talents trop nombreux, trop divers, trop complexes pour qu'on puisse ordonner l'ouvrage qui les étudie d'une manière rigoureusement satisfaisante. Villemain lui-même a voulu changer son plan pour la partie qui d'abord n'avait pas été publiée ; on

le constate en rapprochant le cours imprimé
des articles de journaux où l'on avait rendu
compte de ses leçons : l'on verra que le nouvel
ordre qu'il substitue au premier n'est ni meilleur, ni plus défectueux (1).

Voici un défaut plus véritable et plus préju-
diciable de sa méthode d'enseignement : c'est la
rapidité excessive, et l'on serait tenté de dire
inconcevable, avec laquelle il court parfois sur
les sujets qu'il traite, le manque de proportion
entre les parties essentielles et les parties secon-
daires, entre les parties faciles et les parties
difficiles. Villemain voudra se justifier par le
titre de son cours : un tableau, dira-t-il, peut
embrasser une foule de personnages, pourvu
qu'il soit animé. Sans doute, mais il faut soigneusement distribuer les plans et la lumière ;
encore le travail du peintre nous laisse-t-il,
comme un livre, le loisir de l'examiner. Il n'en
est pas de même de la parole. Aussi une leçon,
une suite de leçons qui embrassent trop de matières diverses laissent beaucoup de confusion
dans l'esprit. Dans un livre même, les détails
risquent beaucoup plus que dans un tableau de

---

(1) On s'étonne, en lisant le cours imprimé, de voir Villemain s'excuser, dans la XXVIIe leçon, de traiter du roman,
alors que dans la XIe il en a déjà traité sans se justifier. C'est
qu'à l'origine, la leçon qui contient cette apologie venait bien
avant l'autre.

faire oublier les idées générales, parce que nos yeux ont, à un plus haut degré que notre esprit, la faculté de ne voir, quand ils le veulent, que ce qui est saillant.

Le défaut dont nous parlons est poussé, dans ce cours de Villemain, jusqu'à un point qui surprend. Nous concevrions fort bien une leçon sur le bel esprit avec exemples empruntés à Fontenelle et à Marivaux ; mais une leçon où l'on prétend étudier dans l'ensemble et Fontenelle, et Mairan, et Terrasson, et Marivaux, est une leçon brillante peut-être, mais, si l'on peut s'exprimer ainsi, infructueuse. J.-J. Rousseau et Alfieri occupent chacun dans ce cours trois leçons sur soixante-deux : c'est bien peu pour le premier, c'est beaucoup pour le deuxième, du moins dans un cours de littérature française. Villemain estime qu'un coup d'œil sur l'histoire de la poésie lyrique est nécessaire pour saisir le caractère factice des strophes harmonieuses de J.-B. Rousseau : fort bien, à condition qu'on s'en tienne à des généralités où l'on portera toute la pénétration dont on est capable ; mais si vous caractérisez, dans la partie de la leçon que vous consacrez à cette revue, Pindare, la version de la Bible par Luther, le psautier huguenot, tous les lyriques de l'antiquité, Dante, Pétrarque, Chiabrera et Cowley, vous éblouissez l'auditoire plus que vous ne l'instruisez. L'in-

convénient est surtout sensible quand Villemain
aborde un auteur aussi profond que Montesquieu. Nous trouvions tout à l'heure J.-J. Rousseau insuffisamment partagé ; mais, après tout,
il ne faut pas de longues heures pour faire
comprendre son œuvre, parce que chez lui le
sentiment domine la pensée ; tous ses ouvrages,
comme Villemain l'a fort bien marqué, se ramè-
nent à un petit nombre de propositions justes
ou non, mais claires et méthodiques. Au contraire, un homme qui porte dans sa tête la
science de tous les jurisconsultes, de tous les
politiques, de tous les historiens, qui ajoute ses
vues profondes aux leurs, qui montre dans ses
méditations la prudence d'un sage, la générosité
d'un philanthrope français, quelquefois les préjugés de la noblesse de robe, un homme qui
veut tour à tour ou tout à la fois interpréter le
passé, faire durer le présent, préparer l'avenir,
peut-on en deux séances expliquer son génie à
des auditeurs assez âgés pour en comprendre
l'explication, trop jeunes pour y suppléer par
eux-mêmes ? Evidemment non. C'est pourtant
ce qu'essaie Villemain. Il lui semble même que,
disposant de deux leçons tout entières, il doit
se jeter dans quelques excursions ; et il raconte
des anecdotes, s'étend sur les théories de Nie-
buhr dont il énumère ensuite les prédécesseurs
français, apprécie tous les devanciers anciens ou

modernes de Montesquieu et ses commentateurs, raisonne sur les vicissitudes récentes de l'Angleterre !

Si Villemain entendait émettre cette critique, il tendrait sans doute un piége à la personne qui lui tiendrait ce langage ; il la laisserait s'échauffer jusqu'à prétendre qu'une pareille méthode conduit nécessairement à des appréciations superficielles. Alors, il la prierait de lui dire si, parmi tant d'ouvrages spécialement consacrés depuis le sien aux divers auteurs du dix-huitième siècle, il en est beaucoup qui présentent des aperçus qui lui aient réellement échappé, qu'il n'ait indiqués avec autant de précision que de brièveté, d'élégance et de vivacité. Villemain a l'air superficiel, mais il ne l'est pas. Son regard mobile pénètre en un instant les objets que notre attention obstinée embrasse avec peine. S'il commet une erreur, il la corrige à l'instant. Dans sa course éperdue à travers les lyriques de tous les siècles, il a d'abord parlé de Pindare en lecteur de Voltaire ; mais qu'il cite à son auditoire un passage de l'ode à Hiéron, et aussitôt il aperçoit la piété simple et expressive qui l'a dictée. Trop confiant, nous l'avons dit, dans la persistance de l'élan qui emportait alors la France vers la liberté, il lui suffit d'aborder l'étude des orateurs anglais pour découvrir que c'est un attachement opiniâtre, chicanier si l'on veut, à la légalité, qui distingue les peuples destinés à demeurer libres. Presque seul en France, à l'époque où les premières tentatives de l'Italie pour recouvrer l'indépendance furent en un instant comprimées, il a deviné, en se rappelant le courage de ses soldats dans la campagne de Russie, que *l'expression géographique* de M. de Metternich deviendrait un jour une patrie vivante (1).

Mais un esprit pénétrant peut donner un enseignement superficiel, et c'est uniquement ce que nous reprochons à Villemain. Ce n'est pas son intelligence que nous accusons, c'est sa méthode d'enseignement. Il a quitté trop tôt le Lycée Charlemagne, il a cessé trop tôt d'avoir des élèves qu'on peut interroger sur la leçon qu'ils viennent d'entendre et dont les réponses ou le silence nous apprennent qu'il ne suffit pas d'énoncer une idée pour la faire comprendre et retenir. Puis il ne s'oublie pas assez lui-même. Il veut faire passer chez ses auditeurs son admiration pour les grands écrivains, mais cette admiration il veut, en quelque sorte, qu'ils la reçoivent de ses propres mains ; car il ne leur laisse pas le temps d'aller la puiser dans la lec-

(1) Sur sa confiance dans les qualités que les circonstances ne permettaient pas à l'Italie de produire au dehors, voir la 32ᵉ leçon du *Cours sur le dix-huitième siècle.* Sur le scepticisme de la génération de Villemain à l'endroit du relèvement de l'Italie, voir notre livre : *Mᵐᵉ de Staël et l'Italie*, p. 136-139.

ture de leurs ouvrages, puisqu'il les entraîne sans cesse d'un livre à un autre et souvent en étudie plusieurs à la fois. Un protestant dirait que c'est un catholique du seizième siècle qui prêche la Bible et n'en permet pas l'usage. Il distribue à ses auditeurs beaucoup plus d'idées qu'ils n'en trouveraient seuls ; mais il ignore que l'instruction la plus profitable est celle qu'on se donne à soi-même et que, pour apprendre à un enfant à marcher, il faut marcher lentement près de lui en le tenant par la main, et non pas courir en le portant sur son dos. Supposez Villemain consacrant à l'*Esprit des lois* un nombre convenable de séances : l'auditoire auquel il fait aimer Montesquieu, qu'il guide dans l'étude de son génie, a le loisir de contrôler, de comprendre ses remarques, enfin de se faire, par la lecture et la réflexion, une opinion personnelle, tout au moins de savoir pourquoi il adopte celle du professeur. Le peut-il, quand, suivant une spirituelle expression qui cachait une judicieuse critique, Villemain, pareil aux dieux d'Homère, est en trois pas au bout du monde ?

On pourrait croire que c'est en réimprimant son cours que Villemain, s'adressant non plus à des auditeurs mais à des lecteurs, a multiplié les digressions à mesure que sa science s'accroissait. Il n'en est rien. Les analyses données par la presse du temps prouvent que dès l'origine

9.

il possédait cette science vaste, bien digérée
même, mais trop impétueuse et qui profite
moins à l'élève qu'elle n'a profité au maître. A
peine citerait-on quelques passages surchargés
ultérieurement, comme la digression sur les
spectacles sous l'Empire romain à propos de la
lettre de Jean-Jacques à d'Alembert, et le passage sur l'histoire de la pédagogie à propos de
l'*Emile*. Au contraire l'épreuve de l'impression
a plutôt averti Villemain du danger de sa méthode; car, à partir du jour où, pour fermer la
bouche à ceux qui dénaturaient sa doctrine, il
consentit enfin à laisser publier après revision les
notes des sténographes (1), il composa ses leçons
avec plus de soin. Désormais il lui arrivera
encore de marcher trop vite, mais c'est dans
l'intervalle des séances qu'il fera trop de chemin, quittant trop tôt un auteur pour un autre ;
les actes successifs du drame qu'il déroule se
passeront encore dans des régions trop éloi-
gnées l'une de l'autre, mais il abusera moins
des changements à vue.

II

A la vérité, la méthode choisie par Villemain
n'offrait pas tout à fait de son temps les incon-

---

(1) Ce fut à partir du 29 avril 1828, date de la leçon sur
Hume.

vénients qu'elle aurait aujourd'hui, parce que
le public, beaucoup moins bien préparé alors
pour suivre un cours d'histoire (Guizot dans ses
Mémoires le reconnaît), était beaucoup mieux
préparé à suivre un cours de littérature ; il avait
une connaissance préalable de la plupart des
auteurs anciens ou modernes, français ou étrangers sur lesquels Villemain court trop vite. Les
journaux et les revues étant alors beaucoup
moins nombreux et beaucoup moins longs
laissaient plus de temps pour lire les auteurs
originaux ; l'érudition de détail, ce gouffre
où s'engloutissent nos heures, attirait moins
les esprits ; les théâtres jouaient beaucoup
plus souvent et beaucoup mieux le répertoire
des deux siècles précédents et entretenaient
ainsi les amateurs dans la familiarité de notre
passé dramatique. Enfin, on lisait avec plus
d'ardeur parce qu'on lisait avec plus de foi ; car
les uns croyaient ou que la France avait atteint
la perfection au dix-septième siècle ou qu'elle
allait l'atteindre au dix-neuvième, les autres
croyaient que les grands hommes de tous les
pays conspiraient à l'établissement de la frater-
nité universelle. Villemain a évidemment compté
sur cette heureuse conjoncture. Sa leçon sur
Richardson, pour ne parler que de celle-là,
suppose absolument que la presque totalité de
l'assistance avait lu *Clarisse Harlowe* : non seu-

lement, comme nous l'avons remarqué, il y glisse sur les situations hardies du roman, mais il n'y donne pas la plus légère analyse de l'ouvrage sur lequel il insiste néanmoins très longuement ; une pareille leçon faite à une assistance qui n'aurait jamais lu Richardson, y aurait jeté un malaise, un froid dangereux pour la popularité du professeur. On ne remarquait rien de pareil chez les auditeurs de Villemain. Aussi les journaux qui insinuaient parfois qu'on aurait moins de peine à retenir ses entraînantes improvisations si elles formaient toujours un tout homogène, approuvaient-ils sans réserve les résumés où, en une seule leçon, il appréciait tous les écrivains d'un genre, par exemple, la leçon supprimée plus tard, où il appréciait tous les poètes épiques, depuis l'*Iliade* jusqu'aux *Martyrs*, et jusqu'au *Philippe-Auguste* de Parseval-Grandmaison (1).

Mais il appartenait à Villemain de ne pas profiter des lectures préalables que son auditoire avait faites pour le dispenser de les recommencer ; autre chose est de lire seul, à dix-huit ans, sur la foi de la renommée, un ouvrage de Montesquieu, de Jean-Jacques, autre chose de le relire pendant qu'un maître éloquent et fin

---

(1) Voir le *Journal de l'Instruction publique* du temps, articles des pages 91 et suiv. du I⁰ʳ volume, 432 et suiv. du II⁰.

explique comment la vie de l'auteur et l'histoire
de son temps amenèrent l'auteur à l'écrire, fait
entrer dans le détail de son génie, prémunit
contre ses erreurs. Villemain donne certes l'envie d'approfondir tous les livres dont il parle ;
mais dans la plupart de ses leçons il en signale
trop pour que le plus grand nombre de ses auditeurs, ne sachant par lequel commencer, ne se
décident pas à n'en ouvrir aucun. Villemain
répliquerait peut-être qu'il entend faire œuvre
d'art en même temps que d'enseignement, et
que c'est pour cela qu'il s'abandonne à sa libre
allure, qu'au reste il ne prévarique pas, en
n'assujettissant pas son cours à la marche lente
et aux proportions exactes d'un livre ; car le
comte de Gormas aurait probablement dit à
don Diègue que les étudiants apprennent mal
leur devoir dans un livre et que les exemples
vivants ont un autre pouvoir ; si donc le professeur est tour à tour éloquent ou spirituel, il
inspire une admiration, une émulation qui valent
bien, pour le profit des auditeurs, une lecture à
tête reposée ; si, au cours d'une séance ou d'une
séance à l'autre, il court au gré de sa fantaisie,
c'est pour frapper plus sûrement les auditeurs.

Ils apprendront à vaincre en me regardant faire.

L'erreur de Villemain consisterait en ce
cas à ne pas voir que l'art s'accommode fort

bien, dans les sciences, de la logique, de ses
exigences, et que la marche qu'elle impose
n'enchaîne aucunement l'esprit et l'éloquence.
Villemain, qui démélait fort bien l'inconvénient de calquer des plans d'Homère et de
Pindare, se tromperait là comme les auteurs
qui croyaient que dans une épopée l'exposition
des faits antérieurs à l'action doit nécessairement être différée jusqu'à un récit placé après
les premiers chants : il introduit dans ses leçons
le *beau désordre* dont il dénoncerait l'artifice s'il
le rencontrait dans une ode. C'est là qu'on surprend le calcul chez ce professeur dont la parole
était pourtant toute verve et toutes saillies.

Il n'a pas osé procéder plus simplement : pour
expliquer le défaut de sa méthode, il faut joindre à son insuffisante expérience de l'enseignement la crainte d'ennuyer son auditoire. Cette
crainte est manifeste chez lui ; il la laisse très
souvent percer. Cet homme, à qui la vie avait
souri dès son enfance, qui fut maître de conférences à l'Ecole normale et professeur en Sorbonne presque au sortir du lycée, qui fut membre de l'Académie française à trente et un ans,
cet homme, non moins brillant dans le monde
que dans sa chaire, non moins goûté dans le
salon de la duchesse de Duras que dans celui
de M. Suard, cet homme qui portait partout avec
lui une amabilité irrésistible ou une causticité

redoutable, doutait de lui-même. Plus tard, secrétaire perpétuel de l'Académie française, pair
de France, après avoir siégé dans les conseils de la couronne, il éprouvera pour un instant le délire de la persécution ; car Victor Hugo
a involontairement arrangé sans doute la conversation que dans *Choses vues* il rapporte à l'année 1845, date du trouble d'esprit de Villemain ;
mais il n'a pas dû l'inventer. Sous la Restauration, Villemain n'en est encore qu'à redouter de
fatiguer son auditoire. De là, son soin de lui
présenter sans cesse de nouveaux objets, de lui
ménager de perpétuelles surprises ; en un mot,
une préoccupation qui rend d'autant plus méri-
toires tous les scrupules dont nous l'avons loué,
mais qui explique pourquoi il a, comme à plaisir, empêché son enseignement de porter tous
les fruits qu'on en pouvait attendre.

Mais d'où provenait cette défiance de soi ?
Dans la conversation que je viens de rappeler,
Villemain, à qui Victor Hugo conseille de dédaigner ses ennemis, *d'être fort*, répond en indi-
quant à la fois l'étendue et la limite de ses propres facultés, et se résume ainsi : « La force,
mais c'est précisément ce qui me manque ! » Le
mot est juste : Villemain sait tout voir et tout
exprimer : il ne sait ni dominer ni imposer ses
idées. Sainte-Beuve, dans un article du 19 novembre 1843, lui reprochait doucement de

ne pas conclure avec assez de netteté dans
ses appréciations littéraires ; ce n'est pas que
son jugement hésite ou qu'il ne le laisse pas
très clairement apercevoir ; c'est qu'il n'a point
la force d'esprit nécessaire pour le mettre en
relief. Ainsi, lorsqu'on lit dans la XLe leçon du
cours sur le dix-huitième siècle son histoire
de la critique, il est impossible de n'être pas
frappé des remarques profondes qu'il y sème,
mais il est impossible aussi de ne pas se dire
qu'un Guizot les eût fait ressortir davantage,
les eût plus fortement enchaînées les unes aux
autres. Villemain a touché vingt fois à la querelle des classiques et des romantiques, il a donné
aux deux parties les avis les plus judicieux, sans
jamais laisser aucune indécision sur sa pensée ;
mais jamais il n'a traité la question à fond. Il
veut donner un cours complet et non un cours
méthodique ; mais ce n'est pas uniquement de
peur d'ennuyer qu'il renonce à être dogmatique,
c'est aussi parce qu'il sent qu'il n'y réussirait pas.

La force de l'homme tient à deux racines,
l'énergie de sa volonté d'une part, les grandes
idées auxquelles il s'attache, de l'autre. L'énergie pèche chez Villemain, et de plus, il n'est
pas également touché des différentes idées
qui fortifient l'homme. Son cours repose sur une
idée morale très élevée, mais non pas sur la
plus élevée de toutes. On reconnaît en lui pour

cette double raison un élève du philosophe qu'il exaltait sans se méprendre sur ses faiblesses et dont il avait reçu la tradition vivante par Mme de Staël. Reprenant à son grand honneur une noble thèse gâtée par les paradoxes de Rousseau, il montre sans cesse qu'il n'y a rien de plus vide, de plus froid qu'une littérature qui prétend se suffire à elle-même, que les bibliothèques, les salons, les académies, les applaudissements des lettrés, les faveurs du pouvoir ne forment pas à eux seuls un poète, qu'ils pourraient même, dans certains cas, l'empêcher de naître, et que la littérature trouve en revanche de grandes chances de prospérité là où le titre de citoyen est porté avec honneur. Mais il y a quelque chose de plus grand que la liberté, c'est la vertu, cette condition de la liberté. Villemain respecte et fait aimer la vertu partout où il la rencontre, fût-elle, nous l'avons montré, séparée du génie; mais il ne pense à elle que quand il la voit. Il ne lui échappe jamais rien dont elle puisse s'offenser, quoique plusieurs fois, dans son aversion pour la carrière routinière des gens de lettres, il ait été sur le point de dire, comme le feront les romantiques, qu'un peu de désordre dans la vie ne nuit point au génie (1); toujours il s'est retenu

---

(1) Voir, dans la 23e leçon du *Cours sur le dix-huitième siècle*, et ailleurs le passage où il prétend que c'est une vie

à temps. Mais il se contente de ne jamais donner de mauvais conseils et d'en donner quelquefois de bons. Son enseignement, pénétré de l'amour de la liberté, n'est pas pénétré de l'amour du bien, comme l'eût été celui, je ne dis pas seulement d'un Bossuet, mais d'un Platon, comme l'eût été celui d'un Démosthène s'il était descendu de la tribune pour monter en chaire. Il ne se moque pas intérieurement de Rollin quand il l'admire, mais il ne se soucie pas assez de lui ressembler. Qu'on ne dise pas que nous proposons là un modèle un peu terne à un fort brillant esprit ! Nous proposerions sur le champ d'autres modèles dont l'imitation ne ferait rien perdre au talent le plus soucieux de se déployer librement ; car le *Gorgias et le Traité de l'Education des Filles* ont prouvé que l'éloquence, la malice, l'élégance, la grâce se concilient sans effort avec les visées les plus austères. Si l'on disait que ce qui est possible dans un livre ne l'est pas dans un cours, nous rappellerions les leçons si spirituelles, si appréciées dans lesquelles Saint-Marc Girardin a réfuté plus tard les doctrines dangereuses répandues par les drames contemporains.

---

d'aventures qui a formé tous les talents du seizième siècle, comme si, sans parler de Marot et de Ronsard, de l'Arioste et du Tasse, la vie de Montaigne et celle d'Erasme offraient beaucoup d'aventures.

Ce qui précède explique pourquoi Villemain, né avec des dons oratoires, et qui, par la suite, a pris une part plus active que Cousin aux débats des assemblées, n'y a pas, à beaucoup près, obtenu le même succès que Guizot. Lui, dont les journaux disaient que souvent à la Sorbonne il *électrisait* les mêmes auditeurs qu'il venait d'égayer, passait à la Chambre des Pairs pour plus élégant qu'éloquent. Il ne suffit pas en effet de dire que la scène avait changé, que tel qui brille sur un théâtre plaît moins sur un autre : plus d'un morceau du cours sur le dix-huitième siècle trouverait sa place dans les discussions d'un corps politique, surtout si l'on se rappelle que le goût du temps et la composition des collèges électoraux conservaient au style parlementaire une couleur littéraire qui s'est effacée depuis. Or, tandis que le doctrinaire Guizot se formait de plus en plus à l'éloquence politique, Villemain, qui s'était souvent moqué devant ses auditeurs de l'éloquence académique, s'en est rapproché de plus en plus. Ce qui a transformé la parole de Guizot, ce n'est pas la pratique des affaires, laquelle n'apprend qu'à penser, c'est l'habitude de rassembler ses idées, d'en chercher les rapports, et d'attendre dans une forte méditation le moment où l'unité qui résulte de ces rapports, clairement aperçue, soulage la mémoire et anime l'intelligence. Au contraire,

c'était chez Villemain le feu de la jeunesse qui
suppléait à la profondeur de la méditation ; il
distribuait les différentes parties de sa leçon
dans un ordre un peu factice que sa mémoire
exercée retenait sans peine ; fraîche encore,
riche d'idées et de souvenirs, elle lui suggérait
pendant qu'il parlait une foule de remarques ; et
la joie de ces bonnes fortunes échauffait son
discours. Mais, aux environs de la quarantième
année, ce feu commença à s'amortir, d'autant
que les immenses lectures auxquelles sa méthode l'obligeait, avaient souvent dérangé sa
santé ; car, bien que sous la Restauration il
n'ait pris qu'une fois un suppléant, Pierrot, qui
le remplaça dans l'année 1819-1820, il avait dû,
en 1822, en 1823, manquer bien des leçons, et
même lorsqu'il entreprit, au début de 1827,
l'étude du dix-huitième siècle, il y avait deux
ans qu'il n'avait professé (1). Dans la leçon de
clôture du cours de 1827-1828, il confiait à
ses auditeurs qu'il sentait s'affaiblir en lui la
prompte mémoire, l'action naturelle, la facilité
d'apprendre nécessaires à sa profession. Plus
heureux qu'Hortensius qui perdit tout son talent

(1) Outre son dossier aux Archives, voir les *Annales de la
Littérature et des Arts*, vol. IX, p. 427, et vol. XXVI, p. 116 ;
le *Moniteur*, numéros des 26-27 décembre 1822, du 19 novembre 1823, du 12 janvier 1827. C'étaient tantôt des accidents de
poitrine, tantôt une cruelle maladie des yeux qui avaient nécessité ces interruptions.

avec sa jeunesse, il ne parvint du moins qu'à une maturité autre et moins parfaite que celle qu'on eût pu espérer pour lui.

La prépondérance donnée par Villemain à la politique sur la morale achève d'expliquer pourquoi le talent oratoire a diminué plutôt que grandi en lui. Le découragement est fatal aux orateurs ; si le dernier que nous possédions des discours de Démosthène est le plus beau de tous, c'est qu'après Chéronée il ne désespérait pas ; mais une pareille trempe d'âme est rare, et dans la vie des peuples il se rencontre des heures tellement tristes, que celui qui met toute la dignité de l'homme dans la liberté politique, risque fort de perdre courage. Guizot, quelque attaché qu'il fût au régime parlementaire, en a supporté vaillamment la longue éclipse, parce que pour lui l'individu, même privé de ses droits de citoyen, conserve une noble tâche à remplir. Villemain, qui ne l'eût pas nié, mais qui n'arrêtait pas souvent son esprit sur cette pensée, a dû sentir son optimisme s'ébranler bien avant l'époque où, sous le second Empire, il exhalait en épigrammes son mécontentement du présent et son manque de confiance dans l'avenir ; car, bien qu'il ait été ministre sous Louis-Philippe, ses discours à la Chambre des pairs prouvent que le gouvernement de Juillet ne lui paraissait pas toujours tenir ses engage-

10

ments. Sa foi dans le triomphe facile de la liberté avait été sa meilleure inspiratrice; quand elle diminua, il ne trouva rien pour la remplacer.

CHAPITRE III.

Influence sur l'esprit public des qualités et des défauts de l'enseignement de Villemain.

On voit donc ce qui a dû manquer à l'influence exercée par Villemain. Il a, en homme sage et pratique, inspiré à ses auditeurs une ambition plus relevée et plus facile à satisfaire en même temps que celle d'être de grands écrivains; il leur a inspiré l'ambition d'être des citoyens utiles; mais il n'a pas assez cherché à leur inspirer l'ambition encore plus relevée et encore plus permise à tous d'être, dans l'intimité de leur vie, des hommes de bien.

Dans l'ordre intellectuel, sa méthode a pu contribuer à former des esprits superficiels, en ne laissant pas le temps de vérifier les théories du maître. J'ai peur que tous ceux de ses auditeurs qui avaient un peu d'esprit et de faconde n'aient fait à son cours pour toute leur vie provision de jugements littéraires, ou, ce qui ne vaut guère mieux, ne se soient enhardis en

voyant juger dans le préambule d'une leçon tous
les écrivains d'un genre depuis l'époque la plus
reculée jusqu'à nos jours, à improviser des systèmes nécessairement faux, puisqu'ils ne repo-
saient ni sur la science, ni sur la réflexion.
L'instruction de Villemain était prodigieuse pour
l'étendue et la solidité; mais la science chez lui
paraît si facile qu'elle finit par sembler inutile,
ou du moins il devait sembler, après l'avoir entendu, qu'avec un peu de lecture tout homme
d'esprit pouvait disserter sur l'histoire de l'intelligence humaine. Je mettrais donc volontiers à
sa charge l'imperturbable assurance avec laquelle,
dans la fameuse préface de *Cromwell*, V. Hugo
émet les plus étonnantes assertions sur les vicissitudes de la poésie; sans doute, Villemain eût
pu envier la vigueur de style qui y règne, le
ton d'autorité qui y alterne avec les déclarations
les plus modestes, et il eût souri d'entendre
affirmer que toute la littérature de l'antiquité a
le caractère épique, qu'avant la chute de l'empire romain les catastrophes qui frappaient les
Etats n'atteignaient pas les individus, que de
l'invasion des Barbares date l'introduction dans
le monde de l'esprit de libre examen; mais je ne
serais pas surpris que V. Hugo ait écrit sa préface au sortir d'une leçon de Villemain, trompé
par l'apparente facilité des aperçus qu'il venait
d'entendre. Villemain pouvait transmettre sans

trop d'inconvénients sa méthode à des esprits déliés comme J.-J. Ampère et Saint-Marc Girardin, qui l'un et l'autre procèdent de lui, le premier par la rapidité avec laquelle sa curiosité change d'objet, le second par les rapprochements, très judicieux d'ailleurs mais un peu inattendus, qui donnent à son cours de littérature dramatique la forme d'un enseignement à bâtons rompus. Mais déjà Saint-Marc Girardin n'a pas toujours pratiqué cette méthode que personne aujourd'hui ne pratique plus.

Villemain n'est assurément pas responsable des dangereuses utopies de ceux qui, entre 1830 et 1850, portèrent dans l'économie politique la légèreté présomptueuse que sa méthode, corrigée chez lui par la solidité de sa science et de son jugement, avait involontairement encouragée. On ne peut légitimement lui demander compte que de son influence dans la littérature et plus spécialement dans la critique. Mais aussi dans ce domaine on peut lui imputer, non seulement comme nous venons de le faire, ce que cette influence a produit directement, mais ce qui s'est produit par l'effet d'une réaction. Si Villemain n'avait pas procédé d'une manière par trop expéditive, Sainte-Beuve n'aurait peut-être pas dépensé son incomparable finesse dans les innombrables articles qui composent les *Causeries du Lundi*, véritable mine d'observations psycho-

logiques plutôt que monument littéraire. Né pour
composer plus de vrais livres qu'il n'en a laissé,
il ne se serait pas si curieusement attaché à tant
de personnages voués à l'oubli, si Villemain
n'avait pas paru quitter les grands hommes presque aussitôt qu'il les abordait; Sainte-Beuve
aurait laissé à d'autres le soin de peindre des
modèles qui ne méritaient pas d'être si bien
peints, et il aurait travaillé à des œuvres plus
importantes. L'esprit public fût devenu moins
mobile et moins léger. Nous avons innocenté
les ingénieux caprices de la parole de Villemain,
en faisant remarquer que, dans la rédaction de
son cours, il les avait sacrifiés. Mais la séduction
de ces caprices a piqué d'émulation Sainte-Beuve,
qui, formant son style sur le modèle d'une improvisation enjouée, a rempli ses livres, souvent
aux dépens de la brièveté et de l'élégance, de
toutes les saillies de son imagination et de son
esprit. On dira que, s'il en est ainsi, il faut remercier Villemain de nous avoir valu le style
de Sainte-Beuve. Mais à mon sens Sainte-Beuve
eût pu encore mieux écrire. Si, lorsqu'on vient
de lire une page des *Causeries du Lundi*, on lit
une page de La Fontaine ou de Mᵐᵉ de Sévigné,
on comprend combien un écrivain, à qui la nature a donné une grâce pittoresque et une science
délicate du langage populaire, gagne à être difficile pour lui-même et à ne pas lâcher la bride

à sa fantaisie. Le style de Mme de Sévigné et de La Fontaine ne vieillira pas, tandis que dans cinquante ans celui de Sainte-Beuve paraîtra souvent diffus et bizarre. On rendra toujours hommage aux qualités de fond ou de forme dont il n'a pas fait le meilleur emploi; mais un jour on lui reprochera d'avoir mis à la mode l'habitude d'écrire, non pas avec ces expressions simples et naturelles qu'on trouve les dernières, mais avec ces expressions contournées ou triviales qu'on rencontre d'abord et dont on prend l'étrangeté pour l'originalité véritable. La complaisance de Villemain pour sa propre verve dans son cours, sinon dans ses livres, a peut-être répandu le goût d'un travail incomplet qui, dans la recherche du naturel, s'arrête à l'affectation.

Mais, avant de conclure, rappelons-nous que Villemain, dans sa fonction de professeur de Faculté, a dû, pour ainsi dire, se former tout seul. Il avait lu le cours de La Harpe, les ouvrages critiques de Chénier et de quelques autres; mais il n'avait entendu, ni même lu ce que nous appellerions des leçons bien composées. Quand il débuta, ses collègues ou bien en étaient encore pour la plupart à lire des cahiers ou à commenter péniblement un texte, ou, quand ils savaient parler d'abondance et avec animation, leurs leçons étaient plutôt des homélies d'hommes instruits qu'un cours d'enseignement supérieur. Voici, d'après le Moniteur du 18 décembre 1820, le résumé d'une leçon faite la veille à la Faculté des lettres par Charles Lacretelle, le professeur d'histoire ancienne. Le sujet en est la bienfaisance dans l'antiquité : Lacretelle a montré par l'usage des caravansérails que cette vertu n'était pas inconnue de l'Orient, que par malheur, dans ces contrées, le despotisme a tout corrompu, qu'Athènes avait, par une pensée généreuse, établi le Prytanée, mais que dans les républiques anciennes les distributions de vivres ruinaient l'État et disposaient le peuple à vendre sa liberté; passant aux peuples chrétiens, il a opposé la charité de saint Vincent de Paul qui recueillait les enfants des pauvres aux législations païennes qui permettaient de les exposer; il a montré la science s'alliant de nos jours à la charité, enseignant l'importance hygiénique de la propreté; il a loué le courage, l'habileté, la discrétion des médecins préservant la population civile de la contagion au moment où les hôpitaux de la France envahie regorgeaient de blessés de toute nation; il a terminé en exhortant ses auditeurs à pratiquer la bienfaisance dont le devoir s'impose aux particuliers comme aux gouvernements. On le voit : c'est une conférence judicieuse et chaleureuse dont le succès, attesté par le *Moniteur*, ne surprend pas : mais ce n'est point là ce qu'on attend d'un professeur de Faculté. Villemain donnait donc des leçons trop pleines ou trop discursives, parce que autour de lui on distribuait souvent un enseignement trop peu nourri ou trop terre à terre. Son cours ressemblait un peu plus qu'il n'eût été nécessaire à une conversation d'ailleurs étincelante parce que ses prédécesseurs rebutaient souvent par la froideur ou par la déclamation.

Il faut le dire cependant : quoiqu'il ait eu encore plus de vogue que Cousin et que Guizot, il ne les égale pas comme professeur, c'est-à-dire dans l'art de former les esprits. Pour Guizot, on l'admettra sans peine ; mais pour Cousin on dira que ses artifices de comédien convenaient encore moins à sa mission que la coquette agilité de la méthode de Villemain. Il est vrai que depuis on s'est fort égayé des grands airs de Cousin et nous avons même vu que dès 1828 Armand Marrast les avait percés à jour. Mais à cette époque, pour échapper à l'ascendant de Cousin, il fallait presque nécessairement être tenu en garde soit par un invincible attachement aux doctrines du dix-huitième siècle, soit par l'inaptitude à la philosophie. La plupart des jeunes gens nés avec une véritable vocation se laissèrent ravir et provisoirement subjuguer. Près de Cousin on riait tout au plus sous cape, et les disciples qui avaient la hardiesse de rire tout bas n'avaient pas celle

de se révolter. Leur esprit n'était pour cela ni
enchaîné pour toujours ni stérilisé : tout au contraire. Car, bien loin qu'on brise chez les jeunes
gens le ressort de la volonté quand on leur parle
d'un ton d'autorité, on leur enseigne par là à vouloir : dans toute société, plus l'individu a été formé
à l'obéissance, mieux ensuite il sait commander ;
la république romaine, l'état militaire, les cor-
porations religieuses en fournissent la preuve.
C'est seulement sous le régime des castes, là où
l'inférieur sait que, quoi qu'il fasse et quoi qu'il
vaille, il obéira toujours, que la soumission tue
la volonté. Le ton d'autorité de Cousin n'in-
féodait donc pas les auditeurs à sa doctrine, mais
les obligeait à se pénétrer de la part de vérité
qu'elle contenait et dont plus tard chacun pro-
fitait à sa manière, de même que la pluie qui
arrose bon gré mal gré les plantes les aide toutes à produire les fruits que chacune comporte.
L'autorité de Cousin venait de ce que, comme
Guizot et à la différence de Villemain, il avait
autre chose que du talent. Sa gravité n'eût-elle
été qu'un *mystère du corps* eût déjà imposé parce
que c'est une qualité ou, si l'on veut, une disposition rare en France. Mais on sentait que,
quoique calculée, elle tenait, comme celle de
Guizot, à une autre qualité rare dans tous les
pays, à une volonté énergique, et que cette volonté, pure ou non de tout égoïsme, servait de bon-

nes causes, d'abord la restauration du spiritualisme, puis l'union de l'histoire et de la philosophie, enfin l'œuvre fort délicate de l'enseignement de la philosophie dans les lycées. M. Janet a fort bien établi en 1884, dans la *Revue des Deux-Mondes*, ce dernier point trop oublié et a prouvé que celui qui sous le gouvernement de Juillet avait régenté la philosophie universitaire l'avait aussi sauvée. Cousin avait discipliné les jeunes philosophes comme Guizot avait discipliné la Chambre des députés. Villemain, avec plus d'admirateurs que l'un et l'autre, eut bien quelques imitateurs, mais n'eut point véritablement de disciples. Ses anciens auditeurs ne l'oublièrent pas puisqu'on voit un d'eux, M. Alex. Nicolas, le défendre en 1844 contre un écrit de M. Collombet. Mais il n'a point réuni un groupe autour de lui : après quinze ans de l'enseignement le plus applaudi, après avoir été ministre de l'instruction publique, il demeurait isolé.

Il n'en a pas moins, dans la mesure où sa doctrine s'accordait avec celle de Guizot et de Cousin, contribué à un progrès des esprits. Ils se partagent tous trois le grand honneur d'avoir enseigné l'équité à notre intelligence. Pour mesurer ce qu'ils ont fait, il faut les comparer, non pas à Voltaire (on nous dirait que la Révolution avait désabusé de l'esprit voltairien), non pas à La Harpe (on nous dirait que La Harpe n'était

pas assez original), mais à Chateaubriand et à
Mme de Staël. Combien les vues systématiques
dominent encore chez l'un et chez l'autre! Combien elles triomphent souvent de la courtoisie
chevaleresque du premier, de la générosité impétueuse de la seconde! Tous deux nous ont
appris des vérités nouvelles, nous en ont réappris d'anciennes, mais avec eux on perd toujours
d'un côté ce qu'on gagne d'un autre; ils nous
instruisent toujours au prix d'une erreur, aux
dépens d'une vérité. En 1815, Mme de Staël
n'avait plus que deux ans à vivre, et Chateaubriand s'enfermait dans la politique; mais la partialité demeurait la règle des jugements. Les
hommes les plus respectables et les plus instruits, les esprits les plus libres en apparence,
Daunou par exemple, ne voulaient rien voir au
delà du cercle étroit où ils s'étaient placés; longtemps après, Daunou s'effraiera de la méthode
d'Augustin Thierry, des généralisations hardies
et fécondes enseignées à Cousin par Vico (1);
et l'on sait de reste que, dans la querelle des
romantiques et des classiques, les deux partis
rivalisaient d'injustice. C'est à Villemain, à Cousin, à Guizot que nous devons notre véritable
affranchissement. Lacordaire disait un jour, à

(1) Sur ce dernier point, voir, dans le *Courrier français* du
9 décembre 1828, le résumé d'une leçon de Daunou au Collège
de France.

Notre-Dame, que si les libres penseurs répandus dans son auditoire avaient vécu au douzième siècle, ils auraient apporté des pierres pour bâtir la cathédrale. Sans les trois hommes dont nous parlons, nous nous partagerions encore en détracteurs de Shakespeare et du moyen âge, ou de Racine et de Voltaire.

DES ÉDITIONS CLASSIQUES

A PROPOS

DES LIVRES SCOLAIRES DE L'ITALIE

———————

Joubert aurait voulu détourner les professeurs d'écrire pour le public, ou du moins de se donner ce plaisir avant l'âge de l'éméritat. Il les engageait avec une douce malice à se contenter du rôle des Muses, qui inspirent des vers mais qui n'en composent pas. Avait-il tort ou raison? Nous n'entreprendrons pas de décider ce point. Des deux parts, en effet, les bonnes raisons abondent. D'un côté, Joubert dirait que la tâche quotidienne peut souffrir du travail de longue haleine dont on se passe la fantaisie, que d'ailleurs ce travail, auquel on donne tous les instants qu'on peut dérober, ménage peut-être bien des mécomptes, puisqu'un excellent maître peut faire un très méchant auteur, qu'enfin tout n'est pas agréable dans la préparation d'un ouvrage,

et qu'un homme qui, après avoir donné honnê-
tement à ses élèves la part de sa journée qu'il
leur doit, réserverait les autres heures pour des
lectures, des réflexions, des conversations de
dilettante, mènerait peut-être une vie non seulement plus douce, mais plus profitable aux autres,
qui sait? plus intelligente même que celle de
son confrère obstiné à publier ouvrage sur ouvrage. Mais, d'autre part, on peut répondre qu'il
est bien dur de s'interdire de prendre la plume
quand on passe sa vie à enseigner l'art d'écrire,
et que, comme parle Juvénal, dans un siècle où
tout le monde écrit, c'est une sotte clémence
que d'épargner un papier qui n'en périra pas
moins ; puis, il n'est pas démontré que le maître
qui compose des livres soit toujours celui qui
s'occupe le moins de ses élèves; le dilettantisme
entretient souvent mal l'activité de l'esprit et ne
protège pas toujours contre la tentation de la
paresse routinière. En dernière analyse, tout
revient à savoir si le professeur est déterminé
à remplir loyalement ses fonctions, s'il entend
gagner ses honoraires ou s'il lui suffit de les
toucher. Dans le premier cas, il accordera ses
travaux personnels avec la préparation de ses
cours; dans le second, les loisirs qu'il se réserve
profiteront moins à ses élèves qu'à sa santé.

Aussi, même à l'époque de la plus forte discipline, n'interdisait-on pas aux professeurs de

se hasarder à se faire imprimer. Il est vrai qu'alors ils publiaient surtout des vers, des discours latins, des traductions, en un mot des livres qui ne les détournaient pas de leur enseignement et qui auraient pu passer pour des *corrigés*, tandis que leurs successeurs ne s'enferment plus dans la limite de ces exercices d'école. Mais depuis que les savants laïques ont perdu la jouissance plus commode que canonique des bénéfices d'Eglise, depuis que le clergé, beaucoup moins riche et moins nombreux que jadis, contribue beaucoup moins aux progrès des lettres et des sciences, il faut bien permettre aux professeurs de remplacer les abbés sans charge d'âmes et les bénédictins d'autrefois. Si Joubert pouvait ressusciter et compter tous les bons ouvrages qu'on doit aux universitaires de ce siècle, il leur pardonnerait de n'avoir pas uniquement composé des livres destinés à vivre toujours. A tout le moins il ferait grâce à la sorte d'ouvrages dont nous allons parler, aux éditions classiques.

I

Lorsqu'on écrira l'histoire de l'enseignement au dix-neuvième siècle, un chapitre sera certainement réservé aux efforts que, dans tous les pays, on a tentés pour rendre, par de bonnes éditions, l'étude des grands écrivains plus facile, plus attrayante, plus fructueuse aux élèves; et, quelque jugement que l'on porte sur les méthodes qui ont prévalu de nos jours, on rendra hommage à la science, au labeur, à l'esprit de ressources dont témoignent les livres mis aujourd'hui à la disposition des enfants. Les pères de famille, quand ils jettent les yeux sur les volumes dans lesquels leurs fils étudient, sont unanimes à s'écrier, comme un héros de Rabelais et avec plus de raison encore, que de leur temps la science se mettait moins en frais pour la jeunesse; et, quand on vient à penser que les auteurs de ces éditions les ont d'ordinaire préparées dans les heures que la fatigue de la journée semble assigner au repos, qu'un travail de cette nature est fort médiocrement payé, que le nombre des hommes de mérite qui s'y livrent empêche d'en faire un titre sérieux pour l'avancement, on est forcé de convenir que l'estime publique n'est pas de trop pour les dédommager.

L'Université de France s'est fait dans cet ordre d'ouvrages un honneur particulier, et, si je ne nomme personne, c'est pour avoir le droit de lui rendre témoignage sans être suspect de complaisance pour l'amitié. Mais l'Italie mériterait aussi à cet égard de grands éloges. Je ne veux toutefois présenter qu'un petit nombre d'observations suggérées par quelques-unes

des meilleures éditions des classiques italiens
récemment publiées à l'usage des classes. On
n'attend pas sans doute que j'aie l'impertinence
de prononcer sur l'érudition et le goût des hommes distingués à qui on les doit. L'appréciation
de leur méthode tombe seule sous la compé-
tence d'un étranger.

Des mesures récentes et sages que vient de
prendre en France le ministère de l'instruction
publique donnent à cet examen un intérêt présent.
Depuis plusieurs années, on se plaignait que dans
l'enseignement secondaire les langues de l'Europe méridionale fussent sacrifiées à l'allemand
et à l'anglais. Pourquoi, disait-on, l'espagnol et
l'italien ne sont-ils enseignés que dans un petit
nombre de nos lycées du Midi? Pourquoi ne
sont-ils admis au baccalauréat qu'à titre supplé-
mentaire? Pourquoi les maîtres qui les enseignent ne peuvent-ils, faute d'une agrégation
spéciale, dépasser le certificat d'aptitude et les
modestes appointements qu'il confère? Comment se fait-il qu'il n'y ait pas une chaire d'italien ni d'espagnol dans un seul des lycées de
Paris? On faisait remarquer que les littératures
de l'Europe méridionale ne le cèdent nullement
en beauté à celles des nations du Nord, qu'elles
ont beaucoup plus souvent influé sur la nôtre,
qu'on est beaucoup plus sûr d'être payé de sa
peine quand on enseigne à de jeunes Français

des langues néo-latines comme la nôtre, qu'enfin la condition commerciale et industrielle de l'Italie et de l'Espagne rend la connaissance de leurs langues au moins aussi avantageuse pour nos négociants que celle de l'allemand et de l'anglais. M. Magnabal, dans un très curieux article de la *Revue internationale de l'enseignement*, M. Ernest Mérimée, dans la préface de son excellente thèse sur Quevedo, avaient présenté ces doléances avec l'autorité qui leur appartient. Ce n'est pas en un jour qu'on pouvait leur donner satisfaction. Mais le ministère a pris des décisions qu'il nous permettra de considérer comme un gage pour un avenir prochain. Il a établi une chaire d'espagnol dans un des nouveaux lycées de Paris, au lycée Buffon, et il a réservé une place aux langues méridionales dans le système d'éducation qui s'élève en ce moment sur les ruines de l'enseignement spécial. A ce propos, il s'est occupé de refondre la partie du programme qui concernait ces langues. L'heure est donc bien choisie pour faire connaître quelques-unes des éditions classiques les plus estimées en Italie, tout en discutant librement la façon dont elles ont été conçues.

Un mot d'abord sur l'aspect extérieur de ces ouvrages. On est surpris de voir que la plupart sont vendus brochés : les nôtres, on le sait, sont, pour la plupart, cartonnés, usage préfé-

rable sans conteste pour des volumes qui, destinés à des enfants, ne sauraient être trop solides.
Il semble aussi qu'en Italie on orne moins souvent que chez nous les livres scolaires de plans,
de cartes, de figures destinés à l'explication du
texte ; mais, sur ce point, il ne faut pas attacher
trop d'importance à cet avantage, si réellement
nous le possédons : trop souvent les illustrations
des livres scolaires sont des dessins faiblement
exécutés ou dont on pourrait contester le rapport avec l'œuvre où on les insère et que le
libraire a imposés au commentateur pour parer
sa marchandise ; trop souvent une ombre grise
de forme circulaire traversée par une ligne noire
sinueuse est censée représenter une ville, et
une tête aux traits vagues et effacés est donnée
pour le portrait d'un grand homme. Nous de-
vrions prendre garde de revenir, sans nous en
apercevoir, aux illustrations de ces histoires
de France dont on se moquait il y a vingt
ans, et où nous avons, quand nous étions enfants, colorié les portraits de nos rois. Même
bien exécutés, ces dessins ne rendent pas
toujours les services qu'on en espère. Par
exemple, dans une des éditions italiennes qui
en possèdent, dans la *Gerusalemme Liberata
esposta alla gioventù italiana,* qui a eu au moins
quatre éditions, on voit les machines militaires
du moyen âge ; le dessin en est fort net ; mais,

même avec ce secours, peu de professeurs seraient en état d'expliquer à leurs élèves le jeu
de ces machines qui, au musée de Saint-
Germain où on les touche, n'est pas fort aisé à
comprendre, car une baliste ne dit rien à qui
ne sait pas un mot de balistique. Les libraires
italiens n'ont donc point tort de ménager à cet
égard la bourse des familles. Il vaudrait mieux
leur reprocher de ne pas ménager toujours autant la vue des élèves; ils savent que la jeunesse a des yeux de lynx et quelquefois ils en
abusent; leurs éditions, en général élégamment
imprimées, sont souvent d'un usage pénible,
d'abord parce que leurs typographes font usage
d'une encre trop blanche, puis parce que, pour
faire tenir beaucoup de matière dans un volume
qui doit demeurer maniable, ils font choix de
caractères trop menus. Dans plusieurs, le corps
de l'ouvrage est imprimé en caractères tout au
plus aussi gros que ceux que nous employons
pour les notes. Il faut avouer que nos médecins,
dont l'intervention dans la pédagogie n'est pas
toujours heureuse, ont eu raison en demandant
aux imprimeurs de ne pas avancer l'âge de la
myopie.

Pour le fond, les auteurs des éditions classiques italiennes paraissent s'accorder un peu
moins sur la méthode à suivre qu'on ne fait en
France. On ne s'en étonnera point. La France

est centralisée depuis longtemps ; et, là même où l'autorité ne commande point, la mode établit une harmonie parmi nous. Aussi toutes les éditions scolaires publiées chez nous dans une période donnée se ressemblent fort. En Italie on trouve plus de diversité dans les opinions du corps enseignant.

Il ne faudrait pas insister démesurément sur le premier exemple que j'en donnerai, mais il ne faut pas non plus le passer sous silence. En France, on ne trouverait pas un seul universitaire qui proposât de mettre intégralement Villon ou Régnier au programme de nos lycées ; on se rappelle les justes clameurs que souleva un corps non universitaire pour avoir donné en prix certains livres. L'Italie est beaucoup moins d'accord sur ce point. Comme elle a eu ses grands hommes plutôt que nous, par suite, à une époque où les mœurs n'avaient pas encore la délicatesse qui ne date en Europe que des environs de l'an 1660, ses grands écrivains se permettent des libertés que chez nous l'hôtel de Rambouillet avait déjà proscrites quand les nôtres parurent ; et comme, pendant plusieurs siècles, ces poètes, ces prosateurs de l'Italie ont fait sa seule consolation, elle leur a voué une piété touchante qui s'alarme au moindre projet de porter atteinte à leurs écrits. J'ai raconté ailleurs la résistance victorieuse qu'elle opposa dans le seizième siècle au projet d'expurger Boccace. Mais alors c'étaient les hommes faits mêmes à qui l'on prétendait refuser le *Décaméron* complet, et d'ailleurs l'esprit de corps avait autant de part dans ce projet que le respect de la morale. Aujourd'hui même, où l'on ne peut plus suspecter les intentions des épurateurs, on les voit pourtant d'assez mauvais œil. M. T. Casini a eu besoin d'expliquer, dans la *Rivista critica della letteratura italiana*, qu'on ne pouvait pourtant pas mettre le *Décaméron* et le *Roland furieux* tout entiers entre les mains des élèves (1) ; mais il a si peu convaincu tout le monde que, dans la même revue, un autre rédacteur a laissé échapper le regret que, dans une édition classique de l'Arioste, MM. Picciola et Zamboni eussent appliqué ce sage principe. Ne suffisait-il pas, disait-il, de retrancher le vingt-huitième chant (l'aventure de Joconde), qu'Arioste lui-même autorise à passer ? Pour se consoler des retranchements opérés, il est obligé de se dire qu'on a pourtant conservé *qualche graziosa lascivia*, et d'en citer un exemple (2). Quoi donc ! Faudrait-il mettre sous les yeux des écoliers la description à peu près complète des beautés d'Alcina et d'Olimpia, les entreprises de l'ermite,

---

(1) 1ʳᵉ année de cette Revue, colonne 111.
(2) Même Revue, 2ᵉ année, colonne 45.

les consolations données par le frère de Brada-
mante à Fiordispina, etc.? Certes le critique
dont nous parlons reculerait devant l'application
de son conseil, s'il donnait à son tour une édition classique du *Roland furieux* (1), de même
que Ugo Foscolo, qui conseillait à deux demoiselles anglaises de jeter à la mer, comme une
offrande à l'ombre offensée d'Arioste, une autre
édition expurgée du poème, n'aurait certainement pas entrepris de leur commenter le texte
intégral. — Mais, dit-on, la malice des collégiens
a déjà deviné les mystères dont on prétend re-
tarder pour eux la connaissance. — C'était précisément le langage que tenait un généreux
écrivain qui a exposé sa vie pour la liberté de
sa patrie et qui flétrissait la licence quand il la
rencontrait chez d'autres que chez les grands
écrivains, Settembrini. Mais la question ne se
pose pas ainsi. M. Rigutini fait très judicieusement observer dans la préface de son édition
classique du *Cortegiano*, que le respect dû à la
classe défend d'y parler de certaines choses

(1) J'éprouve presque un remords à critiquer un homme qui,
dans ce même article, a parlé courageusement de notre patrie : « Au moment, » dit-il, « où des passions malsaines sè-
ment la discorde entre deux peuples frères, il sera bon que le
chant du plus sympathique de nos poètes, qui célèbre les ex-
ploits des vaillants et généreux paladins, donne aux jeunes
gens l'amour de la noble et douce terre de France, de tous
les peuples qui s'honorent et se vantent encore du sang latin
qui coule dans leurs veines. »

qu'on ne peut empêcher les écoliers de découvrir.
Il ne suffit pas de répondre qu'en classe on
n'expliquera pas les passages scabreux. C'est
déjà beaucoup trop qu'on invite pour ainsi dire
les élèves à les lire seuls, qu'on leur présente
des tableaux qui, s'ils ne leur apprennent rien,
font cependant sur leur imagination un tout autre effet que sur celle de l'homme mûr. Ce qui
n'était que débauche d'esprit chez un poète du
seizième siècle, tourne facilement en excitation
à la débauche sensuelle auprès d'un adolescent.
Le maître, fût-il sûr de prêcher ensuite la régularité des mœurs avec autant de séduction
qu'Arioste et Boccace prêchent quelquefois le
contraire, ferait bien de ne pas leur donner la
parole dans les moments où ils flattent des passions presque irrésistibles dans la jeunesse.

On pense bien que dans la pratique la théorie
de la conservation intégrale des ouvrages sujets
à caution n'a pas été suivie. M. G.-B. Bolza, qui,
lui aussi, a publié le *Roland furieux* à l'usage
des classes, y a fait, comme MM. Picciola et
Zamboni, les coupures nécessaires. M. Raffaello
Fornaciari, l'auteur d'une célèbre grammaire
italienne, a réduit hardiment de cent à vingt-
cinq les Nouvelles du *Décaméron* dans la dernière
recension de l'édition classique qu'il en a donnée. Inutile de dire que l'on peut en toute confiance mettre entre les mains de nos élèves

l'excellent recueil de morceaux choisis que l'éminent doyen de l'Université de Rome, M. Luigi
Ferri, se souvenant qu'il est élève de notre Ecole
normale, a bien voulu composer pour la maison
Hachette, et où ils trouveront, tant dans les notes
que dans la préface, tout ce qui leur est nécessaire pour l'intelligence du texte et la connaissance sommaire de la littérature italienne. Néanmoins, la crainte d'entendre crier à la profana-
tion a empêché quelques éditeurs d'abréger aussi
souvent qu'il aurait fallu. Ainsi, c'est à la vérité
une œuvre exquise que le *Cortegiano*, et même
une œuvre d'une morale à la fois délicate et
forte pour qui sait la lire ; mais, pour en laisser
les interlocuteurs disserter si longtemps sur
l'amour, M. Rigutini était-il assez sûr de la maturité de ses jeunes lecteurs? Il y a loin encore
des passages les plus voluptueux du Tasse au
chant de l'*Adone*, qui a pour titre : *I Trastulli*.
Cela suffit-il pour absoudre telle édition classique de la *Jérusalem délivrée*, de conserver entièrement la peinture d'Armide arrivant parmi les
Croisés ou s'ébattant avec Renaud? Parini a
plaidé avec beaucoup d'esprit et de cœur la cause
d'une pauvre veuve chargée de quatre enfants;
mais il lui est arrivé tant de fois de présenter
spirituellement des idées généreuses, qu'on aime-
rait à en trouver, dans une anthologie destinée
aux classes, d'autre preuve que la pièce où il

finit par appeler de leur nom véritable les lieux
que fréquentait Régnier. Monti a écrit :

> Disse rea d'adulterio altri la madre,
> E di vile semenza di convento
> Sparso il solco accusò del proprio padre.

. Un commentateur conserve sans sourciller ce
passage, explique le mot *solco* par une périphrase
« *la via alla generazione,* » et indique les endroits où l'on trouvera la même métaphore chez
d'autres poètes. En vérité, c'est compter beaucoup sur la gravité de la jeunesse italienne.

II

On ne trouve pas non plus, pour ce qui touche le commentaire du texte, autant d'uniformité
en Italie que chez nous. En France, depuis vingt
ans, il est universellement admis qu'une édition
classique, outre qu'elle doit donner un texte
revu sur les meilleures éditions (au besoin sur
les manuscrits, et avec l'orthographe du temps),
doit contenir les variantes, l'indication des imitations faites ou suggérées par l'auteur, des passages où d'autres écrivains se rencontrent avec
lui ou le combattent, des jugements portés sur
son œuvre ; on veut qu'elle soit précédée d'une
ample biographie et d'une introduction où l'on
embrasse l'histoire de l'œuvre, du sujet s'il a été

traité à d'autres époques, du genre auquel il
appartient, avec un aperçu du siècle où il a été
composé. En un mot, on tient généralement
qu'une bonne édition classique doit être l'abrégé
d'une édition savante. Les Italiens penchent
aussi vers l'érudition, mais ne s'y livrent pas
d'après un plan aussi méthodique. Dans beaucoup de leurs éditions les plus estimées, ils suppriment absolument toute biographie, à moins
que l'auteur n'ait écrit lui-même un récit de sa
vie ou qu'un biographe accrédité n'y ait suppléé;
en ce cas, ils conservent en totalité ou en partie
ces récits tout préparés. D'ordinaire aussi ils
s'abstiennent de toute dissertation historique ou
littéraire. Après une courte préface où ils expo-
sent uniquement la méthode qu'ils ont suivie,
le texte vient immédiatement. D'autres encore
mettent d'abord sous les yeux des lecteurs les
documents propres à éclairer l'œuvre qu'ils édi-
tent, mais suppriment à peu près toute note au
bas des pages.

Ce n'est pas qu'ils entendent ménager leur
peine : ces éditions, pour la plupart, ont coûté
au moins autant de travail que les plus soignées
de notre pays, surtout celles où ils ont porté
tous leurs efforts sur l'annotation du texte. En
effet, la tâche est d'ordinaire chez nous préparée
d'avance par des éditions à l'usage des savants
où il est permis de puiser; tandis que l'éditeur

italien est souvent pour deux raisons privé d'un tel secours. Premièrement, comme il y a moins longtemps qu'on a réappris à travailler en Italie (et cette remarque est à l'honneur de la génération actuelle qui doit suffire à tout), il s'y rencontrait moins, je ne dis pas de belles, mais de bonnes éditions des auteurs ; on sait, notamment, que les innombrables commentateurs qui s'étaient avant notre siècle exercés sur la *Divine Comédie* ont médiocrement facilité la tâche des érudits contemporains ; il manque également aux Italiens certains ouvrages de fonds qui ont été largement mis à profit pour nos éditions scolaires entre autres, un dictionnaire historique de la langue nationale. En second lieu, leurs siècles classiques ne fournissent pas comme notre dix-septième siècle un assez grand nombre de livres, à la fois graves et attrayants, pour qu'on en compose tout le programme des lycées ; leurs plus beaux génies son tsouvent ou trop profonds, ou trop hardis, ou trop légers pour que l'éducation de la jeunesse leur soit absolument confiée ; on s'adresse donc aussi aux penseurs, aux patriotes de la fin du siècle dernier ou du commencement du nôtre, ou même à des hommes de cette période qui, comme Monti, sans prétendre à l'un ou à l'autre de ces titres, ont été avertis par le changement des mœurs de surveiller au moins l'expression de leur pensée. On

a donc donné des éditions classiques d'écrivains
très récents, sur lesquels sans doute on avait
déjà beaucoup écrit, mais sur lesquels il ne
s'était pas formé ce commentaire de tradition
qu'un professeur trouve tout préparé dans sa
mémoire quand il veut éditer un auteur mort
depuis plusieurs siècles. Pour éditer, selon la
méthode actuelle, un ouvrage de Chateaubriand,
de Lamartine, de V. Hugo, il faudrait beaucoup
plus de recherches que pour éditer un ouvrage
du temps de Louis XIV. C'est le cas de quelques-uns des éditeurs italiens. Enfin, il faut à
certains égards plus d'érudition pour commenter
un auteur italien, parce que tandis que chez
nous la plupart des auteurs n'ont guère imité
que les anciens, en Italie la plupart des écrivains ont beaucoup emprunté en outre à leurs
compatriotes des générations précédentes. Ce
serait même, du moins pour un Français, une
étude pleine de surprises que de rechercher l'influence gardée, malgré les variations du goût
public, par Dante et par Pétrarque sur les poètes
qui leur ressemblaient le moins ; et ce n'étaient
pas eux seuls qu'on imitait. On peut donc admettre sans crainte de se tromper, que les éditions scolaires dont les Italiens font cas, mais
qui ne contiennent pas toutes les parties inté-
grantes que le genre nous paraît comporter, n'en
ont pas moins de droits à l'estime.

Au fond, le contraste signalé plus haut entre les systèmes des éditeurs italiens tient uniquement à une différence de méthode et non à une différence d'intention ; elles sont faites d'après un même principe, qui est précisément celui qui a prévalu chez nous. En Italie, comme en France, on veut éviter de se substituer à l'élève. Ceux des éditeurs italiens qui s'interdisent les dissertations d'histoire littéraire, comme ceux d'entre eux qui s'interdisent les notes au bas des pages obéissent exactement au même scrupule qui, chez nous, a fait rejeter ce qu'on a nommé les notes admiratives. Des deux parts, on craint de dicter l'opinion de l'élève. On ne veut pas lui suggérer des jugements : on se borner à lui fournir des occasions d'exercer son jugement. Ce principe reçoit seulement des applications fort diverses. Celles qu'on préfère en Italie encourraient probablement notre censure. Un Français représenterait aux uns, que c'est laisser bien longtemps l'élève à lui-même que de l'abandonner aussitôt après l'introduction pour ne le retrouver que dans les additions qui suivent le texte, aux autres, que c'est mettre sa bonne volonté à une périlleuse épreuve que de l'obliger à chercher lui-même ailleurs les notions préliminaires sans lesquelles on ne comprend pas un ouvrage. Mais les Italiens pourraient bien nous répliquer que nous avons nous-mêmes fait quelques sacrifices d'une opportunité contestable à la crainte de prévenir le jugement de l'élève.

Nous avons, en effet, banni de nos livres de classe les courtes remarques par lesquelles on y signalait jadis les beautés de style. C'est un lieu commun que de les railler, et il ne faudrait pas, d'ailleurs, pour le plaisir d'être seul à les défendre, soutenir que jamais commentateur d'autrefois n'a prêté au ridicule par un enthousiasme pédantesque ou inintelligent. Les Italiens ont, eux aussi, modifié leur style dans les passages où ils provoquent l'admiration des écoliers pour leur auteur. Nul d'entre eux ne s'écrierait plus aujourd'hui que Le Tasse ressemble « à un être surnaturel apparu sur la terre pour servir de guide à un peuple qui s'élève ou à une civilisation qui se transfigure, » « à l'Océan d'Homère riche de sa propre immensité et du tribut de tous les fleuves de l'univers ; » nul n'entremêlerait ses remarques de petits sermons et ne présenterait ses réflexions sous forme d'apostrophe à la studieuse jeunesse, comme le voulait la mode d'il y a quarante ans. Mais le changement s'est opéré sans bruit et moins radicalement que chez nous. Comme les Italiens ne connaissent pas la peur de paraître naïfs, qui est une de nos pires faiblesses, il leur arrive encore de signaler, en les appelant du terme technique, les figures dont un écrivain orne sa diction. En France, aujourd'hui, nous partons de l'idée, qui pourrait bien manquer de justesse, que les beautés qui frappent une grande personne frappent un enfant et que, par suite, en cette matière, les remarques oiseuses pour l'une sont inutiles pour l'autre. L'expérience prouve, au contraire, que les rhétoriciens les mieux doués, ceux qui entendent le mieux une version, qui tournent avec le plus d'agrément une page de français, ne s'avisent pas eux-mêmes des beautés de style qui nous frappent le plus. Il ne faut pas dire qu'ils les sentent et que c'est seulement l'embarras de trouver les mots nécessaires ou une sorte de pudeur qui les empêche de les commenter. La plupart des meilleurs, quand on les met sur une page dont la tradition ne leur a pas appris d'avance les traits saillants ne sauraient même pas les montrer du doigt. Cette observation ne s'applique pas seulement aux rhétoriciens : elle s'applique aussi aux étudiants de première année, même à ceux dont le style fait déjà concevoir les plus heureuses espérances. Ce qui trompe, c'est la vivacité avec laquelle les jeunes gens sentent l'énergie d'une belle page quand on la leur interprète par une lecture animée ; la manière dont ils goûtent l'ensemble fait croire qu'ils goûtent le détail. Ce qui trompe encore, c'est qu'au besoin ils savent, la plume à la main, apprécier ces beautés de détail ; mais, s'ils y réussissent, c'est que, si précisément que soit indiqué le passage soumis à leur critique, ils s'aident des souvenirs de leurs cours, de leurs manuels ; ils travaillent, en réalité, non pas sur la page dont il faudrait découvrir les beautés, mais sur le jugement qu'ils ont trouvé quelque part ; ils changent, sans le remarquer eux-mêmes, un exercice d'invention critique en un exercice d'exposition oratoire. Tant il est vrai qu'il faut avoir beaucoup lu et même un peu vécu pour apercevoir, sans le secours d'autrui, le mérite de l'expression ! Le style est la qualité qui se développe la première chez les jeunes gens (1), et c'est la dernière qu'ils démêlent chez les auteurs.

Il n'est donc pas inopportun d'avertir en toute simplicité les jeunes gens qu'une belle parole est belle, dût-on faire sourire, par cet avis, l'homme fait qui n'en a pas besoin. Lorsque aujourd'hui, dans nos éditions, on donne à la jeunesse un de ces avis charitables, on veut le racheter par la finesse du commentaire qu'on fait de la beauté signalée. La vieille méthode, dans sa sécheresse prudemment banale, après

(1) Il est, par exemple, bien supérieur au fond dans les premiers ouvrages de Molière et de Racine ; jusqu'à un certain point, la remarque est vraie aussi des peuples ; car les Romains, qui n'ont eu de jurisconsultes véritablement grands qu'après avoir appris la philosophie à l'école des Grecs, avaient, dès la Loi des Douze Tables, atteint la perfection du style législatif.

avoir prévenu les jeunes lecteurs qu'il y avait
là quelque chose d'admirable, les laissait chercher davantage. Quant à sa terminologie que
nous sommes si fiers de ne plus comprendre,
elle était peut-être plus commode que ridicule.
Car, dès qu'on veut aller jusqu'à la précision, il
est malaisé de se passer absolument de mots
techniques ; que deviendrait l'enseignement de
la peinture si l'on proscrivait les mots de glacis,
d'empâtement, etc. ? La critique contemporaine
parle elle aussi une langue fort spéciale ; un
puriste prétendrait même qu'elle a remplacé une
nomenclature tirée du grec mais précise par un
jargon vague mais inutile, qu'il n'a que faire
d'appeler *suggestif* un livre qui fait penser,
tandis qu'il ne sait par quoi remplacer métony-
mie, qu'il comprenait fort bien le mot litote,.
mais qu'il n'entend pas très bien ce que c'est
que l'*au-delà* dans un écrivain.

Il est vrai qu'on reproche aux notes dites
admiratives d'empiéter sur le commentaire oral.
Mais toutes les pages d'une édition classique ne
sont pas destinées à être lues en classe ; il faut
penser à l'élève qui lit tout seul. Puis quel est
donc le professeur qui ne trouvera plus rien à
dire sur une expression pleine de sens ou de
sentiment parce qu'une ligne placée au bas de
la page en aura conseillé l'examen ? Ce reproche
atteindrait au surplus toute espèce de commen-

taires, et on l'adresserait avec plus de fondement aux nouvelles éditions qu'aux anciennes ;
celles-ci n'aidaient l'élève qu'à découvrir des
beautés qu'à son âge on ne peut saisir seul,
tandis que celles-là multiplient les observations
sur le fond même des choses, lequel est plus à
sa portée. Par exemple l'analyse d'une pièce de
théâtre, d'un caractère tragique ou comique ne
dépasse nullement la force d'un rhétoricien ;
or, outre que la plupart des éditions récentes
de notre théâtre apprécient au cours de la pièce
tous les passages où se marque le progrès de
l'action ou de la passion, la plupart dans l'introduction traitent avec détails les questions
peu nombreuses dont on peut proposer l'étude
aux élèves. Or, si désireux que vous suppo-
siez l'élève de ne pas copier ces aperçus, il
ne réussit pas à s'affranchir de ce qu'il a lu ;
il ne pense pas assez pour n'être point dominé
par la pensée d'autrui. En fait de commentaire
général, j'aimerais mieux la méthode d'un
auteur italien, M. Falorsi, qui donne alternati-
vement les objections dirigées contre les drames
d'Alfieri et les réponses de l'auteur, puis qui
laisse l'élève se prononcer en connaissance de
cause.

III

Mais si les Italiens ont moins peur que nous

d'offrir au jugement de l'écolier le guide dont il a besoin, les voici de nouveau partagés sur l'esprit dont la critique littéraire doit procéder dans un livre de classe. Une des choses qui font la force de l'Université de France, c'est qu'elle porte dans l'appréciation de nos grands écrivains deux sentiments également précieux, une admiration sincère et une respectueuse liberté. Pour nous réconforter à l'heure de nos désastres, un de nos maîtres a pieusement recueilli à travers les siècles passés les paroles que le patriotisme a inspirées à tous nos écrivains obscurs ou célèbres (1); mais jamais sa sympathie pour les chantres de nos joies, de nos douleurs, ne l'abuse sur leur talent; quand leur mérite littéraire n'égale pas la générosité de leur cœur, il avoue sans hésiter son regret de ne pas les trouver plus éloquents ou plus spirituels. Il me semble qu'en Italie de très bons esprits mêmes concilient plus malaisément les scrupules du critique et ceux du citoyen. Il semble qu'à cet égard les éditeurs italiens se partagent; les uns, dans leur crainte de refroidir l'enthousiasme de la jeunesse ou d'éveiller sa malignité, dispensent un peu trop libéralement l'éloge aux auteurs qu'ils commentent, ou ferment les yeux sur

(1) M. Lenient, *La poésie patriotique en France au moyen âge.* Paris, Hachette, 1891.

leurs défauts ; les autres font payer à leur auteur les exagérations de ses panégyristes, sans se demander si l'admiration des élèves est assez robuste pour résister aux assauts qu'ils lui donnent.

Ainsi M. Bertoldi, dans une édition fort érudite de Monti, trouve moyen de ne jamais censurer les palinodies de son poète ; lui qui pousse la sévérité à l'endroit de Voltaire jusqu'à l'appeler un des plus efficaces coopérateurs de l'athéisme, qui l'accuse de mépris et de haine pour la divinité, il réussit à ne jamais condamner la versatilité de ce flatteur de tous les régimes ; il cite sans observation les vers où il est dit que Napoléon inspire de la jalousie à Jupiter ; il rapporte sans la discuter l'allégation insoutenable de Monti prétendant après les victoires de la France que la *Bassvilliana* n'était écrite que contre la tyrannie démagogique. M. Puccianti, dans ses anthologies, dont le public italien fait grand cas avec beaucoup de raison, ne s'abstient pas de signaler les défauts des écrivains ; mais, en beaucoup d'endroits, il fait visiblement effort, par patriotisme, pour trouver beau ce qui n'est que médiocre. Au contraire, l'édition des morceaux choisis de Giusti, que M. Guido Biagi a composée pour une excellente *Biblioteca delle Giovanette*, s'ouvre par une curieuse histoire de l'engouement que les cir-

constances avaient valu à son héros; il n'y aurait
qu'à louer cette savante, cette piquante revue
de tous les jugements portés en Italie et au
dehors sur Giusti, si elle était destinée à des
hommes faits qui, après l'avoir lue, n'en goûte-
raient pas moins *Girella* et la *Terra dei morti;*
mais n'est-il pas à craindre que dans l'âge où
les préventions sont plus fortes que le goût
n'est vif, les jeunes lectrices de M. Biagi ne
sortent de cette lecture moins aptes à discerner
le mérite du satirique toscan? Le terrible mot
de pauvre esprit, *povera mente*, articulé par
Tommaseo, ne gâtera-t-il pas pour elles la malice
et la verve de Giusti, et ne pouvait-on les mettre en garde d'une façon moins savante mais
moins cruelle contre une estime outrée pour son
talent? M. Severino Ferrari a démêlé avec une
remarquable finesse les petits artifices du Tasse;
il a surpris tous ses emprunts, il a découvert
que son originalité consiste quelquefois à exagérer les exagérations d'autrui; et il le dit.
C'est son droit, et une étude où il en rassem-
blerait les preuves offrirait autant d'utilité que
d'agrément. Mais une édition de la *Jérusalem
délivrée* qui doit conduire à un jugement général de l'œuvre, surtout une édition classique,
devait-elle être conçue d'après ce plan? Non,
certes, du moins à mon avis. Boileau lui-même,
s'il avait entrepris un commentaire suivi de la

Jérusalem, y eût montré aussi soigneusement l'or que le clinquant ; il n'aurait pas consacré toute sa préface à établir que le style en est affecté, que les caractères n'y sont pas conformes à l'histoire. Puisque M. Severino Ferrari convient que le Tasse émeut encore aujourd'hui les charbonniers des Apennins, le devoir essentiel de ses commentateurs est de faire sentir le charme de sa poésie. Prémunissez les élèves contre les ornements recherchés qui abondent dans l'épisode d'Olinde et de Sophronie, mais à la condition d'excepter formellement de la condamnation des vers délicieux comme le

Brama assai, poco spera e nulla chiede,

à condition de rendre hommage aux mâles et modestes paroles de Clorinde à Aladin, qui terminent l'épisode par un contraste plein de grandeur. Dans les paroles de Clorinde, vous énumérez les imitations de Dante et de Pétrarque : fort bien, pourvu que vous avertissiez les écoliers que ce n'est ni à Laure ni à Béatrix que l'héroïne doit l'incomparable accent de sa gratitude envers l'homme qui l'a tuée sans la connaître, qui lui a ouvert le ciel, et qui mourrait de douleur si elle ne lui apportait pas cette consolation céleste :

Vivi, e sappi ch' io t' amo, e non te l' celo,
Quanto più creatura umana amar conviensi.

Faites sentir que le cœur du Tasse, à la différence du cœur de Dante, n'est pas égal à son
sujet, mais à condition d'ajouter que souvent,
dans le langage qu'il prête à Godefroy de Bouil-
lon, dans la peinture des chrétiens apercevant
la cité sainte, ailleurs encore, il en a senti et
exprimé dignement la grandeur. M. Ferrari ne
cède pas à un parti pris d'injustice ; il cite çà et
là quelques éloges donnés à de beaux vers, il lui
arrive de réfuter des critiques mal fondées ; mais,
laissé à lui-même, il vaque plus volontiers à l'office de désenchantement qu'il s'est attribué.

Toutefois plusieurs éditions scolaires d'Italie
échappent à la fois au reproche de complaisance
et au reproche d'excessive sévérité. On peut citer à cet égard le résumé que M. Falorsi a donné
de l'autobiographie d'Alfieri dans une édition
d'œuvres choisies du poète d'Asti. M. Falorsi
est malheureusement de ceux qui suppriment à
peu près entièrement les notes, du moins pour
les quatre pièces d'Alfieri qui forment la plus
grosse part de son recueil. Il est probable qu'il
rédigerait fort bien les siennes ; son récit de la
vie du grand tragique ne contient pas une seule
appréciation malsonnante, et pourtant fait sentir
avec autant de netteté que de discrétion tout ce
qui se mêlait de faiblesse bizarre et maladive à
l'énergie d'Alfieri et comment c'est du jour où
Alfieri a lutté courageusement contre lui-même

qu'il s'est acquis des titres à la gloire. Le libre
esprit de M. Falorsi s'accuse encore dans l'analyse qu'à propos du théâtre d'Alfieri il donne de
quelques pièces de Racine; ces analyses contiennent des inexactitudes de faits et ne font pas
assez ressortir les caractères, mais peu d'admirateurs d'Alfieri, peu d'admirateurs de Racine
même auraient mieux marqué la rapidité d'action, le caractère constamment tragique de notre
Britannicus. Citons comme dernier exemple de
cette liberté de jugement une note amusante qui
établit fort bien que l'excès opposé à notre indifférence prétendue ou réelle pour les langues
étrangères ne va pas sans inconvénient : « Les
Italiens modernes qui, dans la lecture de mé-
chantes gazettes d'un style pis que francisé, dans
des traductions subreptices (*ladre*) d'ouvrages
étrangers, dans le commerce de précepteurs, de
bonnes d'enfants, bientôt de nourrices, qui nous
arrivent de la Chine, du Mongol et du Japon,
sucent avec le lait un sot mépris (*dispregio ciuco*)
de leur belle langue, feront bien de méditer un
passage d'Alfieri sur le rapport nécessaire qui
existe entre l'étude de la langue maternelle et
l'éducation de la pensée (1). »

Il va de soi que, quand un des maîtres de la
critique italienne trouve le temps d'annoter une

(1) Note 3 de la page 270.

édition à l'usage des classes, il sait faire entendre ce qu'on doit dire, sans rien fausser par excès d'insistance. M. Alessandro d'Ancona l'a
prouvé à l'occasion des Odes de Parini. C'était
un sujet particulièrement délicat : la difficulté
ne consistait pas pour un érudit de sa force à
réunir tous les passages anciens et modernes
dont l'habile imitation compose jusqu'à un certain point l'originalité laborieuse de Parini ; mais
les Italiens doivent tant de reconnaissance au
noble poète qui, au siècle dernier, releva dans
leur patrie la dignité de l'homme et du citoyen,
qu'ils souffrent impatiemment toute censure à
son adresse; ils pardonneraient encore un mot
franc sur Alfieri, parce que Alfieri a tant commis
et avoué d'extravagances que leur gratitude fort
légitime ne peut pas se dissimuler ses travers.
Mais le caractère pur, la vie sans faiblesses de
Parini protègent sa gloire. Il était donc fort difficile, surtout dans un volume destiné à la jeunesse, d'indiquer tout ce qui manque à Parini
pour être un penseur et un écrivain du premier
ordre. Il ne faut donc pas reprocher à M. d'Ancona de ne point signaler certains défauts que
l'ironie mordante de Parini et ses intentions généreuses ne nous empêchent pas d'apercevoir.
Il suffisait de choisir quelques points, où la censure pouvait s'appliquer sans soulever de clameurs. Ces points, M. d'Ancona, en homme d'es-

prit et en homme de cœur, les a choisis d'une
main heureuse et touchés d'une main délicate.
En voici un exemple : un Italien, car en Italie
même on ne peut s'aveugler toujours sur les
défauts de Parini, avait osé dire que dans la
Caduta, une de ses pièces les plus estimées, la
bassesse officieuse de l'inconnu qui prétend tirer le poète de la pauvreté s'exprime avec une
invraisemblance choquante. M. d'Ancona, en
quelques lignes d'une spirituelle bonhomie, nous
enseigne à reconnaître et à limiter en même
temps la portée d'une critique qui n'atteint que
l'exécution d'un morceau et n'entame pas la
beauté fondamentale de la pièce : « Sans accepter entièrement, » dit-il, « les conclusions qu'on
nous propose, on peut avouer que quand cet officieux conseille froidement et d'un ton amical
à Parini de se faire démagogue, espion, voleur,
il va peut-être un peu trop loin, même étant
donnée l'intention sarcastique. » Quand l'intérêt
public est en jeu, M. d'Ancona n'hésite pas : il
donne nettement tort à Parini s'imaginant que
la charité peut prévenir tous les crimes et que
le pardon accordé à un criminel offre une ga-
rantie suffisante contre la récidive, et il conclut
son commentaire de l'Ode *Il bisogno* par ces belles paroles dont la citation est d'autant plus de
mise ici qu'elles s'appliqueraient aussi bien à la
pédagogie qu'à la politique : « Du reste les dis-

putes sur le devoir de prévenir et sur celui de réprimer sont des logomachies byzantines. L'Etat est tenu de prévenir quand il le peut, de réprimer quand il le doit. La limite de la prévention est la possibilité, la limite de la répression est la justice. »

Ce franc aveu des défauts d'un auteur classique, pourvu qu'on n'y joigne pas un apparent oubli de leurs qualités, aurait d'autant moins d'inconvénients en Italie, que le public le prend de moins haut chez eux que chez nous avec les écrivains de talent. Chez nous, sauf durant des périodes de caprices qui ne durent jamais longtemps, le bon sens et la clarté sont les deux qualités réputées les plus indispensables; comme la multitude est compétente pour juger de ces deux qualités, elle fait tout d'abord des écrivains ses justiciables. En Italie, on demande tout d'abord à un écrivain de l'imagination; or l'imagination est une qualité qui varie d'homme à homme, qui suit sa fantaisie et à qui, si on l'aime, on permet de s'y livrer; puis Dante, élève des scolastiques, a, dès l'origine, accoutumé les Italiens à une poésie savante qui ne se laisse pas entendre à première lecture. L'ambition de conserver dans la langue vulgaire les inversions, les enchevêtrements de mots qui, dans le latin, n'engendrent pas la confusion à cause des désinences moins uniformes, a encore

fait accepter une demi-obscurité qui tient le
lecteur en respect; enfin, la langue littéraire de
l'Italie n'est pas, n'était pas surtout jusqu'à ces
derniers temps, la langue maternelle de tous les
Italiens, chacun d'eux, dans l'usage courant de
la vie, employant le dialecte de sa province.
Pour toutes ces raisons, ils lisent avec plus de
patience, partant avec plus de déférence que
nous. C'est même chose touchante que de voir
avec quelle modestie grave des hommes fort savants proposent chez eux plusieurs explications
de tel vers d'un grand poète, avec quelle longa-
nimité la nation s'éclaire tour à tour des inter-
prétations successives qu'on lui en présente.
Chez nous, lorsque Muret déclare que sans sa
glose les *Amours* de Ronsard sont inintelligibles,
notre premier mouvement est de rire du texte
et de la scolie, et de laisser là l'un et l'autre :
en Italie une déclaration semblable ne choque
personne. C'est dire qu'en Italie un commentateur, pourvu qu'il sache confirmer les lecteurs
dans l'admiration des beautés véritables de son
texte, peut, s'il l'ose, en révéler les défauts,
sans crainte de le discréditer.

IV

Puisque au total, en Italie et en France, les
éditions scolaires se rapprochent plus ou moins

des éditions savantes, puisqu'elles visent, soit à les résumer, soit à en tenir lieu, demandons-nous en finissant si les incontestables mérites qu'elles présentent sont bien ceux que réclame l'enseignement secondaire.

Certes un homme d'esprit n'est jamais trop savant pour accomplir la plus modeste des tâches ; et c'est même le devoir strict de tout homme qui veut éditer un ouvrage pour la jeunesse, de s'assurer au préalable qu'il connaît toutes les découvertes des érudits qui se rapportent à son auteur. Il doit aux élèves, sous la réserve des suppressions que leur âge exige, un texte authentique, et, par conséquent, il faut qu'il ait consulté les travaux où l'on a corrigé les mauvaises leçons. Il leur doit de ne jamais les induire, par ses commentaires, dans des erreurs déjà réfutées, et par conséquent il faut qu'il ait lu les érudits et les critiques dont les lumières s'ajouteront utilement aux siennes. Mais il ne s'ensuit nullement qu'il doive faire passer dans son édition la plus grande somme possible de la science qu'il a pu acquérir. Une édition destinée aux érudits n'est jamais trop érudite parce qu'elle doit répondre à d'innombrables questions. Vingt savants qui viennent interroger l'un après l'autre notre admirable collection des grands écrivains de la France, la feuillettent chacun dans une pensée différente. Il a donc fallu, dans la

mesure du possible, prévoir et satisfaire tous
leurs désirs. Les tout jeunes gens ont des besoins tout autres. Cet ouvrage que vous mettez
sous leurs yeux pour la première fois, qui cédera
la place à un autre dans quelques semaines, ils
n'en peuvent saisir que l'essentiel, et ce n'est
pas trop, pour qu'ils y parviennent, de tous
leurs efforts et de tous les vôtres. Ces beautés
saillantes, que peut-être dans le fond de votre
âme vous êtes las d'admirer et de commenter,
ils ne les découvrent pas d'eux-mêmes et ne les
comprendront bien que grâce à vous. Toutes les
questions subsidiaires qui s'imposent à qui veut
approfondir, ne se présentent pas à leur esprit ;
les leur proposer, c'est les distraire de l'objet
principal qu'ils ont déjà beaucoup de peine à ne
pas manquer. Toutes les notions qui nous ont
fait pénétrer depuis notre jeunesse dans les
auteurs que nous avions étudiés au collège, la
vie, la lecture nous les ont données peu à peu ;
nous les avons digérées, et c'est pour cela
qu'elles nous profitent. En présenter à la jeunesse un résumé, même fort judicieux, fort élégant, c'est lui donner une nourriture trop forte.
Il faut donc s'accommoder à sa faiblesse. Dans
une savante revue italienne que nous avons citée un peu plus haut, M. S. Morpurgo, répon-
dant à un de ses compatriotes qui déclarait
qu'on traite trop les lycéens en enfants, fait spi-

rituellement observer que ce traitement n'est pas très disproportionné à leur âge. Il faut sans doute ouvrir l'esprit des enfants, mais il importe encore bien davantage de le fixer. Il n'est pas mauvais de leur indiquer d'un mot qu'il y a d'autres questions à étudier que celles qu'on étudie avec eux, mais il faut aussitôt après les ramener sur ces dernières. La meilleure édition classique est celle qui, tout en leur fournissant les indications dont ils ont besoin, disperse le moins possible leur attention et la concentre le mieux sur le texte lui-même.

Une des principales qualités qu'il y faut est donc la brièveté, la sobriété. Nous avons raison d'exiger qu'on place en tête du volume une biographie, une introduction. Rappelons-nous toutefois que c'est pour nos enfants que l'édition est faite et non pas pour nous, et que ce n'est peut-être pas faire l'éloge d'un livre scolaire que de constater l'intérêt que les parents prennent à le lire. Ces longs morceaux pleins de faits et d'idées qui font honneur à l'érudition, à l'étendue d'esprit, au style du professeur qui les a composés n'effraieront-ils pas l'élève? S'il les lit, lui qui dispose de si peu d'heures, lui restera-t-il le temps de lire, de relire le texte? En aura-t-il même le désir? Les vastes perspectives que vous lui aurez ouvertes ne l'en auront-elles pas détourné? Prenons garde de rebuter les élèves

légers, et, ce qui serait encore pis, de donner
aux élèves studieux une habitude qu'hélas! nous
avons peut-être contractée nous-mêmes, celle de
lire trop vite. Prenons garde de leur en donner
une autre, celle d'encombrer leur mémoire au
lieu d'exercer leur jugement. Beaucoup de labo-
rieux élèves n'ont que trop perdu l'habitude de
l'effort personnel. On raillait autrefois certains
exercices de la rhétorique dont les paresseux se
tiraient, dit-on, par des larcins qualifiés de ré-
miniscences; mais nos élèves ont aujourd'hui la
tête si remplie de notices biographiques et critiques, que de la meilleure foi du monde ils les
récitent sans s'en apercevoir; il leur semble
même, comme aux légistes de l'époque anté-
rieure à Cujas, que la seule manière d'étudier
un texte soit d'en étudier les commentateurs.
Voici une anecdote dont j'ai de bonnes raisons
pour garantir l'authenticité : il y a trois ans, à
la Faculté des lettres de Paris, à la suite d'une
conférence de littérature française, un jeune
homme à figure ouverte et sympathique vint
demander de quel manuel on recommandait particulièrement l'usage; on lui répondit naturellement que l'on conseillait plutôt de ne faire usage
d'aucun manuel, du moins à propos des auteurs
marqués au programme, et de lire assidûment
ces auteurs pour se mettre en état de répondre
même aux questions imprévues. Le jeune homme

insista, expliquant qu'il appartenait à un lycée
de province et ne pouvait venir que de loin en
loin à la Sorbonne. On l'assura que le jour de
l'examen on demandait au candidat, non pas
l'opinion des critiques, mais la sienne, et que
rien n'était plus facile pour les examinateurs
que de discerner les compositions dont la mémoire seule avait fait les frais. Sa figure prit
une expression d'incrédulité, de tristesse, et il
partit évidemment persuadé que les maîtres de
conférences de la Sorbonne, afin de ne point
faire de tort à leurs auditeurs réguliers, gardaient
pour eux le secret des recettes infaillibles grâce
auxquelles un étudiant docile devenait à coup
sûr licencié. Nos éditions scolaires ont contribué à cette disposition des esprits : dans les
livres de cette nature, telle préface qui stimule
la réflexion chez un homme fait l'engourdit chez
les écoliers.

En accordant qu'il faut donner aux élèves le
texte véritable de nos classiques, nous n'avons
pas voulu dire qu'il fallût y conserver une orthographe archaïque ou capricieuse ; c'est leur
prêter une apparence rébarbative. Quant aux
notes, elles doivent, à mon sens, n'être pas trop
multipliées. On pourrait ménager davantage les
notes curieuses seulement en elles-mêmes, celles
qu'on peut lire à part ; car, si ces notes amu-
sent, instruisent même, elles n'exercent pas assez

l'esprit. Peut-être abuse-t-on quelquefois des variantes, des rapprochements, de l'indication des passages que l'auteur a imités. Il ne faut, pour ainsi dire, interrompre la conversation de l'auteur et de l'élève que pour expliquer à celui-ci le langage de celui-là, pour l'aider à en comprendre la force, pour l'inviter à interroger respectueusement son interlocuteur. Il ne faut que rarement lui parler d'autre chose à propos de ce que dit Racine ou Bossuet. Il a déjà quelque peine à soutenir le dialogue et ne le quittera que trop volontiers pour le commentateur qui lui conte de piquantes historiettes. Les notes véritablement utiles sont celles qui soulèvent à demi le voile qui lui cache les beautés de l'éloquence et de la poésie, qui lui promettent au prix d'un effort un plaisir flatteur pour son amour propre et, ce qui vaut mieux, un plaisir d'imagination et de cœur. Quelquefois les notes pourraient prendre la forme d'un questionnaire. Par exemple, on demanderait pourquoi l'on tient pour vraie telle maxime que tel et tel fait paraissent contredire, pourquoi tel vers est éloquent ou spirituel, en quoi l'idée d'une scène est dramatique ou fine. En un mot, tandis que l'auteur d'une édition savante doit faciliter l'étude de l'ouvrage dans ses rapports complexes avec l'histoire littéraire et morale de l'humanité, l'auteur d'une édition scolaire se proposerait seulement de faciliter l'étude de l'ouvrage en lui-même. On se rappellerait qu'il est dangereux de vouloir tout enseigner à qui a tout à apprendre.

Circonscrite de cette manière, la tâche ne serait pas beaucoup plus facile ni moins capable de tenter les hommes dévoués et distingués auxquels nous prenons la liberté de soumettre ces réflexions. Pour atteindre la perfection dans le genre qui nous occupe, il ne leur manque plus qu'une chose, mais qui me paraît aussi malaisée qu'indispensable, c'est de vouloir bien se faire petits.

APPENDICES

APPENDICE A.

Le pensionnat de Mme Laugers à Bologne. — Les collèges de
jeunes filles de Naples. — Le pensionnat de Lodi.

LE PENSIONNAT DE Mme LAUGERS A BOLOGNE.

Outre la plupart des documents qui m'ont servi à faire
connaître cette maison, MM. Capellini et Malagola m'ont
encore fourni les deux pièces dont voici la traduction et
dont les originaux sont aux Archives d'Etat de Bologne.

ROYAUME D'ITALIE.

Bologne, 17 avril 1807.

Le préfet du département du Reno,
Vu le plan organique de la Maison Royale Joséphine,
présenté antérieurement par M. le chevalier Salina, président royal,
Considérant qu'il s'agit d'un établissement honoré d'une
spéciale protection par S. A. I. le prince Vice-Roi,
Qu'il a pour objet la garde la plus vigilante, la culture la
plus pure des âmes des jeunes filles,
Que des fins aussi importantes peuvent être pleinement
atteintes sous la direction de l'institutrice actuelle, Mme Thérèse Laugers (1),

(1) Ce paragraphe est une réponse aux défiances qui entre-

Et que, pour accroître le nombre de ces chères écolières (*delle tenere alunne*), qui feront ensuite passer dans leurs familles et dans la société l'éducation parfaite qu'elles y auront puisée, il sera bon de faire connaître les dispositions précises et louables du plan susvisé,

Décide :

Le plan organique de la Royale Maison Joséphine sera imprimé et publié.

La présente décision est communiquée en copie conforme à Mme la directrice Laugers, pour qu'elle l'exécute.

Signé : MOSCA, et, au-dessous : ZECCHINI, secrétaire général.

Pour copie conforme : F° ZECCHINI.

PLAN DE LA MAISON ROYALE JOSÉPHINE DE BOLOGNE.

I. — *Caractère particulier de ce pensionnat.*

La Royale Maison Joséphine de Bologne, située rue Nosadella, dans l'ex-couvent des Franciscaines du Tiers-Ordre, est dirigée et administrée immédiatement par Mme Laugers, qui y donne l'instruction. La discipline est sous la surveillance d'une commission nommée par la municipalité de Bologne et par un président choisi directement par S. A. I. le prince Vice-Roi. Les jeunes élèves sont partagées en trois classes d'après leur âge et leur capacité. Les unes sont pensionnaires, les autres demi-pensionnaires, les autres externes.

II. — *Culture de l'esprit.*

La religion catholique et la saine morale sont l'objet principal et capital de cette éducation. Aussi, outre la règle pour la pratique journalière des actes de religion, les instructions morales, le catéchisme des samedis, les exercices spirituels du 28 octobre au 1er novembre (1), il y aura un

tenaient dans le pensionnat la demi-solitude avouée par le paragraphe suivant.

(1) Probablement une Retraite comme dans nos pensionnats ecclésiastiques.

ou plusieurs prêtres chargés spécialement de cultiver l'esprit et le cœur des pensionnaires.

III. — *Travail manuel.*

Tous les travaux à l'aiguille et à la maille qui conviennent au sexe féminin sont dirigés par la directrice elle-même, aidée d'une sous-maîtresse, et sont traités avec le soin que réclame ce genre d'occupation. On forme, en outre, les jeunes filles, dans la mesure du possible (1), à ce qui concerne le ménage domestique.

IV. — *Etudes.*

La directrice enseigne la grammaire française, la géographie, la sphère, la chronologie, l'histoire et d'autres sciences et langues selon la capacité des enfants.

Des maîtres probes et habiles enseignent à toutes les élèves l'écriture, l'arithmétique, la langue italienne.

Pour celles qui désireraient apprendre le dessin, la danse, la musique vocale ou instrumentale, il y aura des maîtres spéciaux.

V. — *Examens.*

Tous les six mois, il y a une épreuve publique à laquelle sont invités les parents, les autorités, et, à cette occasion, l'on distribue des prix.

Tous les trois mois, on fait une récapitulation des études de chaque classe. La jeune fille qui s'est distinguée par-dessus toutes les autres par la douceur de son caractère, l'exactitude dans l'accomplissement de ses devoirs sans mériter aucun reproche, reçoit un insigne qu'elle porte durant trois mois, c'est-à-dire jusqu'à l'examen suivant.

(1) Remarquons ici encore que la prudence italienne ne contracte pas les engagements chimériques de la pédagogie française de ce temps-là.

VI. — *Divertissements.*

Aux heures de récréation, les enfants se promènent ou se livrent, à l'intérieur, aux amusements de leur âge et de leur sexe. Tout jeu de cartes ou de dés est interdit.

VII. — *Dépenses à la charge des pensionnaires* (1).

1o La pension est de 30 livres italiennes par mois. Les étrangères (2) payent toujours quatre mois d'avance. Les Bolonaises payent également d'avance, mais seulement par trimestre. La nourriture est saine et bonne.

2o L'habillement, le papier, les livres, les dépenses en cas de maladie sérieuse sont également à la charge des élèves.

3o De même l'enseignement de la danse, du dessin, de la musique vocale et instrumentale.

4o Chaque élève apporte : un lit complet, avec les couvertures pour l'été et pour l'hiver; 4 paires de bas et 4 petites taies d'oreiller; 6 serviettes; 6 essuie-mains; 6 chemises; 4 mouchoirs blancs, 4 de couleur; 2 jupons d'hiver, 2 d'été; 8 paires de bas; 2 tabliers blancs, 2 de couleur; 4 bonnets de nuit; 4 camisoles de nuit; 2 bobines à dévider; 1 peigne et 1 nécessaire de toilette; une chaise; 6 assiettes; 1 verre; 1 couvert.

Comme la libre disposition de l'argent peut être cause, chez les jeunes filles, de nombreux désordres, on désire que les sommes accordées pour leur honnête divertissement soient remises à la directrice, qui en disposera avec une sage économie.

---

(1) Ou plutôt, comme on le verra au dernier paragraphe de ce chapitre, dépenses que les parents payent par l'intermédiaire du pensionnat.

(2) *Le straniere.* A cette époque, un Italien ne reconnaissait encore pour compatriotes ou, du moins, ne nommait ainsi que ses concitoyens.

VIII. — *Dépenses à la charge de l'établissement outre l'entretien quotidien.*

1o Tous les meubles d'un commun usage ;

2o Le feu pendant l'hiver, l'éclairage, l'encre ;

3o Les dépenses de voyage, aller et retour, quand on mènera les élèves à la campagne;

4o La messe, les cierges et tout ce qui sert aux cérémonies de la chapelle ;

5o Les honoraires du médecin et du chirurgien dans les petites maladies;

6o Les dépenses pour les examens et les séances publiques ;

7o La garde du vestiaire, le blanchissage de la literie et du linge de table ;

8o Les gages du cuisinier et des femmes de service.

Pour toutes ces dépenses, les pensionnaires versent, par an, cent livres italiennes, payables par trimestre et d'avance.

IX. — *Entrée, séjour, sortie des élèves.*

On n'admet les pensionnaires que de l'âge de cinq ans à douze ans révolus, et sur le vu d'un certificat qui prouve qu'elles ont eu la petite vérole ou qu'elles ont été vaccinées.

Les payements qu'on acquittera, comme il a été dit; d'avance, se feront toujours en monnaie ayant cours légal.

Les pensionnaires ne pourront dîner dans leurs familles qu'une fois tous les deux mois. Elles ne coucheront jamais hors du collège.

Tous les quinze jours, un jeudi, de quatre à six heures dans l'après-midi, les parents pourront venir visiter leurs filles, mais toujours dans le parloir et en présence de la directrice ou de la sous-maîtresse.

Nul ne pourra pénétrer dans le pensionnat, sauf les personnes qui en auront obtenu de la directrice une permission qu'il faudra faire renouveler à chaque fois.

L'accès des chambres de l'étage supérieur est interdit à toute personne autre que celles qui sont commises à cet effet, le médecin et le chirurgien.

Toutes ces règles concernent également les demi-pensionnaires et les externes pour toute la partie qui peut leur être appliquée.

Le supplément à payer pour les unes et pour les autres est réglé par la directrice d'après les études et les leçons particulières que les parents auront demandées.

Collèges de jeunes filles du royaume de Naples, fondés par Joseph Bonaparte et Joachim Murat.

Le plan de notre étude ne nous a permis que de faire quelques emprunts à la notice que M. Benedetto Croce a bien voulu fournir sur ces collèges. Nous n'avons garde d'en priver le lecteur. Voici donc la traduction de la partie que nous n'avons pas employée :

Le décret de Joseph Bonaparte du 11 août 1807 (dont nous avons extrait ci-dessus les dispositions fondamentales) fixait que cinq dames seraient chargées de l'éducation des jeunes filles, sous la surveillance de personnes qualifiées de première et de deuxième dames. Le règlement de la maison d'Aversa devait être établi par une commission composée du président du conseil d'administration du collège, du *capellano maggiore*, de la première et de la deuxième dames, et de la plus âgée des autres, et approuvé par la reine. Un décret du 1er septembre 1807 assigna pour local dans Aversa le couvent de l'ordre supprimé du Mont-Cassin et les jardins attenants. Une décision du 2 novembre nomma un administrateur des rentes du collège; une autre, du 27 novembre, renvoya, à l'arrivée de la reine, les travaux d'appropriation. Ces arrêtés et d'autres relatifs à l'administration de la maison se trouvent aux Archives d'État de Naples, à la section *Ministero dell' Interno*, fascicule 714. On y voit que, jusqu'au milieu de 1808, le collège n'était pas encore installé.

Joseph Bonaparte avait aussi institué pour chaque pro-

vince du royaume une maison d'éducation pour les jeunes
filles de bonne famille (di civili natali); pour la province de
Naples, cette maison fut établie au ci-devant monastère
des bénédictines de San Marcellino.

Joachim Murat, par un décret du 21 octobre 1808, dis-
posa que le ministre de l'intérieur prendrait les ordres de
la reine, sous les ordres de laquelle serait placé le collège
d'Aversa, et qui en établirait le règlement; le même décret
mit une rente de 24,000 ducats à la disposition du président
de l'établissement, qui serait nommé par la reine. Dès lors,
le collège put fonctionner.

Peu de temps après, ces deux institutions d'Aversa et de
Naples furent réunies dans le local de la première, sous le
nom de Maison Royale Caroline; une série de décrets de
Joachim accrut les rentes et modifia l'administration de cet
établissement.

Le couvent de San Marcellino demeurait vide, mais il eut
bientôt un emploi analogue. Par un décret du 12 décembre 1810, Joachim maintint dans son royaume les visitandines, « vu l'avantage que l'Empire français et le Royaume
d'Italie tirent pour l'éducation des filles de l'ordre de la
Visitation, rétabli et modifié par les décrets de notre
auguste beau-frère l'empereur Napoléon (1). » Voulant
donc, disait-il, procurer le même avantage à ses Etats, où
tant et de si grands motifs ordonnent de multiplier les maisons d'éducation pour les deux sexes, Joachim autorisait à
perpétuité les couvents de cet ordre actuellement établis
dans le royaume, permettait d'en instituer d'autres là où il
serait nécessaire et plaçait l'ordre sous la protection de la
reine; les visitandines étaient autorisées à recevoir des
novices et à les lier par des vœux simples, renouvelables
chaque année, les vœux éternels demeurant interdits à
tous les membres de la congrégation, quelles que fussent
leurs conditions d'âge ou autres; les statuts de Saint-

(1) Nous avons vu que les maisons d'éducation fondées par
le gouvernement français dans le royaume d'Italie étaient
purement laïques, mais il y existait un certain nombre de
pensionnats tenus par des religieuses.

François de Sales étaient maintenus, sauf à être revus et approuvés; l'Ordre ressortirait pour le spirituel à l'évêque diocésain, pour l'administration économique et pour l'enseignement au ministère de l'intérieur. Un décret du 10 janvier 1811 assigna aux visitandines de Naples le couvent de San Marcellino.

Ces Dames avaient alors pour supérieure une Française, Mme Eulalie de Bayanne. — J'interromps ici la notice de M. Croce pour dire que Mme de Bayanne était une des trois filles de Louis de Lathier, marquis de Bayanne, qui, à l'époque où Lachesnaye-Desbois imprimait son *Dictionnaire de la Noblesse*, étaient visitandines à Grenoble. Elle était assez avancée en âge au temps de Murat, puisque sa naissance remontait à l'année 1741, comme on peut le voir par son acte de baptême, que je dois à M. Lacroix, archiviste départemental de la Drôme : « L'an 1741 et le 2e janvier a été baptisée Geneviève-Eulalie, fille naturelle et légitime de Mre Louis de Lathier de Bayane, seigneur d'Oursinas et autres places, et de dame Catherine de Sibeud de Saint-Ferréol, ses père et mère. Le parrain a été M. François Blancher, soubsigné, et la marraine a été Mlle Marguerite Bonal, aussi soubsignée. » Signé : Bayane, François Blanchet, Marguerite Bonnard, le chevalier de Bayane, Victoire de Bayane, Duperon de Ravel, Trévy curé (1). Mme Eulalie de Bayanne avait sans doute passé en Italie à la suite de son parent, le duc Alphonse-Hubert Lathier de Bayanne, auditeur de Rote en 1777, plus tard cardinal, qui mourra le 6 avril 1813. Revenons à la notice de M. Croce. — Les autres sœurs et les professeurs du couvent furent (à en juger d'après les noms rencontrés par

_____

(1) Extrait des registres de l'état civil de Saint-Apollinaire (à Valence), de 1739 à 1749 (G. G., 52). Nous avons conservé les divergences dans l'orthographe des noms. C'est M. Prudhomme, archiviste de l'Isère, qui, après avoir fait des recherches dans son département, à la prière de M. Astor, professeur à la Faculté des sciences de Grenoble, a bien voulu m'obtenir cette obligeante communication de son collègue de la Drôme.

M. Croce, qui n'a point trouvé l'état complet du personnel)
des natifs de l'Italie et même de Naples.

Le 27 février 1811, Murat approuva le règlement de l'institution; le 24 septembre de la même année, il mit à la
charge de la municipalité de Naples l'entretien de l'édifice,
la dépense de la chapelle, l'acquittement de la contribution
foncière, etc.

Dans la correspondance du ministère de l'intérieur avec
Mme de Bayanne, on trouve une lettre du ministre en date
du 31 mars 1811, où il lui fait connaître que la volonté de
Sa Majesté est qu'on forme non des religieuses, mais des
femmes utiles à la société civile, et prend des mesures
pour être informé, chaque semaine, de l'enseignement dis-
tribué dans la maison et des progrès de chaque élève (1).
Le 22 août 1811, un décret interdit de recevoir pour élèves
à San Marcellino les enfants de plus de douze ans; le
29 août, la maison fut autorisée à acquérir des biens. Le
24 janvier 1812, le gouvernement approuva un règlement
pour les examens des élèves de San Marcellino.

Tous ces documents proviennent encore du fascicule 714.

Pendant ce temps, un établissement particulier de
Naples, celui de Mme Rosalie Prota, dans l'ex-couvent de
San Francesco delle Monache, avait acquis une grande
réputation. Il existait donc alors dans le royaume trois établissements importants pour l'éducation des filles.

En 1813, la Maison Royale Caroline fut transférée
d'Aversa à l'édifice de Naples, appelé les Miracoli, en vertu
d'un décret du 6 septembre de cette année. Des décrets de
ce même jour, du 13 janvier et du 17 novembre 1814, en
accrurent encore les rentes. La reine Caroline déployait,
en effet, une grande sollicitude pour ce collège, aidée,
dans son œuvre intelligente, par le ministre Capecelatro,
archevêque de Tarente.

L'année 1815 ramena les Bourbons...

Le collège royal jouissait alors d'un revenu d'environ

—————————————

(1) Nous avons trouvé les mêmes intentions dans le gouvernement de Napoléon et du prince Eugène, la même vigilance
dans leurs ministres.

40,000 ducats. La direction et l'administration n'en relevaient d'aucun ministère (1), parce qu'il était uniquement et directement gouverné par Caroline Murat ; Capecelatro, sous le titre de président, n'en réglait que la partie morale. Un décret du 27 juin 1815 fit passer la maison sous la direction du ministère de l'intérieur et en nomma président le prince de Luzzi, dont un rapport, daté du 2 août suivant, constata que l'ordre et la régularité qui y régnaient étaient absolument parfaits ; le prince proposait seulement l'adjonction d'un professeur de catéchisme, vu l'importance suprême de cet enseignement...

Sans continuer l'histoire de ces établissements, nous nous en tiendrons aux faits que voici :

En avril 1829, les visitandines quittèrent volontairement Naples, et l'établissement de Mme Prota fut transporté au couvent de San Marcellino qu'elles laissaient, et fondu avec leur collège.

La même année, la reine Isabelle de Bourbon, femme du roi François Ier, prit la direction des deux maisons, des Miracoli et de San Marcellino, qui reçurent respectivement les noms de *Primo* et *Secondo educandato Regio Isabella di Borbone* ; toute la différence entre les deux établissements était dans la classe sociale à laquelle appartenaient les élèves ; la discipline et l'instruction étaient les mêmes dans l'un et dans l'autre. Le premier, qui comprenait les enfants des familles les plus relevées, comptait deux cents places gratuites ; le deuxième en comptait cent quatre ; les autres places des deux collèges étaient payantes. La reine nommait aux places gratuites. Le programme des études et le règlement se trouvent dans l'ouvrage intitulé : *Napoli e luoghi celebri delle sue vicinanze* (Naples, 1845, 2e volume, p. 45-51) (2).

Après 1860, la distinction de naissance établie entre les élèves des deux collèges a été supprimée. Un statut organique commun aux deux maisons a été promulgué le

(1) A la différence du collège de San Marcellino.

(2) On pourra consulter ce volume à la Bibliothèque nationale de Paris.

12 septembre 1861, puis modifié le 13 février 1868 et le 3 octobre 1875. La maison des Miracoli porte le nom de *Collegio Principessa Maria Clotilde ;* celle de San Marcellino s'appelle *Collegio Regina Maria Pia.*

Pendant l'impression de ce volume, le hasard m'a fait connaître un opuscule qui prouve une fois de plus l'estime dont jouissaient nos collèges, et qui m'apprend en outre que Mᵐᵉ Prota, elle aussi, était notre compatriote. C'est une brochure intitulée : *De la musique à Naples, surtout parmi les femmes.* L'auteur en est la comtesse Cecilia De Luna Folliero, qui a composé également des poésies et un livre intitulé : *Moyens de faire contribuer les femmes à la félicité publique et à leur bien-être individuel.* Ce dernier ouvrage a été traduit en français, et le traducteur a réimprimé à la suite le susdit opuscule, qui avait été composé et publié une première fois à Paris en 1826. Mᵐᵉ De Luna Folliero reconnaît aux Napolitaines les plus heureuses dispositions pour la musique, mais se plaint que trop souvent à Naples les dames du monde, qui prétendent rivaliser pour les fredons avec les chanteuses d'opéra, ignorent le premier mot de la musique vocale et instrumentale. (Rappelons qu'un autre écrivain des Deux-Siciles, Ant. Scoppa, avait soutenu que les connaissances musicales étaient moins répandues dans sa patrie qu'à Paris.) Mais Mᵐᵉ De Luna Folliero termine en exprimant l'espoir que l'éducation des napolitaines sera par la suite moins négligée : « Déjà deux excellents établissements d'instruction publique ont donné à Naples des jeunes personnes remplies de vertus, d'esprit et de talents, dont l'heureux caractère empreint de cette aimable franchise, de cette piquante vivacité qui caractérisent les Napolitaines, leur fait soutenir sans crainte la comparaison avec les femmes les plus distinguées de l'Europe. En un mot, elles ont tout ce qu'il faut pour être des musiciennes parfaites, et font, par le double charme de leurs vertus et de leur talent distingué, les délices et la gloire d'un des plus beaux pays de la terre. » En note, elle désigne ces deux établissements, celui des Miracoli et celui de Mᵐᵉ Prota :

« Qu'il soit permis à ma reconnaissance, » dit elle à propos
de cette dernière, « de rendre ici un hommage public au
noble caractère et aux rares qualités de cette dame aussi
vertueuse que spirituelle. Née en France, elle a transporté
à Naples avec elle ses vertus, ainsi que les talents qu'elle y
avait acquis. Là, ses lumières l'ayant mise à même d'être
à la tête d'une grande maison d'éducation, son exquise
sensibilité a fait de cet établissement respectable le centre
du bonheur pour les jeunes demoiselles qui y sont élevées,
et qui trouvent en elle une mère tendre et éclairée. Cette
digne Française, honneur de son sexe et de sa patrie, a voulu
en mon absence me remplacer à Naples auprès de mes
filles, qui, grâce à ses bontés, vont recevoir dans son institut
une richesse qui n'est point sujette aux revers de la fortune, une excellente éducation. » Une des filles de Mme De
Luna Folliero, Mme Aurelia Folliero, est en effet devenue un
écrivain distingué, et s'est notamment occupée de l'éducation de la femme italienne, comme on peut voir dans un
article de la *Bibliografia femminile italiana* (Venise, 1875),
par M. Oscar Greco.

PENSIONNAT DE JEUNES FILLES DE LODI.

Voici la traduction de la notice que je dois à l'amabilité
de M. Agnelli, de Lodi.

La baronne Maria Hadfield Cosway fonda, en 1812, à
Lodi, sous les auspices de Franc. Melzi d'Eril, duc de Lodi,
un pensionnat pour élever les enfants de bonne condition
dans les principes d'une saine morale et faire d'elles à la
fois de bonnes mères de famille et l'ornement de la société.

A l'origine, le personnel se composait de maîtresses laïques sous la direction de la fondatrice ; mais l'instabilité de
ce personnel se prêtait mal à l'adoption d'une méthode fixe
telle que la voulait Mme Cosway. Cette dame, qui joignait
à son talent de peintre la passion des voyages, crut voir au
cours d'une de ses excursions en Allemagne, en visitant
les maisons consacrées dans ce pays à l'éducation des jeunes filles, que les meilleures étaient celles que dirigeait
l'association religieuse des Dames Anglaises. D'accord

avec le gouvernement, elle en appela quelques membres à Lodi pour son collège.

Dès lors, on nomma indifféremment cette maison Institut Cosway ou des Dames Anglaises, et son existence légale fut constatée à l'occasion des dispositions testamentaires de la fondatrice et sanctionnée dans un acte du 7 juin 1833 par les soins de Me Giuseppe Carminali, notaire à Lodi.

Le zèle des Dames Anglaises, dont Mme Cosway n'eut jamais qu'à se louer, le patronage de la municipalité de Lodi, ont maintenu la prospérité du collège, qui est aujourd'hui en grande partie peuplé de filles et de petites-filles d'anciennes élèves de la maison.

Le patrimoine du collège est, aux termes du testament de la directrice, administré par une commission de cinq personnes ; le revenu en est administré par les Dames Anglaises. L'édifice est grandiose, bien approprié à l'objet, et comprend : chapelle, vastes dortoirs, réfectoires, salles pour les séances publiques, classes, bains et cabinets de douches, bibliothèque, cabinet de physique, d'histoire naturelle, gymnase, cours spacieuses, jardins, le tout bien aéré et salubre.

L'instruction est donnée par des institutrices italiennes pourvues des diplômes de l'enseignement élémentaire et supérieur ; on suit les programmes officiels. Pour les langues française, anglaise, allemande, il y a des institutrices appelées des maisons que la Congrégation possède à l'étranger. Des maîtresses du dehors viennent donner les leçons de musique, de dessin et de danse.

Le nombre des élèves varie de 70 à 90 (1) ; le prix de la pension est de 800 francs, non comprises les leçons de musique et de dessin, qui se payent à part.

L'instruction se donne en cinq classes divisées chacune en deux sections. Les trois premières embrassent l'enseignement élémentaire ; la quatrième prépare à l'instruction

---

(1) Lors de la visite de lady Morgan, le nombre des élèves montait à vingt-deux seulement ; mais, comme nous l'avons dit, les pensionnats de jeunes filles étaient alors tous moins peuplés qu'aujourd'hui.

supérieure, qui s'achève en trois années, c'est-à-dire dans la cinquième classe et dans deux cours de perfectionnement. Puis, les élèves, quand elles le désirent, sont admises au concours pour la patente normale supérieure qui a lieu dans un établissement public. Le collège a figuré avec honneur dans ces concours durant les années 1880 et suivantes.

Les jeunes filles sortent d'ordinaire une fois par mois pour aller dans leurs familles, où elles passent de plus, tous les ans, les quinze premiers jours d'octobre; le reste des vacances s'écoule pour elles à la maison de campagne du collège, sur les hauteurs de San Colombano.

Un règlement intérieur détermine tous les détails d'administration, d'instruction et d'éducation.

La notice de M. Agnelli se termine par deux citations. La première est extraite du journal *La Donna*, dirigé par M. Vespucci : « Je n'hésite pas à affirmer que le collège Cosway, de Lodi, est un des meilleurs de l'Italie et qu'il se place dans le petit nombre de ceux qui peuvent soutenir la comparaison avec les plus renommés de l'étranger » (Numéro 15 de la V⁵ année, 22 juillet 1879). L'autre citation est extraite du dernier livre de Bonfadini : « Parmi les réformes pédagogiques dont Francesco Melzi caressait l'idée, il faut mettre en première ligne l'intérêt croissant qu'il porta aux nouvelles méthodes anglaises d'instruction et d'éducation (1). Ce fut lui qui, en 1812, acheta, à un certain Luigi Piccaluga, l'ancien couvent de Santa Maria delle Grazie, de Lodi, pour y installer un de ces établissements, qui acquit, par la suite, tant de réputation sous le nom de Maison des Dames Anglaises. Ses héritiers et successeurs continuèrent et parachevèrent ses intentions, et, en 1833, le duc Giovanni Francesco céda, par acte

_____

(1) Au temps dont parle Bonfadini, ces expressions désignaient d'ordinaire la méthode des écoles lancastriennes, c'est-à-dire l'enseignement mutuel qui fit beaucoup parler de lui en France et un peu en Italie pendant la Restauration. Je ne sais, toutefois, si l'enseignement mutuel fut, en effet, appliqué par Mᵐᵉ Cosway à Lodi.

notarié, à Mme Maria Cosway, représentée par don Pala-
mède Carpani, alors conseiller inspecteur des écoles élémentaires, tout l'édifice de Lodi, où le pensionnat a, depuis
lors, siégé et fait honneur aux principes sur lesquels il
repose.

A cette notice, pour laquelle je renouvelle ici mes remer-
ciements à M. Agnelli, j'ajouterai seulement que, à juger
de Maria Cosway par l'article que le *Dictionary of national
Biography* de M. Leslie Stephen lui consacre, on prendrait
une idée un peu moins favorable, non pas certes de son
zèle ou de son intelligence, mais de sa gravité; cette femme
de peintre, peintre elle-même, qui, entre deux accès de vocation religieuse, parcourt, à ce qu'il semble, l'Italie en
compagnie d'un ténor italien (à la vérité sexagénaire et cas-
trat), parait moins bien préparée à la direction d'un pensionnat que Mme de Lort et Mme de Bayanne. Mais enfin,
en lui conseillant de fonder un pensionnat, le cardinal Fesch
avait sans doute trouvé le moyen de la fixer, puisque Melzi
d'Eril se félicita de l'avoir encouragée. L'oncle de Napoléon
aurait même voulu l'attacher à la France, car c'est à Lyon,
d'après son biographe, l'abbé Lyonnet, qu'il aurait voulu
lui confier une maison d'éducation (1).

APPENDICE B.

Projet de Napoléon Ier de fonder dans toutes les capitales de
l'Europe un lycée français. — Professeurs français et professeurs de français en Italie, sous Napoléon Ier.

Pendant l'impression de ce volume, M. Caussade, l'aimable érudit de la Bibliothèque mazarine, m'a fait une communication fort intéressante. Il m'a raconté qu'au cours
des travaux de la commission qui, sous l'Empire, publiait
la correspondance de Napoléon Ier, un membre de la
famille impériale, ayant pris l'habitude d'anéantir les documents dont la divulgation lui aurait déplu, feu le docteur

(1) Voir p. 209-212 du 2e volume de cette biographie publiée
à Lyon en 1841 (2 vol. in-8°).

Bégin, un des membres de la commission, eut l'idée de copier une partie des papiers qu'il classait. Toutefois, ne voulant pas encourir l'accusation d'abus de confiance, il cacha ses copies dans un coin de la Bibliothèque du Louvre, remettant au hasard le soin de les faire retrouver un jour et au temps celui de dissiper les scrupules qui en dictaient alors la suppression. Les incendiaires de 1871 firent, sans le savoir, aux parents de l'Empereur, le plaisir de les protéger contre l'indiscrétion de l'avenir. Or, parmi les copies du Dr Bégin, brûlées avec la Bibliothèque du Louvre, il ne se trouvait pas seulement des lettres, mais une foule de plans que Napoléon jetait sur le papier, dans ses heures de loisir et qu'il se réservait d'exécuter plus tard; et, parm ces plans, se rencontrait celui d'établir dans toutes les capitales de l'Europe un lycée français, pour répandre dans tous les pays civilisés notre langue et notre littérature. N'est-il pas curieux de voir Napoléon rêver longtemps à l'avance l'œuvre de l'Alliance française ? Je remercie donc vivement M. Caussade, qui tient ces détails de M. Bégin, de m'avoir fourni une nouvelle preuve de l'importance que l'Empereur attachait à la collaboration de l'Université.

Il faut cependant reconnaître que Napoléon aurait fort malaisément appliqué son vaste dessein. La preuve en est dans la peine qu'il eut à recruter le corps enseignant pour la France même et dans la lenteur que le prince Eugène et lui furent obligés de mettre à la nomination des professeurs dont nous rassemblerons ici les noms.

A part Silvio Pellico, qui enseigna le français à l'orphelinat militaire de Milan, à partir de 1810, les noms à citer sont bien obscurs; toutefois on ne jugera peut-être pas que ce soit trop d'accorder une ligne de souvenir à des hommes qui ont travaillé à la propagation de notre langue.

Dans les Universités impériales, on trouve comme professeurs de littérature française à Turin Gabriel Dépéret, à Gênes Marré, à Pise P. d'Hesmivy d'Auribeau. Dépéret était membre de l'Académie de Turin, pour la classe des sciences morales, de la littérature et des beaux-arts. Il a inséré dans les *Mémoires* de cette classe des *Recherches philosophiques sur le langage des sons inarticulés* (tome Ier, 1803), des *Réflexions sur les divers systèmes de versification* (tome II, 1805), et une dissertation intitulée : *Principe de l'harmonie des langues, de leur influence sur le chant et la déclamation* (tome III, 1809). Sur les nombreux écrits d'Auribeau, on peut consulter la *France littéraire* de Quérard et la *Biographie des hommes vivants* (Paris, Michaud, 1816-1819, 5 volumes). D'après les recherches que M. Ach. Neri, bibliothécaire de l'université de Gênes, a bien voulu faire, à la prière de M. le professeur Franc. Novati, Marré a laissé quelques écrits, notamment celui-ci : *Vera idea delle tragedie di Vitt. Alfieri*; et le *Giornale degli studiosi* lui a consacré une notice en 1869. Je n'ai pu me procurer cette notice. Ce Marré était sans doute le même que Gaet. Marré, qui, professeur de droit commercial à l'université de Gênes en 1821, publia cette année-là à Milan une dissertation intitulée *Sul merito tragico di Vitt. Alfieri* composée pour un concours ouvert, en 1818, par l'Académie de Berlin, et destinée à défendre le poète d'Asti contre les critiques de Schlegel.

On voit dans le discours de P. d'Auribeau auquel nous avons fait des emprunts, que, dans sa chaire de l'Université de Pise, il unissait, comme il pouvait, l'enseignement de notre langue et celui de notre littérature ; il y dit qu'il commencera par examiner ce que ses élèves savent de français, qu'il divisera d'abord ses leçons entre la grammaire et la littérature, que ses élèves lui en rendront compte sous forme de lettres; dans une note de la page 25, il se loue du soin et du succès avec lesquels ils pratiquent cet exercice; quelques-uns traduisent en vers italiens ou latins les vers français qu'il leur cite ; à la page 3 d'un avis aux élèves, placé à la fin, on voit que la leçon durait une heure et demie, dont une demi-heure employée à la revision de la leçon précédente et à des exercices de prononciation et de grammaire, puis le cours de littérature commençait.

Voici les noms des professeurs de français dans les lycées du prince Eugène :

Udine, Ant. Orioli; Capo d'Istria, Vincenzo Rebuffi; Bellune, Ant. Ochofer, Trévise, Giov. Zucconi ou Souchon, prêtre; Vicence, Giov. Domen. de Majenza (1) ; Reggio d'Emilie, Tonelli (2) ; Ferrare, Franc. Guazagni, ex-comptable de la Compagnie de Jésus; Fermo, Arcang. Corelli, de Faenza (3); Crémone, Pierre Prégilot; Brescia, Jérôme Borgne ; Modène, Maselli; Côme, Carlo Bonoli ; Cesena, Baldass. Gessi (4) ; Trente, Agost. Lutterati ; Vicence, Emanuele N. fre (ces abréviations indiquent peut-être qu'il s'agit d'un religieux) (5). ·

Pour les lycées des pays annexés à la France, on trouve à Gênes, Berthon, qui, d'après M. Neri, devait être un religieux; à Casal, Pachoud ; à Parme, Reynaud. Ce Reynaud était probablement le Français de ce nom qui dirigeait le collège des nobles, au moment où le fougueux préfet du Taro y faisait régner, aux risques et périls de la maison, l'esprit dont nous avons parlé. C'était peut-être aussi le conseiller de préfecture qui, dans ce département, est appelé du même nom.

Nous avons dit qu'Aimé Guillon était professeur de français à l'école des pages du vice-roi. Si, comme le dit la *Biographie* précitée des *Hommes vivants*, il faut lui attribuer dans le *Giornale italiano*, non seulement les articles signés *Guill.*, mais les articles signés *O. N.*, ce serait probablement lui qui se serait attiré, par un article de cette biographie, la réplique de Ludovico di Breme.

Je dois à l'amitié de M. le professeur Morsolin, de Vicence, quelques documents qui montrent les difficultés que le gouvernement rencontra dans le recrutement du personnel. On trouve dans les archives du lycée de Vicence une lettre du proviseur qui avertit que le jour de la rentrée de 1809, Majenza ne s'est pas trouvé à son poste, non plus que le suppléant qu'il a fallu lui donner l'année précédente pendant la plus grande partie de laquelle Majenza a été ab-

---

(1) *Giornale italiano* des 2 janvier, 25 juin 1808 et 1er décembre 1809.
(2) *Ibid.*, 1er avril 1808.
(3) *Ibid.*, 1er décembre 1809.
(4) *Ibid.*, 1er mai 1810.
(5) *Ibid.*, 2 mai 1811.

sent; il prie donc le préfet de faire cesser ce désordre; le préfet répond que, le directeur général de l'Instruction publique ayant accordé à ce professeur un congé jusqu'au 18 décembre, avec obligation de se faire suppléer à ses frais, le proviseur est invité à trouver un suppléant capable. Le proviseur réplique le lendemain qu'il s'étonne que le professeur de français, après avoir si mal répondu l'année précédente au choix qu'on avait fait de lui, ait eu le courage de solliciter encore un suppléant; que, si M. Majenza continue, le nombre des élèves, déjà tombé de cinquante à cinq, tombera à néant. Il n'en fallut pas moins chercher un suppléant, et Majenza continua à ne plus se montrer.

M. Morsolin m'a procuré deux autres communications, l'une de M. Vinc. Joppi, bibliothécaire à Udine, qui m'apprend qu'un programme de ce Lycée du 31 mars 1808 porte, comme grammaire française, la grammaire de Goudar, précisément celle que, le 8 mai 1809, le *Giornale italiano* déclarera mauvaise (1); l'autre de M. Pellegrini, bibliothécaire du *Museo civico* de Bellune sur Ochofer, qui eut l'honneur d'avoir pour beau-frère le naturaliste Tommaso Catullo, mais le malheur d'appartenir à une famille où tout le monde était fou, ses frères, sa sœur et lui; un de ses frères se jeta dans la Piave, et lui-même se coupa la gorge en 1820.

On pourrait presque compter comme un Français Ferri di San Costante, ce recteur provisoire de l'Académie universitaire de Rome, qui n'eut sans doute pas en cette qualité des occupations bien pénibles, car il constituait son Académie à lui tout seul. Il n'avait nullement renié l'Italie, puisqu'il écrivait dans la Gazette de Gênes contre les déprédations commises par les Français aux dépens de cette ville; mais il s'était certainement pénétré de notre esprit, puisqu'il s'était établi de bonne heure chez nous, avait rempli la fonction de secrétaire auprès de nos ambassadeurs en Hollande, puis, après avoir quitté la France pendant la

(1) Sur cette grammaire et sur quelques autres, voir M. Ademollo, *Un avventuriere francese in Italia nella seconda metà del settecento.* Bergame, 1891, p. 21 et 146-151.

12

Révolution, avait été quatre ans proviseur du Lycée d'Angers (Voir sur lui Quérard, la *France littéraire*; la Nouvelle Biographie Générale; le quarantième volume de l'*Antologia* de Vieusseux, année 1830, page 203 et suiv. La même Revue apprécie dans son quatorzième volume un de ses ouvrages, *Lo Spettatore*, où Ferri examine les moralistes des divers pays et donne de petites dissertations morales dans le goût de J.-J. Rousseau; cet ouvrage est à la Bibliothèque nationale. S'il faut en croire le Dictionnaire de Larousse, San Costante n'était que la traduction du nom de sa femme qu'il avait ajouté au sien. Ces derniers documents m'ont été signalés par M. Luigi Ferri, qui a bien voulu rechercher pour moi la trace de cet ancien recteur).

Le décret qui établissait le concours pour toutes les chaires de facultés ou de lycées est du 17 juillet 1807; les professeurs de français y étaient soumis comme les autres (Voir le *Giornale italiano* du 21 juillet 1807).

Dans l'enseignement libre, parmi les cours de français, nous citerons les suivants : Charles Rouy, après avoir fait quelque bruit à Milan par des leçons d'astronomie en 1809, annonça le 4 janvier de l'année suivante dans le *Giornale italiano*, la fondation d'une école secondaire française et italienne dans cette ville, rue du Gesù, n° 1285. La Bibliothèque Brera, à Milan, a de lui un *Saggio di cosmografia e descrizione del meccanismo*, Milan, Pirotta, 1812, in-8. — Le 3 septembre 1809, Bern. Rossi annonça dans la même feuille des cours d'anglais, d'allemand, de français, d'italien qu'il ouvrait à Milan, rue de la Passarella, n° 517. — Le 26 septembre 1809, G. B. Scagliotti fit connaître par la même voie qu'il allait ouvrir, rue de la Marine, n° 1139, une triple école, 1° pour ceux qui ont les organes en bon état, 2° pour les sourds-muets; 3° pour les aveugles; que de plus il ferait pour les adultes des cours de psychologie et de grammaire philosophique; que par là il mettrait en état de comprendre non seulement les auteurs italiens, latins ou français, mais les anglais, etc. !

Nommons, en terminant, deux hommes qui firent aussi connaître la France en Italie : Ant. Eyraud, qui mérita, par ses leçons aux sourds-muets les éloges de Lodovico di

Breme, aumônier du vice-roi et fils du prédécesseur de Vaccari au ministère de l'intérieur, et Louis Dumolard, qui ouvrit à Milan, derrière le *Coperto dei Figini*, près du café Mazza, un cabinet de lecture, fort bien fourni, pour les livres français (*Giornale italiano* du 26 juillet 1808).

APPENDICE C.

Le personnel français au collège des jeunes filles de Milan. — La comtesse de Lort. — Mme de Fitte de Soucy. — Institutrices et professeurs de français.

LA COMTESSE DE LORT.

La Chesnaye-Desbois, dans son Dictionnaire de la Noblesse indique deux familles nobles de ce nom : l'une dont il écrit le nom en deux mots et qui était du bas Languedoc, l'autre dont il écrit le nom en un seul mot et qui était de Guyenne ; c'est sans doute à cette dernière qu'appartenait la première Directrice du collège de Milan, non par la raison insignifiante que ses contemporains écrivent tous son nom en un seul mot, d'autant qu'elle même l'écrivait en deux, mais parce que La Chesnaye dit que quelques membres de cette deuxième famille s'étaient transportés en Lorraine. En effet, La Folie, dans le catalogue placé en tête de son histoire pseudonyme de l'administration du royaume d'Italie, nous apprend que Mme de Lort avait été chanoinesse ; or, en 1785, parmi les *dames nièces* du chapitre de Bouxières-aux-Dames, abbaye située à 8 kilomètres de Nancy, où l'on ne pouvait être admis qu'en prouvant seize quartiers de noblesse suivant les uns, neuf quartiers de chaque côté suivant les autres, on trouve une dame de Lort et une dame de Montesquiou (1) ; et d'autre part, La Chesnaye nous dit

(1) *La France chevaleresque et chapitrale*, par le vicomte de G***, Paris, Leroy, 1785. *Catalogue des gentilshommes de Lorraine et du duché de Bar qui ont pris part ou envoyé leur procuration aux assemblées de la noblesse pour l'élection des députés aux états généraux de 1789*, par L. de Larroque et Edouard de Barthélemy, Paris, 1865.

qu'un arrêt qui établissait la noblesse purement militaire de la famille Delort de Guyenne, et que la Chambre des Comptes de Lorraine enregistra le 21 mars 1764, permit l'entrée de Mlle de Montesquiou, fille du chevalier Delort, commandant de la ville, et de la citadelle de Nancy, au chapitre de Bouxières. Ce chevalier et cette dame de Montesquiou sont évidemment parents de Caroline de Lort : reste à savoir à quel degré, ce que j'ignore.

En 1785, un membre de la même famille, De Lort de Saint-Victor, était membre du chapitre noble de la cathédrale de Nancy; à la même époque, un baron de Lort figurait parmi les Commandeurs de Saint-Louis pour le service de Terre ; sa promotion remontait au 1er septembre 1766. (*La France chevaler. et chapitr.*)

Je dois dire que M. Duvernoy, archiviste paléographe de Meurthe-et-Moselle, qui a bien voulu, à la prière de M. l'inspecteur général Debidour, consulter en ma faveur les archives et la bibliothèque de Nancy, m'avertit que d'après une liste des dames qui composaient le chapitre de Bouxières au moment où ce chapitre fut supprimé (1), Mme De Lort avait pour prénoms Marie-Rose, que sa parente y est appelée Marie-Thérèse-Agnès-Angélique De Lort-Montesquiou, et que ni l'une ni l'autre ne porte le prénom de Caroline, invariablement attribué à la Directrice du Collège de Milan. Mais l'assertion positive de La Folie que notre Directrice avait été chanoinesse, l'uniformité avec laquelle elle est appelée comtesse, me semblent exiger qu'on la reconnaisse dans une des deux Dames du chapitre de Bouxières et qu'on admette qu'après la Révolution elle aura pour une raison ou pour une autre signé avec un autre prénom.

Je dois également à M. Duvernoy le début de la lettre patente précitée : « Vu par la Chambre la requête à elle présentée par le Sr Maximilien De Lort, chevalier, seigneur de Montesquiou-Levantès, commandeur des villes et citadelle de Nancy, la dame Elisabeth-Agnès De Lort de

(1) 9e volume des *Mémoires de la Société d'archéologie lorraine de Nancy.*

Saint-Victor, son épouse, et le sieur Ch. Frédéric De Lort de Saint-Victor, brigadier des armées du Roi Très Chrétien, son lieutenant au Gouvernement de Strasbourg, chevalier seigneur de Tanviller, Saint-Maurice et Saint-Pierrebois, expositive que, étant originaires de Guyenne et du pays de Comminges, mais se trouvant établis en Lorraine... (Registre des arrêts d'entérinement de 1764; coté B. 258 aux Archives de Meurthe-et-Moselle, pièce n° 11).

D'après les registres de la paroisse Notre-Dame de Nancy, Maximilien De Lort était mort le 6 décembre 1777, à l'âge de soixante-dix-sept ans (Henri Lepage, *Archives de Nancy*, Nancy, Wiener, 1865, p. 372 du III⁰ vol.)

Mme DE FITTE DE SOUCY.

Une dame de Soucy est comprise, ainsi que la veuve de Bernardin de Saint-Pierre, parmi les dames dignitaires de Saint-Denis, dont Louis XVIII approuva la nomination le 26 mars 1816 (p. 400 de *l'Histoire de la Légion d'Honneur* par Saint-Maurice, Paris, Dénain, 1833) et portée comme trésorière cette année-là et l'année suivante dans l'Almanach Royal, d'où elle disparaît en 1818; c'est sans doute l'ancienne Maîtresse du collège de Milan.

INSTITUTRICES ET PROFESSEURS DE FRANÇAIS.

Outre les dames citées au cours de notre étude (1), nous nommerons Mme Rollin, qui se trouvait en fonctions depuis environ deux ans lors de l'entrée des Autrichiens, et qui est indiquée comme Parisienne, ainsi que Mme Dehuitmuids, dans le tableau du personnel rédigé en cette occasion; vers la fin de 1815, rappelée chez elle pour des affaires de famille, elle donna sa démission.

Mme Joséphine De Laulnes ou Delaunes, qui figure dans le tableau du personnel de 1815;

(1) Relativement à Mme de Gricourt, M. Janvier, président de la Société des antiquaires de Picardie, m'apprend qu'il existe encore une famille noble de ce nom alliée aux familles Cousin-Montauban et Tascher de la Pagerie; mais il n'oserait affirmer que l'institutrice de Milan appartînt à cette famille.

Mᵐᵉ Gabrielle Rendu, fille d'un propriétaire de Gex, qui avait vingt-quatre ans, lorsqu'elle remplaça la précédente ; toutefois, dans le tableau du personnel de 1822, on la fait naître à Mégrin-Genève.

Mᵐᵉ Maire, de Besançon, qui entra au collège, le 9 avril 1827, à trente-neuf ans, après avoir été dans l'établissement de Mᵐᵉ Lille (ou Lilla) Viala, et en sortit le 30 avril 1830.

Mᵐᵉ Negrotti, née à Marseille, était d'une famille génoise ; MMᵐᵉˢ Paccoret, Laracine, Tisserand, institutrices au collège, à l'époque de la Restauration, étaient toutes trois de Chambéry ; Mᵐᵉ Antoinette-Jeanne Berthollet, entrée le 19 avril 1831, était de Carouge, près Genève. J'ignore si Mᵐᵉ de l'Orne et Mᵐᵉ Luayon étaient des Françaises de France.

Garcin (J.-B. ou plutôt Balthazar) professeur de français au collège depuis l'origine, prit sa retraite en 1830. Le Rapport dans lequel on l'avait proposé pour cette place, lui attribuait la qualité de prêtre, de professeur de français au collège de Porta Nuova à Milan et l'âge d'environ quarante-cinq ans. Il eut pour successeur Salvatore Torretti, de Gênes, qui avait étudié à Paris, et qui, en 1830, avait cinquante-deux ans ; Torretti employa dans son cours une grammaire de sa composition (Voir sur toutes ces personnes, les divers cartons relatifs au collège des jeunes filles de Milan, dans les Archives de l'Etat de cette ville).

APPENDICE D.

Elèves et professeurs italiens au collège de Sorèze pendant la Révolution et l'Empire.

Le général baron de Marbot a résumé dans ses Mémoires (1) l'histoire du collège de Sorèze, une des quatre maisons bénédictines où l'on avait entrepris de prouver que la suppression des jésuites ne privait pas irrévocablement le monde de maîtres habiles : les élèves y affluèrent bien-

(1) Paris, Plon, Nourrit et Cⁱᵉ, 2 vol. in-8°, 1ᵉʳ vol., ch. IV.

tôt, et l'on vit même beaucoup d'étrangers, surtout des Anglais, des Espagnols, des Américains, s'établir à Sorèze pour la durée des études de leurs enfants. Pendant la Révolution, à la vente des biens du clergé, le Principal, dom Ferlus, se porta acquéreur du collège et tout le pays lui facilita le payement. La maison comptait alors, s'il faut en croire le général, sept cents élèves ; ce chiffre surprend un peu, d'autant qu'à une époque bien plus favorable, en 1802, le collège comptait seulement, d'après une brochure publiée cette année-là, le nombre déjà respectable de trois ou quatre cents écoliers. Il fallut seulement que le Principal, feignant de s'accommoder aux idées du moment, tolérât chez les élèves une tenue passablement négligée, et déployât toutes les ressources de son esprit pour apprivoiser les représentants en mission, dont au reste il fit ce qu'il voulut.

Un peu après le temps où s'arrête, pour ce collège, le récit du général, la réaction sanglante qui accompagna en Italie la destruction des républiques fondées par la France, obligea de nombreux patriotes à chercher un refuge dans notre pays. Deux Italiens, qui ont laissé un nom dans la littérature, Urbano Lampredi et Filippo Pananti professèrent alors à Sorèze, après avoir lutté pour les idées nouvelles, l'un à Rome, l'autre en Toscane. Mais, parmi leurs élèves, se trouvaient beaucoup de leurs compatriotes dont plus d'un appartenait à des familles mêlées aux événements récents. Les Génois surtout connaissaient déjà le chemin de Sorèze ; car une partie des jeunes gens qui, avant l'occupation de Gênes par les Français avaient essayé de renverser dans leur patrie le gouvernement aristocratique, sortaient de ce collège. Ce piquant détail d'une maison de bénédictins formant et recueillant des républicains italiens a échappé à l'auteur du Voyage à Sorèze (Dax. 1802), J.-B. Lalanne, et à celui de la Notice Historique de l'Ecole de Sorèze, Dardé. Voilà pourquoi nous donnerons le tableau suivant que le Père Louis Selva a bien voulu, avec la permission de M. le Directeur du collège, rédiger pour moi. Nous rangerons les élèves italiens d'après l'année de leur entrée au collège de Sorèze.

Ant. Greppi, de Milan (Probablement de la famille d'un

des rédacteurs de la Constitution de la Cisalpine en 1797), entré en l'an VIII.

Leon. Bensa, de Gênes ou de Porto Maurizio (1), probablement de la famille du personnage du même nom qui a travaillé à la Constitution de la République Ligurienne; Gianpietro et Giuseppe Franco, de Gênes; Luigi, Giulio, Orazio, Galeas Calepio, de Bergame; Visconti, de Milan, parent peut-être de Franc. Visconti qui a fait partie du gouvernement de la Cisalpine; Giov. Carlo Bataglini, de Nice, entrés en l'an IX.

Giovanni et Ridolfo Castinella, de Pise (Ce sont évidemment les fils de Castinelli, chef des démocrates de Pise, dont M. Tribolati nous apprend que les fils vinrent étudier à Sorèze, à la suite des troubles de la Toscane. *Saggi critici e biografici*, Pise, Sproni, 1891, p. 260, n. 1), entrés en l'an X.

Angelo Campana, de Turin (dont le père servit avec honneur comme général dans les armées de Napoléon Ier); Franc. Guide, de Nice; Gius. Avogrado (sans doute, pour Avogadro), de Turin, de la famille de Pietro Avogadro, comte de Valdengo et Formigliana et membre du gouvernement provisoire que le Directoire avait institué en Piémont (2); Auguste Sibille, de Nice; G. B. Bobone, de San Remo ou de Gênes; G. B. et Luca Podestà, de Gênes; Luigi Littardi, de Gênes, probablement de la famille de Nicolò Littardi, membre du Directoire de la République Ligurienne; Bartolomeo, Luigi et Enrico Boccardi, de Gênes; Giuseppe Franchetti, de Final, entrés en l'an XI (3).

(1) Là où les registres du collège indiquent tantôt Gênes, tantôt une autre ville de la Ligurie, il est probable que Gênes n'est qu'une désignation générique et que le véritable lieu de naissance est l'autre ville.

(2) M. le baron Ant. Manno veut bien m'écrire que ce Gius. Avogadro est celui qui devint, plus tard, lieutenant-colonel et qui eut pour fils l'abbé Gaetano, peintre de quelque mérite, et le comte Annibal, tué d'un coup de canon en 1848, sous les murs de Milan. Pour Ang. Campana, M. Manno, qui l'a connu dans sa vieillesse, me dit qu'après 1848 il commandait en second, comme major général, la garde nationale de Turin.

(3) M. Ach. Neri, bibliothécaire de l'Université de Gênes, a

Carlo Alessandro Camilla, de Turin; Francesco Gioan, de Nice, entrés en l'an XII.

Cesare Ruffi, Ant. Feraudi, Charles Bades, Lorenzo Gioan, tous quatre de Nice; Em. Orosco, de Milan, entrés en l'an XIII.

Bartol. Pontio, de Gênes; Giov. Freppa, de Livourne; Luigi Grillo, de Moneglia; Bartol. Costa, de Gênes, de la famille de Paolo Costa, qui fut membre du gouvernement de la République Ligurienne, entrés en 1807.

Alexandre Roux, de Livourne, entré en 1808;

Luigi Viala, de Ferrare, entré en 1812.

A ces noms j'ajouterai ceux des enfants de Lavilla qui étudiaient à Sorèze en 1803, tandis que leur père et le beau-frère de celui-ci, Saint-Martin La Mothe, administraient des départements italiens (Préface du livre de Denina, *Dell'uso della lingua francese*... Berlin, 1803).

Les nominations obtenues par les élèves italiens pendant ces années (les registres du collège ne mentionnent pas d'italiens pour les années 1813 et 1814) prouvent qu'ils y firent très bonne figure, surtout les Castinella. Sans les transcrire, notons les titres des cours qu'on suivait au collège; on ne sera pas surpris d'apprendre qu'on enseignait à Sorèze, le latin, l'histoire, la géographie, la mythologie, l'éloquence, l'idéologie, la littérature, la géométrie, la physique, l'histoire naturelle, les langues vivantes; celles-ci avaient été dès l'origine cultivées dans le collège; M. Liard a rappelé que dom Ferlus a proposé un plan pour la réforme des Universités où figure l'étude de l'anglais et de l'allemand avec obligation aux candidats aux examens de Droit de connaître cette dernière langue; mais on s'attendait moins à des prix de statistique, de fortifications, de poésie dramatique, d'apologue, de poésie pastorale, de poé-

l'obligeance de m'apprendre que Luca Podestà fut, plus tard, ingénieur en chef des ponts et chaussées et eut pour fils le baron Andrea Podestà, actuellement sénateur et maire de Gênes, et que la famille des Boccardi a fourni un ambassadeur en France en 1798, et actuellement un sénateur, qui est, en même temps, un économiste distingué.

sie lyrique, épique, didactique, de déclamation théâtrale.

Pananti, qualifié de citoyen d'abord, de monsieur ensuite, est porté sur les registres comme professeur d'italien, en l'an VIII, en l'an IX, en l'an X (1); Lampredi, comme professeur de métaphysique et de physique générale, en l'an X; comme professeur de physique générale, de latin et de grec, en l'an XII; comme professeur de physique générale, de calcul différentiel et intégral en l'an XIII. Une telle variété d'attributions préparait ce dernier à mériter l'éloge que lui donne Lodovico di Breme (*Grand Commentaire sur un Petit Article*) quand il dit que lui et Carpani, professeurs à l'Ecole des Pages, le premier pour les mathématiques, le deuxième pour l'histoire, tempéraient heureusement l'instruction trop scientifique qu'on y donnait par les digressions qu'ils faisaient, l'un dans la théorie fondamentale du raisonnement, l'autre dans ses applications morales et politiques. D'après la Nouvelle Biographie Générale, Lampredi ne quitta Sorèze qu'en 1807.

Un de leurs collègues français de Sorèze, Cavaille, qui y enseigna de 1795 jusqu'à 1825, où ses opinions libérales lui firent perdre sa place, traduisit en vers Virginie, Saül et Myrrha, d'Alfieri; et, sans une cabale, Talma, dit-on, eût fait jouer ces traductions au Théâtre-Français. (Magloire Raynal, 1er volume de *Bibliographies et Chroniques Castraises*. Castres, 1833-7, 4 volumes.)

(1) M. G. Sforza a publié une lettre écrite par lui de Sorèze le 16 mai 1802 (*Archivio storico italiano*, 1889, 5e série, n° 169. — P. 12 des *Rime e prose di Fil. Pananti* (Florence, Salani, 1882) on dit que ses élèves pleurèrent à son départ, qu'il alla ensuite à Londres, y écrivit dans le journal *L'Italia*, donna des leçons d'italien dans le grand monde et gagna beaucoup d'argent ainsi que le titre de poète du Théâtre musical; il quitta l'Angleterre en 1813. Sous la Restauration, le professeur d'italien à la mode à Londres était P.-L. Costantini, qui a publié des Anthologies, et que Ginguené avait autrefois recommandé (*Mercure*, 29 octobre 1808).

APPENDICE E.

Cours d'italien à Lyon sous Napoléon Iᵉʳ.

Aux indications données dans cette étude j'ajouterai ce
qui suit : dans le *Giornale Italiano* du 15 juin 1812, Ray-
mond annonce que l'Ecole de Commerce de cette ville,
située Coteau du Verbe-Incarné, nº 153, enseignera, entre
autres choses, l'italien et l'allemand. Dès avant la Révolution, entre 1780 et 1790, sur treize maîtres de langues étrangères, huit, dont six italiens, y enseignaient l'italien. Je dois
cette dernière particularité à une obligeante communication
de M. Bleton, membre de l'Académie de Lyon et secrétaire
du palais des Arts, que M. Bayet, recteur de l'Académie
de Lille, avait interrogé pour moi. L'italien était enseigné
dans l'établissement fondé à Lyon par Esclozas et loué
dans un article du *Courrier* du 25 juillet 1786.

J.-B. Say, dans le fragment de Mémoires publié par
M. Léon Say dans les *Débats* du 8 juillet 1890, dit que, à
neuf ans (par conséquent vers 1776), il fut mis dans la pension que venaient d'établir à une lieue de Lyon, au village
d'Ecully, l'abbé Gorati et le Napolitain Giro, qui fut plus
tard un des martyrs de la république parthénopéenne ; que
cette école, où l'on appliquait des méthodes très incom-
plètement inspirées par l'esprit philosophique, essuya des
persécutions de la part de l'archevêque de Lyon ; que, au
surplus, les deux chefs de la maison étaient bons, dévoués à
leurs élèves, et que, s'ils enseignaient fort mal le latin, ils
enseignaient assez bien l'italien.

APPENDICE F.

Ginguené.

La vie et les ouvrages de Ginguené offriraient une étude
très intéressante. D'une part, on y tracerait la triste et curieuse histoire de ces hommes honnêtes mais prévenus qui
se laissèrent maladroitement entraîner à recommencer sous

une autre forme la guerre que La Montagne avait faite au christianisme, qui se crurent modérés parce que, à la guillotine, ils substituèrent les tracasseries, les coups d'Etat sans effusion de sang et la déportation, qui achevèrent de perdre, par leur imprudence, la République qu'ils honoraient par leur désintéressement et qu'ils eurent l'honneur de regretter toujours. D'autre part, on comparerait les travaux de Ginguené sur la littérature italienne avec ceux de Tiraboschi, de Quadrio, de Fontanini, de Corniani, etc.; on y verrait l'esprit voltairien fausser quelquefois l'appréciation des siècles, mais diriger l'érudition au profit du bon goût et de la science véritable. Ginguené, dont la bibliothèque comprenait trois mille volumes italiens, avait de bonne heure et profondément étudié la littérature de nos voisins, mais il croyait qu'un érudit n'a fait qu'un tiers de sa tâche quand il a recueilli des faits, et qu'il lui reste à en discerner l'importance et à présenter d'une manière piquante ceux qui méritent d'être conservés.

Parmi les articles de journaux écrits contre Ginguené, à l'époque où son amour inquiet et intolérant pour la liberté s'exhalait dans son ouvrage *de M. Necker et de son livre intitulé De la Révolution française*, nous citerons la *Gazette française* du 15 juillet 1797, qui commente le frontispice du 32e numéro de l'*Accusateur public*, de Richer Sérisy, où l'on voit *un petit homme comme Ginguené, chauve comme Ginguené, portant des lunettes comme Ginguené*, qui reçoit une bourse d'un homme en manteau de Directeur et bossu, c'est-à-dire de Larevellière-Lépeaux ; le lieu de la scène est le club de Salm ; tous les membres aiguisent des poignards ; sur la figure de chacun d'eux, dit la *Gazette*, on peut mettre *le nom d'un coquin connu*. (Voir une autre annonce de ce numéro de l'*Accusateur public*, dans le *Courrier républicain* du 15 juillet 1797. Le 30e numéro de l'*Accusateur public* traite Necker aussi mal que faisait Ginguené, au nom de principes différents.) Par contre, quand, au lendemain du 18 fructidor, on planta un arbre de la liberté au club de Salm, et que Benjamin Constant harangua, du haut d'une galerie, l'assistance répandue dans le jardin, le directeur de l'instruction publique, Ginguené, qui chante, en l'honneur du récent coup d'Etat, des vers *qu'il faisait en quelque sorte à mesure qu'il les chantait*, reçoit les félicitations du *Conservateur* de Garat, Daunou et Chénier (numéros des 18 et 21 septembre 1797). Daunou écrira plus tard une notice très bienveillante sur Ginguené pour la deuxième édition de l'*Histoire de la littérature italienne*. Lady Morgan, qui avait visité Ginguené dans ses dernières années, lui consacre aussi un passage très sympathique, dans la relation de son voyage en France, aux pages 272-283 du deuxième volume de la traduction française (Paris, Treuttel et Wurtz, 1818, 2 vol. in-8).

Ginguené est encore fort maltraité par Mme Vigée-Lebrun, dans les *Portraits à la plume*, insérés à la suite de ses *Souvenirs*; par Mme de Genlis, au Ve vol., p. 281 et suiv. de ses *Mémoires*; par Chateaubriand, qui le citait avec honneur dans son *Essai sur les révolutions*, mais qui marque peu de sympathie pour lui, dans ses *Mémoires d'outre-tombe*, à la p. 239 du Ier vol., et à la page 223 du II°.

Sur ses leçons à l'Ecole normale, voir l'*Histoire littéraire de la Convention*, par Eug. Maron, p. 159-160, 328-331. M. Ristelhuber a rappelé la candidature malheureuse de Ginguené contre Andrieux, pour un fauteuil de l'Académie française, dans la préface des *Contes d'Andrieux*, pour l'édition de MM. Charavay, Paris, 1882.

Il importerait aussi d'examiner le rôle diplomatique de Ginguené en Italie (1). Il a pu s'y montrer hautain à l'égard du roi de Sardaigne, et peu scrupuleux observateur de l'indépendance de la Cisalpine, comme le dépeint M. Tivaroni (*L'Italia durante il dominio francese*, I, 43, 47, 143); encore Ginguené protestait-il qu'il avait, au péril de sa vie, *sauvé* le Piémont *de révolutions subversives et san-*

---

(1) Voir, dans la bibliographie qui fait suite à mon livre sur Mme de Staël et l'Italie, les livres relatifs à l'histoire du Piémont et de la Lombardie à cette époque, et de plus, les chap. 3 et 4 du IVe vol. de la *Storia della corte di Savoja durante la Rivoluzione et l'Impero francese*, par M. Carutti (Turin-Rome; Roux, 1892, in-8°, Ier vol. L'ouvrage est en cours de publication).

glantes, ajoutant que, quand on avait voulu un agent pour jouer un rôle perfide à Turin, on avait cherché un autre que lui (Lettre précitée à un académicien de l'Académie impériale de Turin). Quoi qu'il en soit, il paraît difficile d'admettre qu'il se soit fait donner des présents par le gouvernement provisoire de Turin, comme le dit encore M. Tivaroni, qui cite pourtant, mais sans en tenir compte, le jugement de Botta sur Ginguené : *homme vraiment probe, âme bienveillante* (ceci est un peu exagéré, quoique Lady Morgan prétende qu'on disait *le bon Ginguené*), *esprit cultivé, mais imagination ardente, et très tenace dans ses idées.*

C'est dans les *Débats* qu'il faut chercher les nombreux articles de Féletz, contre le cours de Ginguené à l'Athénée d'où est sortie l'*Histoire de la littérature italienne*; car Féletz ne les a pas tous recueillis dans ses *Mélanges*. En réponse à ses attaques quelquefois justes, plus souvent malveillantes, on peut citer les articles de Fauriel dans le *Mercure* (31 août, 7 septembre, 19 octobre 1811, 5 décembre, 12 décembre 1812, 30 janvier 1813), et l'unanimité des journaux italiens du temps, par exemple le *Poligrafo*, de Monti du 21 avril 1811, du 16 février 1812; le *Conciliatore* du 12 novembre 1818, du 1er avril 1819; le *Spettatore*, p. 335-9 et 353 du IXe volume; le *Giornale enciclopedico di Firenze*, p. 97 du IIIe volume. Une preuve curieuse de l'estime dont Ginguené jouissait en Italie, est que le *Giornale bibliografico universale* déclare, dans son Ve volume, que la lettre où notre compatriote qualifie d'*ingrat* et de *lâche*, le procédé fort étrange en effet d'Alfieri à son égard, est dictée par un *noble ressentiment*. Quelques-unes des dates qui précèdent prouvent que ce ne fut pas seulement sous la domination française qu'on s'exprima ainsi. D'ailleurs, Ginguené ne comptait pas parmi ceux dont le gouvernement français eût récompensé les flatteurs. Enfin, veut-on des témoignages intimes? Sismondi s'exprime avec éloge sur l'ouvrage de Ginguené dans ses lettres à la comtesse d'Albany, et Giordani écrit à Cicognara : « Si Ginguené veut savoir combien d'Italiens l'estiment et l'aiment, ne manque pas de m'inscrire sur ce très long catalogue. »

(Lettre du 14 juillet 1813, p. 25 du III⁰ volume de son *Epistolario*.)

APPENDICE G.

Conversion de La Harpe. — Sa conduite pendant la Terreur·

Les défauts de La Harpe, en survivant à sa conversion, ne contribuèrent pas peu à la faire taxer d'hypocrisie par les philosophes. Toutefois, non seulement Mᵐᵉ de Genlis, qui avait autant à se plaindre qu'à se louer de lui, mais Benjamin Constant qui était allé, dans le feu de la polémique, jusqu'à dire que La Harpe avait été *athée par peur*, et, avant eux, Daunou, Dacier, Morellet, ont rendu hommage à là sincérité de son changement (1). On trouve, d'ailleurs, dans ses controverses contre les philosophes, dans son *Apologie de la religion* qui fait partie des *OEuvres choisies et posthumes*, des passages touchants ou énergiques d'autant plus concluants que le talent naturel de La Harpe n'était pas de ceux qui suppléent à une émotion véritable. Dans l'article du *Cours de littérature* sur Diderot, par exemple, il relève vivement le mot célèbre : « Élargissez Dieu! » il montre combien il est faux que les gens du peuple croient que Dieu est renfermé dans les églises, en donne pour preuve la fête

(1) Voir quelques pages des *Mémoires sur la jeunesse de Mᵐᵉ Récamier*, de B. Constant, que Mᵐᵉ Lenormant donne en appendice à la suite des lettres du deuxième à la première qu'elle a publiées en 1882 (Calmann-Lévy, in-8°); le *Discours préliminaire* de Daunou sur La Harpe; le *Tableau historique de l'érudition française* de Dacier; le chap. XXII des *Mémoires de Morellet*; les *Mémoires de Mᵐᵉ de Genlis*. Mᵐᵉ Récamier ne mettait pas en doute la sincérité de cette conversion; et, peut-être en réponse à la fameuse historiette sur la componction gastronomique de la Harpe, elle racontait comment des jeunes gens qui avaient tendu chez elle un piège à la dévotion de son hôte ne purent qu'en constater la vérité (*Souvenirs et corresp. tirés des papiers de Mᵐᵉ Récamier*, par Mᵐᵉ Lenormant, Paris, Mich. Lévy, 1873, p. 54-56 du 1ᵉʳ vol.).

des Rogations et, à propos des arrêtés qui interdisent cette
fête, s'écrie en apostrophant Diderot : « Ah ! lorsque Dieu
et ses adorateurs sont légalement confinés dans les temples,
ce mot qui, dans ta bouche, n'était qu'un extravagant blas-
phème ; ce mot, pris dans un sens trop réel et trop juste ;
ce mot nous appartient aujourd'hui, et c'est bien nous qui
avons le droit de dire : « Elargissez Dieu ! » On pourra lire
encore, dans la préface de son *Apologie de la religion*, quelques lignes émouvantes sur le bienfait que Dieu accorde
aux incrédules quand il les éclaire, et cette forte peinture
de la jalousie des philosophes contre l'Eglise : « J'ai vu moi-
même mille fois saigner cette plaie honteuse, surtout depuis
que nos philosophes, faisant corps sous les remparts de
l'Encyclopédie, enhardis les uns par les autres, fortifiés par
la renommée littéraire devenue une espèce d'idole pour un
peuple qui ne voulait plus avoir que de l'esprit, en vinrent
jusqu'à s'indigner tout haut qu'il y eût au monde une autorité, une puissance au-dessus des *précepteurs du genre humain*, titre modeste, comme on voit, et qu'ils se prodi-
guaient à tout moment les uns aux autres en prose et en
vers. » De même le passage où il se promet de montrer
*combien ceux qui s'exagèrent la puissance révolutionnaire et
ses effets possibles et sa durée probable, sont loin de la juger
dans leurs craintes comme elle se juge dans les siennes* (1). Il
y a aussi de la sensibilité dans les passages où La Harpe
cite, pour les condamner, ses anciens sarcasmes contre le
christianisme. Enfin cette Apologie et son Discours sur le
style des prophètes et l'esprit des Livres saints attestent
qu'il a compris et goûté l'Ecriture. Dans ce dernier ouvrage,
il explique judicieusement qu'il ne faut pas confondre les
exigences particulières du goût de chaque nation avec les règles universelles du goût ; que, d'ailleurs, quand on approfon-
dit les sentiments qui font parler les écrivains hébreux, notre

(1) On remarquera que, tandis que Chateaubriand, atteint
dans son fond par l'incrédulité, parle presque de la religion
dans le *Génie du christianisme* comme d'une morte qu'il
pleure et voudrait ressusciter, La Harpe voit déjà le philoso-
phisme expirant.

goût même cesse de réclamer; que les répétitions d'idées, de sentiments dans les *Psaumes* sont les effets naturels de l'amour pour Dieu qui y déborde, car *celui qui aime ne s'occupe uniquement qu'à répandre son âme devant ce qu'il aime et à exprimer ce qu'il sent, sans songer à varier ce qu'il dit.* L'éloquence des Psaumes, qui triomphe de ses scrupules littéraires, touche aussi son cœur : il affirme que nul écrivain non chrétien n'a si bien peint la bonté familière qui, suivant un prophète, *retournerait le lit de l'homme qui souffre,* et qui, jointe à la plus magnifique peinture qu'on ait jamais faite de la majesté de Dieu, forme *une démonstration morale venue de l'inspiration divine;* et montre que si, de tout temps, on a détesté le vice, seuls, dans l'antiquité, les prophètes ont souffert à la vue des péchés d'autrui.

On retrouve malheureusement l'âpreté habituelle de La Harpe dans la manière dont il s'exprime sur les incrédules dans son *Apologie de la religion,* soit parce que, en psychologue de l'ancienne école, il sait mal apercevoir chez le même homme des qualités contradictoires, soit parce qu'il était malaisé d'apprécier la philanthropie de Voltaire et de Rousseau au moment où leurs disciples venaient de gouverner par la guillotine. Il va jusqu'à absoudre l'inquisition et les supplices d'hérétiques, sinon comme hérétiques du moins comme factieux. Mais l'intolérance, qui n'est pas en elle-même un signe de foi, n'est pas non plus un signe d'hypocrisie.

Quant au reproche souvent répété d'avoir sous la Terreur flatté et excité la démagogie, La Harpe ne le mérite point davantage.

Sans doute, il avait partagé à cette époque l'espérance haineuse que caressaient également Mirabeau, les Girondins et Robespierre, de voir bientôt disparaître le catholicisme. Il faut en croire l'abbé Morellet, quand il dit au chapitre XXII de ses *Mémoires* que La Harpe *venait s'asseoir content de lui-même* entre l'abbé Barthélemy et lui à l'Académie française, *après avoir imprimé dans le « Mercure » contre les prêtres une satire sanglante :* tel est en effet l'esprit qui inspire tous les articles de critique littéraire insérés alors dans ce journal par La Harpe (1), mais il ne faut pas faire de lui un pourvoyeur ni un panégyriste de l'échafaud.

1o Les expressions de la fameuse *Ode* lue au Lycée le 3 décembre 1792, où Palissot voit une glorification des massacres de septembre, s'appliquent au 10 août; les menaces que La Harpe y fait entendre visent les ennemis du dehors.

2o On a dit souvent qu'il avait, dès 1792, coiffé spontanément le bonnet rouge au lycée. Il s'est expliqué sur ce point dans le *Mémorial* du 10 juillet 1797; il y déclare que c'est au renouvellement des cours de 1794, et pour obéir à une disposition prise par les administrateurs du Lycée, qu'il s'en coiffa un instant, comme ses collègues Suc, Deparcieux, Le Hoc; et je n'ai pas vu que les deux journaux contre lesquels il se défend, dans cet article, d'avoir appuyé la Terreur, le *Journal de Paris* et le *Rédacteur*, feuille en partie officielle, contredisent cette réplique (2).

3o Attaqué sur ses articles du *Mercure*, notamment le 6 juillet 1797 par le *Journal de Paris*, La Harpe a prouvé victorieusement que, durant l'année 1793, lontemps encore après le 31 mai, il n'avait cessé d'y faire entendre à la Convention de sages et courageuses vérités (3). Il est inutile

---

(1) Encore convient-il de remarquer que l'injustice des autres envers le christianisme le ramène quelquefois à l'équité (voir la préface du vol. de J.-B. Salgues, *Mélanges inédits de littérature de La Harpe*, 1810).

(2) Les articles qui avaient particulièrement piqué La Harpe sont la lettre assez amusante d'un Frère et Ami retiré des affaires insérée dans le *Journal de Paris* du 18 messidor an V (6 juillet 1797) et le numéro du lendemain du *Rédacteur*. Or, je n'ai plus retrouvé mention de La Harpe dans le *Journal de Paris* jusqu'au delà du 18 fructidor; et pourtant le *Journal de Paris* était alors si déclaré contre les opinions de La Harpe que, le 25 fructidor an V, il approuva formellement le coup d'État du Directoire. Quant au *Rédacteur*, s'il revient à la charge contre La Harpe le 26 messidor (14 juillet) et le 10 fructidor (27 août), il ne dit plus rien du bonnet rouge.

(3) Voir l'art. précité du *Mémorial*, 10 juillet 1797, dont le titre est : *Histoire de mon bonnet rouge, de ma philosophie, de mon jacobinisme*, etc., et la suite de cet article dans le

de transcrire tous les passages qu'il cite, je me bornerai à cette phrase que j'ai relevée dans le *Mercure* même (1), sur l'imprudente déclaration de guerre faite aux puissances ; après avoir dit que la politique d'un peuple libre *ne doit être que la fermeté calme et intrépide d'une nation qui a proclamé son indépendance, et non l'orgueil insensé qui proclame la guerre contre tous les rois*, il ajoute : « Nous avons fait de cruelles fautes, parce que l'ostentation d'un charlatanisme mercenaire a pris la place de ce courage tranquille et désintéressé qui caractérise les vrais républicains. » Qu'on lise les autres articles de 1793 auxquels il renvoie, et l'on avouera que peu de victimes des *décemvirs* avaient condamné plus fortement leur politique.

4° M. Aulard a très justement blâmé La Harpe, dans la *Justice* du 25 novembre 1889; d'avoir proposé, au club des Jacobins, le 17 décembre 1790, d'ôter des tragédies les maximes monarchiques, et, dans le *Mercure* du 15 février 1794, de faire disparaître sur les livres de la Bibliothèque nationale les armoiries royales ; il s'est félicité à bon droit que La Harpe n'ait pas reçu satisfaction sur ce dernier point. Ces deux motions de La Harpe étaient à la vérité fort ridicules. Mais heureux qui, parmi les hommes en vue de cette époque d'affolement, n'a dénoncé que des vers, même classiques, et des armoiries, même artistiques, alors qu'autour de lui, par frénésie, par rancune ou par peur, tant d'autres demandaient ou accordaient la tête d'un Lavoisier, d'un André Chénier, d'un Malesherbes !

Il faut toutefois reconnaître que le courage de La Harpe a fini par faiblir, vaincu par la durée affreuse et l'accroissement incessant du péril. Il ne faut sans doute pas abuser contre lui d'une assertion de Laya déclarant, près de quarante ans après, avoir vu, au lendemain du 10 thermidor, une lettre pleine de flagornerie, que, du fond de sa prison, La Harpe aurait écrite à Robespierre à propos de son discours

premier des deux suppléments au n° du 13 juillet ; voir aussi, dans le *Cours de littérature*, le préambule du morceau intitulé : *Esprit de la Révolution*.

(1) Numéro du 29 juin 1793.

en l'honneur de l'Etre suprême (1) ; car, outre que la mémoire de Laya a pu le tromper sur l'existence ou sur l'auteur de cette lettre, il a pu à distance s'en exagérer la politesse. Mais il y a dans le *Mercure* de 1794 quelques
passages que La Harpe n'a pas réussi à justifier. Il prétend
que ce sont des expressions à double entente que ces épi-
thètes de *mémorable*, de *si constamment et si éminemment
révolutionnaire* qu'il applique le 15 février 1794 à la Commune de Paris dans un article de complaisance sur les
poésies d'un de ses membres, Dorat-Cubières ; il explique
de même le passage du 8 mars, dans lequel il dit que, si l'on
n'avait pas encore formé le projet de reviser les noms des
rues de Paris, *c'est qu'il n'y avait pas non plus de modèle
de cette autorité révolutionnaire qui a produit tant de mer-
veilles inouïes jusqu'à nos jours, parce qu'elle tient à un enthousiasme patriotique qui se porte sur tout et fait exécuter
d'un commun accord ce qui, par sa nature, ne saurait se commander et ce que, partout ailleurs, on tenterait vainement.*
Mais en vérité, à lire ces deux articles, il est impossible d'y
apercevoir l'ironie que l'auteur des courageux articles
de 1793 avait peut-être voulu y mettre. Or, un compliment
ironique dont l'intention moqueuse passe inaperçue ressemble fort à une flatterie.

Il se peut donc que La Harpe ait cédé à un moment de
défaillance , mais il a racheté cette faiblesse, d'abord par sa
détention de quatre mois (avril-juillet 1794) qu'il encourut
pour avoir blessé les puissants du jour, soit dans leur fanatisme politique, soit dans leur vanité de littérateurs (2),

(1) Note manuscrite de Laya relevée sur un exemplaire de
l'*Histoire de la Révolution* de M. Thiers, édition de 1832, par
M. Ravenel (voir l'article de M. Ravenel auquel renvoie la
Nouvelle Biographie générale au mot LA HARPE).

(2) La Harpe a toujours dit qu'il avait été enfermé pour avoir
qualifié Robespierre d'*inepte*; le *Journal de Paris* dit, le
6 juillet 1797, qu'*il fut coffré pour avoir contredit un de nos
gros bonnets sur un point d'histoire.* Cette version se rap-
proche de celle de Daunou. Peu importe, en somme : les hommes de la Révolution pardonnaient moins encore une critique
littéraire qu'une satire politique. Voir la fine explication que

puis par l'intrépidité avec laquelle, depuis sa sortie de prison, il lutta pour ses croyances. Si sa conversion ne l'a guère rendu plus charitable (1), ni plus modeste, elle l'a rendu plus courageux ; c'est une nouvelle preuve qu'elle fut sincère.

On n'a voulu voir dans sa polémique de 1795 et de 1797 que l'emportement d'un zèle aussi impuissant qu'imprévu, comme si, à braver la Convention et le Directoire, il n'avait encouru que des épigrammes. N'est-ce donc rien que d'avoir dû se cacher un an après le 13 vendémiaire, deux ans après le 18 fructidor? On ne l'inquiéta pas durant ces retraites forcées ; mais serait-il mort dans son lit si les agents de Larévellière l'avaient arrêté en 1797? La *Décade* du 10 frimaire an IX raille comme plat et injuste le mot de La Harpe, qu'au 18 fructidor *on ne tuait plus, mais on faisait mourir* : la bonne *Décade* prend apparemment pour une excursion de plaisance la déportation à la Guyanne, et croit que tout le monde en est revenu. Faut-il d'ailleurs oublier le dénuement auquel l'impossibilité de reparaître en chaire condamnait La Harpe (2)?

Refusons-lui donc l'aimable modération qui attire la sym-

M. Aulard donne de l'amertume de Robespierre, p. 516-519 de ses *Orateurs de la Constituante*.

(1) Des malheurs domestiques contribuèrent à tourner en acrimonie le zèle religieux de La Harpe. Voir, sur la fin tragique de sa première femme et sur les chagrins que lui causa son deuxième mariage, les *Mémoires secrets* du comte d'Allonville (Paris, Werdet, 1838), p. 352-353 du 1er vol., et *Souvenirs et corresp. tirés des papiers de Mme Récamier*, par Mme Lenormant, 4e édit. Paris, Michel Lévy, 1873, p. 60-63 du 1er vol. La Harpe avait eu des torts avec sa première femme ; mais Mme Récamier, qui avait fait le deuxième mariage (9 août 1797), témoignait qu'il se conduisit avec beaucoup de droiture, de modération et d'humilité dans les mortifications qui en furent pour lui la conséquence au moment même où le Directoire le poursuivait.

(2) D'après les *Mémoires* de Fabre (de l'Aude), Paris, Ménard, 1832, p. 340-341 du 1er volume, La Harpe dut mettre ses livres en vente ; quelques-uns furent acquis à des prix considérables par des personnes qui les lui laissèrent.

pathie, mais accordons-lui, pour sa conduite pendant ses dernières années, la loyauté courageuse qui commande l'estime (1)!

APPENDICE H.

Liste des professeurs de l'Athénée.

On nous pardonnera sans doute les lacunes de ce tableau qui, tout incomplet qu'il est, nous a coûté de très longues recherches. Les programmes des cours se publiaient tantôt en octobre, tantôt en novembre, tantôt en décembre, quelquefois en janvier; un même journal ne les publiait pas toujours : on voit combien pour trouver celui d'une seule année il faut feuilleter de périodiques, quand on n'a pas la chance rare de mettre la main sur les prospectus que l'établissement publiait.

Pour les années antérieures à 1789, à la réserve de 1785, je ne puis rien ajouter aux indications fournies dans mon étude, sauf que Chazet (Éloge de La Harpe, 1805) compte, comme La Harpe dans sa Correspondance Russe, Marmontel et Monge parmi les professeurs de la maison, et que d'autre part on ne trouve rien à cet égard dans les *Mémoires* de Marmontel ni dans les notices composées sur Monge par son neveu Barnabé Brisson et par Charles Dupin.

1784-1785.

Mithouard (chimie); Deparcieux (physique); Flandrin (hippiatrique); Sue (anatomie); Prévost (mathématiques et astronomie); l'abbé Curioni (italien); Lenoir (anglais); l'abbé Pelicer (espagnol); Friedel (allemand) (*Liste de toutes les personnes qui composent le premier Musée... 1785*).

---

(1) Signalons à ceux qui voudront écrire sur La Harpe la réimpression de son discours sur la liberté des théâtres dans le n° de juillet-septembre 1789 de la *Révolution française*, p. 363, et, à propos de ce discours, le n° de la *Feuille du Jour* du 21 décembre 1790.

1789-1790.

Aux professeurs que j'ai cités pour cette année, il faut, d'après la *Chronique de Paris*, du 4 décembre 1789, ajouter l'abbé Ray, qui, l'histoire naturelle ne pouvant être enseignée par un seul maître, se chargea d'un cours de zoologie. Pendant cette année *lycéenne*, La Harpe se fit quelquefois remplacer par Jacques-François-Marie de Boisjolin, lecteur du duc de Montpensier ; celui-ci, selon l'article que lui consacre la *Nouvelle biographie générale*, aurait simplement lu au Lycée les cahiers de La Harpe ; mais l'article de la *Chronique de Paris*, du 27 mars 1790, ne paraît pas réduire M. de Boisjolin à ce rôle effacé. Le *Moniteur* du temps donne de nombreux extraits du cours de l'avocat de La Croix, sur lequel on peut consulter, outre la Table de ce journal, pour la suite de sa vie, ses propres ouvrages : *Constitutions des principaux États de l'Europe et des États-Unis d'Amérique ;* le *Spectateur français pendant le gouvernement révolutionnaire.* (En 1815, il donna une édition retouchée de ce dernier ouvrage.) Le *Moniteur* du 10 février 1790 donne des détails sur le cours de Fourcroy.

1790-1791.

La *Chronique de Paris* du 9 janvier 1791 dit que le Lycée maintient, cette année, avec les mêmes professeurs, les mêmes cours que l'année précédente, savoir : littérature, histoire, physique, chimie, anatomie, histoire naturelle, anglais, italien. Sur les leçons d'ouverture de Fourcroy, Sue, Boldoni, La Harpe, voir le numéro de ce journal du 13 janvier 1791. Pendant cette année, le Lycée projeta un cours d'allemand et ouvrit un cours de grec fait par un Grec (*ibid.*, nos du 11 février et du 4 mai 1791.) Sur les embarras financiers du Lycée à cette époque, voir *ibid.*, nos du 13 septembre et 26 décembre 1790 et du 9 janvier 1791. Consulter encore sur le Lycée le même journal, p. 139 du IIe volume, p. 377 du IVe et le *Moniteur* du 14 janvier 1791.

1791-1792.

Le registre des assemblées générales des nouveaux fondateurs du Lycée donne, pour cette année, le 17 août 1792, à la fois les noms et les honoraires : Fourcroy, 2000 fr.; Deparcieux, *id.*; Garat, 1000 fr.; Sue, 1200 fr.; Roberts (Anglais), 800 fr.; Boldoni (Italien), *id.*; Selis (qui, à défaut de La Harpe, avait fait lire un cours de littérature), 300 fr.; Domergue, *id.* (Manusc. Bibliothèque Carnavalet). Durant cette année, Cailhava fit un cours de littérature dramatique et Sicard donna quelques séances.

AN I, 1792-1793.

Fourcroy, Deparcieux, Sue, Roberts, Boldoni, tous aux mêmes conditions que l'année précédente; La Harpe, 1800 fr.; Thiéry, suppléant de Garat, 600 fr.; Brongniart, 300 fr. (Même registre, 2 août 1793). A la date du 6 novembre 1792, il y avait été dit que Fourcroy, n'ayant pas le temps de faire ses deux leçons par semaine, en confierait une à Vauquelin. Le *Moniteur* du 26 novembre rédige ainsi la liste : Deparcieux (physique); Fourcroy et Vauquelin chimie; *id.*, pour l'histoire naturelle; Sue (anatomie et physiologie); La Harpe et Selis (littérature); Garat et Théry histoire); Roberts (anglais); Boldoni (italien); dans les séances extraordinaires, Delille, Sélis, Sicard. M. Chuquet, dans le compte rendu qu'il a bien voulu faire de ma première étude sur ce sujet (*Revue critique*, 4 novembre 1789), dit que le dimanche 20 janvier 1793, Rœderer ouvrit au Lycée un cours d'organisation sociale, et que le mercredi 27 février de la même année, dans une séance extraordinaire, Gail lut une traduction de quelques morceaux de Bion et d'Anacréon, et Sélis la première partie de l'*Anecdote de M. Salle*.

AN II, 1793-1794.

Deparcieux (physique); le même (mathématiques pures

et appliquées) ; La Harpe ; Ventenat (botanique) ; Sue (anatomie et physiologie) ; Parmentier (économie rurale) ; Boldoni ; Garat (histoire) ; Tonnelier (minéralogie) ; Fourcroy (chimie) ; Hassenfratz (arts et métiers) ; Richard (zoologie) ; Publicola Chaussard (droit public) ; Le Hoc (lectures sur les rapports politiques et commerciaux de la France avec l'étranger) (1).

AN III, 1794-1795.

La Harpe (2), Garat, Molé (déclamation) ; Mentelle (géographie) ; Deparcieux, Fourcroy ; les autres cours, dont la *Décade* du 10 nivôse an III, que nous suivons ici, n'indique pas les professeurs, sont la zoologie, l'anatomie, la botanique, la minéralogie, les mathématiques, les arts et métiers, l'économie rurale, l'italien et l'anglais. Le *Moniteur* du 30 décembre 1794 annonce qu'à la séance d'ouverture, La Harpe lira un discours sur la guerre déclarée par les derniers tyrans à la raison, à la morale, aux lettres et aux arts (ce morceau fait partie du cours de littérature) ; Le Hoc présentera des considérations sur la Hollande et l'Angleterre ; Boldoni traitera des troubles de Florence et de Dante. Il ajoute qu'à la demande de beaucoup de citoyens retenus par leurs affaires durant la journée, les deux séances décadaires du cours de littérature auront lieu le soir, que les cours de Sicard (grammaire générale), et de Molé (déclamation), ne pourront s'ouvrir dans la première décade. Le professeur de botanique était alors Ventenat, qui publia aussitôt son cours sous ce titre : *Principes élémentaires de botanique expliqués au Lycée républicain*, Paris, Sallior, 1794-1795, in-8.

---

(1) Programme pour l'an II, rédigé par Garat, imprimé (Bibliothèque Carnavalet). Parmi les curieux détails sur l'épuration de l'an II que donne le registre des assemblées générales, notons que, pour remplacer les actionnaires évincés, on se proposait d'appeler pêle-mêle Berthollet, Monge, Pache, Barrère, Couthon.

(2) Je ne répéterai plus les attributions des professeurs chaque fois qu'un même nom reviendra.

AN V, 1796-1797.

Le registre des Assemblées générales donne, à la date
du 16 messidor, un nom de plus que notre liste empruntée
au *Journal de Paris*, celui de Perreau (cours sur l'homme
physique et moral), et trois noms en moins : Gautherot,
Coquebert, Sicard.

AN VI, 1797-1798.

Deparcieux (physique expérimentale); Fourcroy (chimie
élémentaire et chimie appliquée à la physique; ces deux
cours sont distincts); Brongniart (histoire naturelle); Sue
(anatomie et physiologie); Coquebert (géographie physico-
économique); Hassenfratz; anglais, italien (*Décade* du 10 frimaire an VI).

AN VII, 1798-1799.

Mercier (littérature); Garat, Fourcroy, Brongniart, Deparcieux, Sue, Boldoni, Roberts, Weiss, ce dernier pour
l'allemand (*Révolution française* du 10 juin 1888; toutefois,
on voit par la *Décade* du 10 thermidor an V que Garat ne
fit pas son cours cette année).

AN VIII, 1799-1800.

Fourcroy, Brongniart, Sue, Hassenfratz (arts et métiers);
Coquebert (géographie physico-économique); Roberts;
Boldoni. Ces deux derniers touchent 800 francs chacun;
Fourcroy 1500; les autres 1200. Ginguené, Demoustier,
Ducray-Duminil, Butet offrent gratuitement des cours, les
trois premiers sur la littérature, le quatrième sur la physique (*Décade* du 10 frimaire an VII; Délibérations et Arrêtés du conseil d'administration, 29 fructidor an VII). Fourcroy, ayant été chargé de fonctions publiques par Bonaparte,
fut suppléé par Brongniart, que Cuvier s'offrit à suppléer
(V. le même registre manuscrit de délibérations, 15 nivôse
an VIII, au musée Carnavalet).

AN IX, 1800-1801.

Butet (physique expérimentale); Fourcroy (chimie) ; Cuvier (histoire naturelle) ; Sue (anatomie) ; Moreau (hygiène); Hassenfratz (arts et métiers); Adolphe Leroi (éducation des facultés physiques et morales de l'homme); La Harpe (littérature, en particulier étude de l'éloquence et de la philosophie au dix-huitième siècle); Garat (histoire, surtout celle de l'Egypte); De Gérando (philosophie morale); Legrand (principes généraux de l'art du dessin et histoire de l'architecture); Roberts (étude des poètes anglais); Boldoni (étude de la versification italienne). Il y aura en outre des séances littéraires, dont quelques-unes seront consacrées à la grammaire générale, et Sicard y prêtera son concours (*Moniteur* du 13 brumaire an IX). Toutefois, les délibérations et arrêtés du conseil d'administration, à la date du 27 prairial an IX, portent seulement à l'article des professeurs de cette année : La Harpe, 2,400 fr.; Fourcroy, 1,200 fr.; Cuvier, *id.*; Hassenfratz, Sue, De Gérando, Roberts, Boldoni, 600 fr. chacun.

AN X, 1801-1802.

Butet (physique); Fourcroy (chimie); Cuvier (histoire naturelle); Ventenat et Mirbel (botanique); Sue (anatomie et physiologie); La Harpe (littérature); De Gérando (philosophie morale); Hassenfratz (arts et métiers); Legrand (architecture); Roberts (anglais); Boldoni (italien); Weiss (allemand) (*Moniteur* du 18 brumaire an X).

AN XII, 1803-1804.

Biot (physique); Fourcroy et Thénard (chimie) ; Sue; Cuvier; Mirbel (botanique); Hassenfratz (arts et métiers); Lavit (perspective); Vigée (littérature); Garat (histoire de la Grèce); Ginguené (histoire littéraire moderne); Sicard (grammaire générale) ; Roberts, Boldoni (*Décade*, 30 vendémiaire an XII).

AN XIII, 1804-1805.

Biot (physique expérimentale) ; Fourcroy et Thénard (chimie) ; Sue (anatomie et physiologie) ; Cuvier (histoire naturelle) ; Coquebert-Monbret (géographie physique et économique) ; Mirbel (botanique) ; Hassenfratz (arts et métiers) ; Vigée (littérature) ; Sicard (grammaire générale) ; Roberts (anglais) ; Boldoni (italien). (*Moniteur* du 12 novembre 1804.)

AN XIV, 1805-1806.

Biot (physique expérimentale) ; Fourcroy et Thénard (chimie) ; Sue ; Richerand (physiologie) ; Esparron (hygiène) ; Cuvier, Mirbel (physiologie végétale et botanique) ; Ducler (cosmographie et géologie) ; Hassenfratz, Vigée, Ginguené, Millin (histoire des arts chez les anciens) ; Sicard, Roberts, Boldoni (*Décade*, 10 frimaire an XIV, 1er décembre 1805). Le *Moniteur* du 3 février 1806 donne quelques détails sur les cours de Hassenfratz, Fourcroy, Thénard, Esparron, Biot, Cuvier, Ducler, Ginguené, Boldoni, Roberts, Vigée, et ajoute que Desodoarts a continué la lecture de son histoire de France.

1806-1807.

Trémery (physique expérimentale) ; Fourcroy et Thénard (chimie) ; Sue (anatomie et physiologie) ; Richerand (physiologie) ; Esparron (hygiène) ; Cuvier (histoire naturelle) ; Ducler (cosmographie et géographie) ; Ampère (théorie des probabilités appliquée aux diverses branches des connaissances humaines) ; Hassenfratz (arts et métiers) ; Chénier (origines et progrès de la littérature française) ; Ginguené (littérature italienne) ; J.-J. Combes-Dounous, ex-législateur (histoire des guerres civiles de la république romaine) ; Desodoarts (histoire de France) ; Roberts (anglais) ; Boldoni (italien) (*Moniteur* du 29 novembre 1806) ; on y trouve des détails sur les cours que doivent faire ces professeurs.)

1807.

Voir dans les délibérations et arrêtés de l'établissement quelques traits de délicatesse, de causticité et d'irascibilité de Joseph Chénier.

1807-1808.

Trémery (physique expérimentale) ; Thénard (chimie) ; Pariset (organisation de l'homme) ; Richerand (physiologie) ; Esparron (hygiène) ; Cuvier (histoire naturelle des animaux) ; Ducler (cosmographie et géographie) ; Boldoni (italien) ; Roberts (anglais). (*Moniteur* du 6 novembre 1807 ; on y voit que Boldoni avait été autrefois professeur dans les écoles centrales, de même que Roberts, qui avait de plus enseigné à l'Ecole royale militaire, et qui était alors professeur au lycée Napoléon ; on y voit aussi que durant cette année les cours littéraires seront remplacés par des séances littéraires où on lira des morceaux acceptés par Legouvé, Luce de Lancival et Parceval de Grandmaison.)

1808-1809.

Cuvier, Trémery, Thénard ; Barbier (botanique et physiologie végétales) ; Pariset (physiologie et anatomie) ; Esparron (hygiène) ; Prévost d'Iray, inspecteur général des études (histoire moderne) ; Ducler (histoire et géographie) ; J.-J. Leuliette (histoire littéraire) ; de Murville (littérature et poésie) ; Roberts, Boldoni. (*Moniteur* du 3 octobre 1808.)

1809-1810.

Cuvier, Trémery, Thénard, Barbier, Pariset ; Ducler (chronologie, histoire et géographie) ; Caille (botanique) ; Népomucène Lemercier (littérature générale) ; Boldoni, Roberts. (*Moniteur* du 4 novembre 1809.)

1810-1811.

Sur le cours d'histoire de l'éloquence professé pendant

cette année par Victorin Fabre, voir le *Moniteur* du 14 décembre 1810, le *Mercure de France* des 9 et 23 février et du 27 juillet 1811.

1811-1812.

Thénard (chimie); Trémery (physique); Chaussard (littérature); de Blainville (zoologie); Gall (physiologie générale de l'homme et particulièrement du cerveau. (*Gazette de France* du 21 novembre 1811. Je ne suis pas sûr que la liste donnée par ce journal soit complète.)

1812-1813.

Les *Débats* du 19 février 1813 annoncent que Lhéritier (géomètre, alors âgé de vingt-trois ans) ouvrira le 4 du mois suivant un cours d'arithmétique de la vie humaine à l'Athénée.

1813-1814.

Aimé Martin (littérature française); Thénard; Pariset (physiologie et hygiène); Trémery (physique); Jussieu (minéralogie). (*Débats* du 3 novembre 1813. Cette liste doit être fort incomplète.)

1814-1815.

Thénard; Jay (histoire); Trémery, Pariset; Lemercier (littérature); Lucas (minéralogie); Virey (histoire naturelle générale); Circaud des Gelins (physiognomonie). (*Débats* du 1er novembre 1814. Liste incomplète.)

1815-1816.

Le *Moniteur* du 11 décembre 1815 annonce que Ch. Lacretelle va ouvrir un cours d'histoire ancienne à l'Athénée.

1816-1817.

Thénard; Say (économie politique); Trémery (physique);

Buttura (littérature italienne); Hippolyte Cloquet (physiologie); Pariset (entendement humain); Rougier de la Bergerie (agriculture et physique végétale); Brès (physiologie appliquée aux beaux-arts); Michel Beer (littérature allemande). (*Débats* du 9 novembre 1816. Liste incomplète.)

1817-1818.

Trémery; Chevreul (chimie); de Blainville (zoologie); Cloquet; Pariset (entendement humain); Tissot (littérature); Choron (théorie de la musique); Roberts, Boldoni. Benjamin Constant (lectures sur l'histoire et le sentiment religieux. (*Débats* du 7 novembre 1817.)

1818-1819.

Say (économie politique); Trémery (physique); Magendie (anatomie et physiologie); Orfila (chimie); Buttura (littérature italienne); Bérenger (droit naturel et des gens); de Blainville (zoologie); de la Bergerie (agriculture); Benjamin Constant (maximes fondamentales de la Constitution anglaise). (*Débats* du 3 novembre 1813, *Moniteur* du même jour.) Buttura a publié chez Firmin Didot, en 1819, le discours qu'il avait prononcé à l'Athénée le 6 mars de cette année sur la littérature de son pays.

1819-1820.

Fresnel (physique); Magendie (anatomie et physiologie); Daunou (lectures sur l'histoire); Despretz (chimie); Lemercier (lectures sur la littérature); de Blainville, le baron Fourier, de l'Institut d'Egypte (cours tout neuf sur les applications des mathématiques aux besoins de la société); Alex. Lenoir (antiquités). (*Débats* du 13 novembre 1819, et Programme imprimé, à la bibliothèque Carnavalet.)

1820-1821.

Trognon (histoire); Pouillet (physique); Robiquet (chimie); Magendie (anatomie et physiologie); Jouy (littérature et morale); Flourens (théorie des sensations); de Blainville; Francœur (astronomie). (*Débats* du 16 novembre 1820. Liste incomplète.)

1821-1822.

Pouillet, Robiquet, de Blainville, Magendie, Francœur; Const. Prévost (géologie appliquée aux environs de Paris); Lingay (littérature); Azaïs (philosophie générale) (1). — Nous avons dit qu'Azaïs a publié son cours.

1822-1823.

Pouillet, Robiquet, de Blainville, Magendie; Levillain (géographie générale); Berville (littérature); Victorin Fabre (recherches sur les principes de la société civile); Mignet et Bodin (histoire). Outre ces cours, Jomard, de l'Institut, traitera des sciences et arts chez les anciens Égyptiens; Denon, de l'Institut, donnera plusieurs séances sur l'étude de l'art par les fac-similés; Lenoir traitera des antiquités de Paris; Viennet, Merville, Boucharlat et plusieurs hommes de lettres feront des lectures (2). Sur le cours de Fabre, voir l'article de Sainte-Beuve sur lui dans les *Portraits contemporains.*

1823-1824.

Pouillet; Dumas (chimie); Magendie; Francœur (astronomie); Parent Réal (littérature); Villenave (histoire littéraire de la France); Merville (art oratoire); Mignet (histoire d'Angleterre); outre ces cours, Jomard, Denon, F. Bodin, Victorin Fabre, le baron de la Bergerie, Dubois, Febvé Savardan et autres hommes de lettres ont promis des lectures (3).

(1) *Courrier français*, 14 novembre 1821, et *Moniteur* du 15 novembre 1821.
(2) *Ibid.*, 17 novembre 1822.
(3) *Ibid.*, 20 novembre 1823.

1824-1825.

Pouillet, Dumas, Magendie, de Blainville, Ad. Brongniart, Eus. de Salles, Villenave ; Amaury Duval (histoire philosophique des beaux-arts); Dunoyer (morale et économie politique); Artaud (tableau de la littérature en Europe aux quinzième et seizième siècles); Mignet, Casimir Bonjour, d'Anglemont, etc., feront des lectures (1).

1825-1826.

De Montferrand (physique); Dumas (chimie); Magendie (physiologie) ; de Blainville (zoologie); Eusèbe de Salles (hygiène); Auzoux (anatomie au moyen de pièces artificielles); Const. Prévost (géologie générale); Babinet (météorologie); Villenave (histoire littéraire de la France); Gall (philosophie des facultés intellectuelles); Dunoyer (morale et économie politique); Alexis de Jussieu (considérations sur la civilisation aux dix-huitième et dix-neuvième siècles) (2).

1826-1827.

De Montferrand, Dumas, de Blainville, Constant Prévost, Villenave; Adolphe Brongniart (anatomie et physiologie appliquées à l'agriculture et à l'horticulture); Amussat (anatomie); Bertrand (extase et magnétisme animal); baron Ch. Dupin (forces productives et commerciales de la France); Crussole-Lami (histoire de la révolution des Pays-Bas) ; Buttura (poésie italienne). De plus, Auzoux fera quelques démonstrations avec les pièces articulées de son invention, et Maisonabe quelques leçons sur les difformités dont le corps humain est susceptible (*Moniteur* du 26 novembre 1826). Ch. Dupin a publié son cours, Paris, Bachelier, 1827, 2 vol. in-4°.

(1) *Courrier français*, 30 novembre 1824; *Globe* du 2 décembre 1824.
(2) *Courrier français*, 1er décembre 1825.

1827-1828.

Gall (philosophie) ; Adolphe Blanqui (histoire de la civilisation industrielle des nations européennes); Levasseur (éloquence française) ; Parisot (l'école romantique) ; de Blainville (zoologie) ; de Montferrand (physique) ; Dumas (chimie appliquée aux arts) ; Constant Prévost (géologie) ; Adolphe Brongniart (physiologie comparée des végétaux et des animaux); Amussat (anatomie et physiologie); Mélier (médecine publique). (*Courrier français* du 8 décembre 1827.)

1828-1829.

Pouillet (physique) ; Dumas (chimie) ; Constant Prévost (géologie); Bory de Saint-Vincent (géographie physique) ; Babinet (météorologie); Amussat (anatomie et physiologie) ; Trélat (hygiène) ; Armand Marrast (philosophie) ; Amédée Pommier (littérature) ; Doin (histoire des établissements d'utilité publique en France depuis le dixième siècle); Adol. Blanqui (économie politique). De Guy, avocat, ex-professeur de rhétorique, fera des lectures sur les opinions de la nouvelle école philosophique. (*Moniteur* du 30 novembre 1828.)

1829-1830.

Nicollet (astronomie); Pouillet (physique) ; Dumas, Const. Prévost; Requin (physiologie) ; Trélat (hygiène) ; Aug. Comte (philosophie positive); Mottet (art dramatique); Mézières (littérature anglaise). (*Courrier français*, 1er décembre 1829.)

1830-1831.

Nicollet et Lechevalier (astronomie); Bussy (chimie); Requin (anatomie et physiologie); Isid. Geoffroy Saint-Hilaire (zoologie); Aug. Comte; Villenave (littérature); Gandillot (économie politique) ; Jules Desnoyers (antiquités du moyen âge) (*Ibid.*, 7 décembre 1830).

1831-1832.

Lechevalier (physique) ; Bussy (chimie) ; Requin (hygiène); Isid. Geoffroy Saint-Hilaire; Spurzheim (anthropologie) ; Am. Pommier (littérature contemporaine); Ch. Durosoir (histoire de France) ; Filon (sur la France et l'Angleterre) (1). Filon a publié son cours de cette année.

1832-1833.

Gaultier de Claubry (physique expérimentale) ; Bussy (chimie); Laurent (physiologie philosophique); Isid. Geoffroy Saint-Hilaire; Const. Prévost (géologie); Filon (histoire du seizième siècle); Legouvé (littérature dramatique); Eugène de Pradel (poésie et improvisation française) ; Delestre (étude des passions appliquées aux beaux-arts) (2). Filon et Delestre ont publié des ouvrages sur les sujets qu'ils avaient traités durant cette année.

1833-1834.

Gaultier de Claubry (physique); Bussy (chimie); Isidore Geoffroy Saint-Hilaire (zoologie) ; Rozet (géologie); Léon Halévy (littérature française) ; le comte Mamiani (philosophie italienne); Parisot (histoire des croyances religieuses); Nau de la Sauvagère (droit commercial.) (*Moniteur* du 6 décembre 1833.) Au 12e volume de la revue la *France littéraire*, on trouve un extrait du cours de Parisot; le volume précédent de cette revue donne un aperçu du cours de M. Mamiani, dont l'auteur a d'ailleurs publié une partie en français dans son livre *Dell' ontologia e del metodo* (Paris, Lacombe, 1841).

1834-1835.

Aug. Comte (astronomie); Payen (chimie agricole et ma-

(1) *Courrier français*, 10 décembre 1831.
(2) *Ibid.*, 17 décembre 1832.

nufacturière); Lesueur (chimie toxicologique); Rozet (géologie); Audouin (zoologie); Ach. Comte (physiologie animale); Jules Janin (littérature); de Mersan (philosophie de l'histoire); Nau de la Sauvagère (droit commercial et économie politique). (*Courrier français*, 5 décembre 1834.)

1835-1836.

Sainte-Preuve (physique); Payen (chimie appliquée); Rozet (géologie); Ach. Comte (physiologie comparée et zoologie); Audouin (entomologie); Léon Simon (homœopathie); Philarète Chasles (histoire de l'intelligence au seizième siècle); Leudière (littérature grecque); Henri Duval (phraséologie poétique et prosodie française) (Programme imprimé à la bibliothèque Carnavalet).

1836-1837.

De La Borne (physique générale); Payen; Ach. Comte (histoire des animaux); Léon Simon (doctrine homéopathique); Watras (économie politique); Sainte-Preuve (examen de quelques grandes questions d'industrie); Gandillot (finances publiques); Considérant (science sociale); E. Lambert (histoire philosophique); Leudière (philosophie et éloquence grecques); Philar. Chasles (le roman en Angleterre); Raimond de Véricour (Milton et la poésie épique); Ch. Loubens (la comédie au dix-huitième siècle); Eug. de Pradel (improvisation) (1). E. Lambert a publié son cours de cette année sous le titre de *Histoire des histoires*, Paris, 1838, in-8º.

1837-1838.

De La Borne; Babinet (météorologie); Rivière (géologie); Payen; Galy-Cazalat (machines à vapeur); de Rienzi (géographie encyclopédique); Cazalis (physiologie expérimen-

(1) *Courrier français*, 8 décembre 1836, et Programme imprimé à la Bibliothèque Carnavalet.

tale) ; Casimir Broussais (phrénologie) ; de la Berge (hygiène) ; Turck (application de la physique et de la chimie à la physiologie) ; Dréolle (influence du principe religieux) ; Mᵐᵉ Dauriat (droit social des femmes) ; Henri Prat (histoire des premiers temps de la France) ; Charles Loubens (la comédie au dix-neuvième siècle) (Programme imprimé à la Bibliothèque Carnavalet). Dréolle a publié son cours (Paris, Ebrard, 1838).

1838-1839.

Babinet (physique et météorologie) ; Horace Demarçay (chimie générale) ; Payen (chimie appliquée) ; Rivière (géologie) ; Halmagrand (physiologie) ; Gervais (zoologie générale) ; Morand (histoire philosophique des sciences) ; Hippeau (philosophie de l'histoire) ; Henri Prat (féodalité en France) ; Œlsner (histoire générale de l'Europe) ; Gaubert (causes primordiales, géographiques et historiques) ; Ottavi (littérature) ; Charles Loubens (le roman au dix-huitième siècle) ; Michelot (théorie alphabétique de la parole). Loubens rendra compte tous les quinze jours des principales pièces de théâtre. Ch. Bonjour, Alf. de Musset ont promis des lectures. Hipp. Colet fera un cours d'harmonie. Tous les quinze jours, soirées musicales sous la direction de Richelmi (1). A. Rivière a publié la même année des *Eléments de géologie.* Paris, Méquignon-Marvis, in-8°.

1839-1840.

Babinet (cosmographie et physique du globe) ; Baudrimont (chimie) ; Const. Prévost (physique générale) , Rivière (géologie industrielle) ; Gervais (zoologie) ; Halmagrand (physiologie) ; Hollard (anthropologie) ; Léon Simon (homéopathie) ; Monneret (hygiène) ; Henri Prat (histoire des Valois directs) ; Ottavi (littérature française) ; Loubens (de la poésie en France jusqu'au dix-septième siècle) ; Cellier-Dufayel (littérature et législation comparées) ; Bouzeran

(1) *Courrier français,* 1ᵉʳ décembre 1838.

(système d'unité linguistique) ; Midy (sténographie). Richelmi et Larivière continueront à donner leurs concerts tous les quinze jours (Programme imprimé, Bibliothèque Carnavalet).

1840-1841.

Babinet (physique) ; Tavernier (expériences et instruments de physique et de météorologie) ; Rivière (géologie); Raspail (chimie) ; Hollard (philosophie naturelle) ; Laurent (développement des corps organisés) ; Gervais (zoologie générale) ; Halmagrand (physiologie) ; Léon Simon (philosophie médicale) ; Samson (hygiène publique) ; Ricard (magnétisme animal); de Marivault (économie politique) ; Glade (histoire des religions) ; Bailleul (de la civilisation égyptienne par les monuments) ; de la Fage (histoire de la musique); Sudre (langue musicale) ; Henri Prat (la France au seizième siècle); Ch. Loubens (littérature contemporaine) ; Ottavi (histoire des journaux depuis 1789) ; Régnier (littérature arabe) ; Thénot (perspective pratique). Soirées musicales sous la direction de Larivière et d'Aristide Delatour (*Courrier français*, 16 décembre 1840).

1841-1842.

Babinet (physique); Tavernier (instruments d'observation); Dupuis Delcourt (aérostats); Laurent (développement des corps organiques) ; Voisin-Dumoutier (phrénologie); Belhomme (études sur la folie); James (galvanisme) ; Léon Simon (homéopathie) ; Al. Samson (hygiène publique) ; Glade (étude sur la religion primitive) ; Artaud (philosophie de l'histoire); Henri Prat (histoire de France); Fresse-Montval (poèmes d'Hésiode) ; Bern. Julien (littérature française de l'époque impériale) ; Ottavi (littérature de la Restauration) ; Ch. Loubens (poésie au dix-neuvième siècle); Casella (Divine Comédie) ; Lourmand (lecture expressive). Discussions littéraires et philosophiques une fois par semaine. Répétitions chorales de musique religieuse. Séances de déclamation (*Courrier français*, 5 décembre 1841). Fresse-Montval a imprimé sa leçon d'ouverture de cette année à la suite de sa traduction en vers d'Hésiode (Paris, Langlois et Leclercq, 1842, in-12).

1842-1843.

Babinet (généralités d'une instruction libérale tant scientifique que littéraire) ; Tavernier (instruments d'observation et de voyage) ; Edm. Becquerel fils (de la lumière et de l'art photogénique) ; Jules Rossignon (chimie) ; Laurent (zoologie) ; Dr Grauby (humeurs et tissus) ; Dumoutier (phrénologie) ; Belhomme (maladies mentales) ; Maisonabe (erreurs et déceptions en médecine) ; Glade (histoire des religions) ; Em. Broussais (philosophie religieuse) ; Henri Prat (histoire de France) ; Joseph Garnier (économie politique) ; comte de Lencisa (institutions municipales de l'Europe) ; V.-H. Cellier Dufayel (Etudes sur les femmes) ; Fresse-Montval (poésie des peuples de l'Hellade) ; Casella (Divine Comédie) ; Ch. Loubens (la Comédie de Molière) ; Bern. Jullien (littérature française de l'époque impériale) ; de la Fage (histoire de la musique) ; Thénot (science et art de la perspective). Discussions littéraires et philosophiques de temps en temps (*Courrier français* du 23 décembre 1842). Bern. Jullien a publié son cours en 1844 (2 vol. in-12) ; en 1844 également, Adr. de la Fage a publié l'*Histoire générale de la Musique et de la Danse* (Paris, 2 vol. in-8o).

1844-1845.

Plisson (astronomie) ; Anatole de Moyencourt (chimie) ; Grauby (physiologie) ; Mlle Magaud de Beaufort (botanique) ; Leharivel-Durocher (philosophie) ; Ch. Husson (philosophie de l'histoire) ; Jos. Garnier (économie politique) ; Fréd. Charassin (philosophie des langues) ; Bern. Jullien (littérature française) ; Loubens (Molière) ; de la Fage (histoire de la musique) (*Courrier français*, 27 décembre 1844).

1847-1848.

Auguste Bolot fit, durant cette année, un cours sur la

poésie légère en France aux dix-septième, dix-huitième et dix-neuvième siècles, qu'il ouvrit par un discours en vers, dont un fragment imprimé existe à la Bibliothèque Carnavalet.

1848-1849.

Ch. Loubens (études sur Molière); l'abbé Auger (littérature française); Fresse-Montval (de l'idée et de la forme dans les œuvres de l'intelligence); Léon Simon (homéopathie); Guézon-Duval (botanique); Vanier (physiologie générale); Josat (hygiène); Alexandre Ferrier (phrénologie); Camille Duteil (écriture hiéroglyphique); Hœfer (histoire des sciences physiques) (Programme imprimé à la Bibliothèque Carnavalet).

L'abonnement, qui avait coûté trois louis par an à l'origine, quatre louis à partir de la réorganisation qui suivit la mort de Pilâtre, coûtait l'an I et l'an II 100 francs pour les hommes, 50 francs pour les femmes (*Moniteur* du 14 novembre 1793); l'an IV, 1,000 livres en assignats pour les hommes, moitié pour les femmes (*Quotidienne* du 10 décembre 1795); l'an V, 90 francs pour les hommes, 48 pour les femmes (*Révolution française* du 14 juin 1888) (1), même prix en l'an IX (*Décade* du 20 frimaire an IX); sous l'Empire, quatre louis (V. le 3e des articles sur le Lycée recueillis par Féletz, au IIIe vol. de ses Mémoires); puis 120 francs pour les hommes, 60 francs pour les femmes (*Moniteur* du 11 octobre 1808, *Débats* du 7 novembre 1817, *Courrier français*, du 14 novembre 1821 et du 30 novembre 1824).

(1) Le n° du 19 mai 1796 de l'*Ami des lois*, à propos des séances publiques du Lycée, dit qu'on peut s'abonner pour trois mois au prix de 200 livres; il veut, sans doute, dire 200 livres en assignats.

APPENDICE I.

Professeurs du Lycée des Arts en l'an II, l'an III et l'an IV.

AN II.

Désaudray (droits et intérêts des nations); Descemet (agronomie); Targe (mathématiques appliquées); Dumas (mécanique et perspective linéaire; géométrie pratique à l'usage des constructeurs; ce sont deux cours distincts); Neveu (calcul appliqué au commerce et aux banques, et géographie, histoire avec ce qui se rapporte au commerce et aux manufactures; ce sont aussi deux cours distincts); Millin (zoologie); Gillet-Laumont et Tonnellier (minéralogie); Fourcroy (physique végétale); Sue (anatomie, physiologie, hygiène). Puis deux cours dont on n'indique pas les professeurs : chimie appliquée aux arts et cours théorique et pratique de peinture, sculpture et architecture); enfin Langlé (harmonie théorique et pratique, contrepoint, composition); Lépine (anglais); Hassenfratz (technologie, c'est-à-dire ce qui se rapporte aux manufactures).

AN III.

Laval (arithmétique décimale; poids et mesures); Leschard (écriture et orthographe); Perny (astronomie appliquée aux besoins usuels et à la navigation); Igoard et Breton (tachygraphie); Delmas (commerce, finances et tenue de livres; langue française et géographie); Daubenton (dessin appliqué); Dumas (géométrie appliquée aux constructions et à la mécanique); Lépine (anglais); Targe (mathématiques élémentaires); Désaudray (prononciation, art oratoire, déclamation; premiers éléments de la constitution d'un peuple libre et état civil et politique de la France); Millin (histoire naturelle). De plus, un cours particulier de mathématiques fait par le même Targe, et pour lequel on souscrit à part et à son profit.

AN IV.

Sue (anatomie); Laval (arithmétique décimale); Igoard
et Breton (tachygraphie); Perny (astronomie appliquée);
Brongniart (chimie); Neveu et Delmas (commerce, finances
et tenue de livres); Daubenton et Bellot (dessin appliqué
aux cartes, aux plans, à l'arpentage); Gervais (dessin pour
la figure et l'ornement); Leschard (écriture et orthographe);
Désaudray (économie politique; élocution française et art
oratoire); Descemet (économie rurale); Dumas (géométrie
pratique; perspective linéaire); Langlé (harmonie); Ventenat (histoire naturelle); Delmas (langue française et géographie); Lépine (anglais); Targe (mathématiques); Gillet-Laumont (minéralogie); Fourcroy (physique végétale); Millin
(zoologie); professeur non indiqué (technologie) (1).

L'Annuaire de ce Lycée, pour l'an VI, nous apprend qu'un
de ses élèves, Guyot, âgé de quatorze ans, vient d'être admis premier à l'Ecole Polytechnique : que le *secours provisoire* de vendémiaire an IV s'est réduit à fort peu de chose
par la dépréciation des assignats; que Désaudray l'a distri-
bué aux professeurs; que le gouvernement voulait convertir
ce lycée en école spéciale de mécanique pratique, mais
qu'il y a renoncé faute d'argent. La bibliothèque Carnavalet
possède un exemplaire de cet Annuaire. On y trouvera aussi
quelques détails sur la fondation du lycée des Arts, ainsi
que dans l'opuscule : *Etablissement d'une école athénienne,
sous le nom de Lycée des Arts* (même bibliothèque). Le carton F17 1143 des Archives nationales fournirait un supplément d'indications sur les embarras financiers de l'établissement et sur les expédients proposés pour l'en tirer.

(1) Ces trois listes sont tirées des annuaires du Lycée des
Arts. Pour l'an II, des listes qu'on trouvera au carton F171143
des Archives nationales omettent le nom de Gillet-Laumont et
mentionnent en plus, par contre, les cours de Trouville
(hydraulique), et de Lussaut (architecture).

APPENDICE J.

De quelques Sociétés ou Cours qui ont porté le nom de
Lycée ou d'Athénée.

Outre les associations sur lesquelles porte cette notice,
citons encore :

Le Lycée de l'Yonne, dont il est parlé dans le *Moniteur* du
2 frimaire an X, et dont Féletz examine, au 6ᵉ volume de ses
Mélanges, des Mémoires écrits dans l'esprit des philosophes
du dix-huitième siècle ; le Lycée de Caen, qui tint sa première séance le 15 germinal an IX (v. la *Décade* du 10 floréal an IX et du 10 floréal an X) ; le Lycée de Grenoble :
Berriat Saint-Prix, un de ceux qui en soutenaient le mieux
l'honneur, constatait, en 1802, qu'en cinq ans cette société
avait reçu cent vingt mémoires ou pièces détachées (1) ; le
Lycée de Bourges ; le Lycée de Toulouse, sur lequel on peut
consulter, à la bibliothèque municipale de la ville : 1º un
recueil contenant les noms des associés correspondants ;
les lectures faites dans les séances publiques, depuis le
10 floréal an VI jusqu'en l'an IX ; 2º un recueil d'éloges,
discours, poésies, notices de travaux, de l'an VII à l'an IX ;
3º un discours en vers du citoyen Saint-Jean, professeur à
l'Ecole centrale, sur ce Lycée, en l'an VI ; 4º des registres
conservés aux archives de Toulouse. (Ces détails sur le
Lycée de Toulouse m'ont été fournis par M. Lapierre, bibliothécaire de la ville, à la prière de M. Ernest Mérimée).

C'étaient là de petites académies ; voici des cours.

Le Lycée de Marseille, pour lequel, grâce à Mgʳ Ricard
interrogé pour moi par M. le recteur Bizos, son ancien
collègue de la Faculté d'Aix, je puis fournir les éléments
d'une notice. Autorisé le 7 décembre 1828, ce Lycée re-
nonça assez promptement aux cours pour les simples

(1) Voir la *Décade* du 20 floréal an VII, du 30 vendémiaire
an VIII, du 20 floréal an IX, et les *Annuaires statistiques* ou
Annuaires généraux du département de l'Isère, rédigés par
Berriat Saint-Prix.

séances littéraires, et bien avant d'être fermé en 1885, il n'était plus qu'un cercle ; mais pendant le temps où il tenait école, il avait compté parmi ses professeurs, outre Ampère et Brizeux, quelques hommes distingués, tels que Bérard, plus tard membre de l'Institut et doyen à Montpellier ; le cours de Brizeux fut consacré à la littérature française ; celui d'Ampère avait roulé sur la poésie du Nord ; la leçon d'ouverture du 12 mars 1830, qu'Ampère en avait publiée, a été réimprimée dans ses *Mélanges d'histoire littéraire et de littérature,* publiés après sa mort par M. de Loménie (Paris, Mich. Lévy, 1867, 2 vol. in-8°) ; la *Revue de Provence* a donné un résumé de ce cours. On peut consulter, sur ce Lycée : 1° à la bibliothèque de Marseille, qui a acquis la presque totalité de l'importante bibliothèque que possédait l'établissement, les statuts (F p b 47) ; quelques recueils des lectures faites par des membres de l'association ; des leçons sur différents sujets et en particulier des leçons d'Ampère ; 2° une notice par M. Tamisier, dans la *Revue de Marseille,* année 1856, p. 79 et suiv., 140 et suiv. ; 3° du même M. Tamisier, les *Noces d'or de l'Athénée* (de Marseille), Marseille, 1879. Les historiens provençaux qui ont parlé *passim* de ce Lycée, sont : Marius Chauvelin, Augustin Fabre dans *Les Rues de Marseille* ; Justin Cauvière, dans le recueil appelé *le Caducée.*

Le Musée de Bordeaux, fondé à l'imitation du Musée de Court de Gébelin, et dont il est parlé dans la *Séance du Musée de Paris du 5 février 1784* (Bibliothèque Carnavalet), n'avait été qu'une Académie ; mais M. Dezeimeris m'apprend qu'il eut pour successeur une Société Philomathique qui se rapprochait davantage de l'établissement de Pilâtre. Bordeaux a eu un Athénée.

Pour Paris, nous citerons :

L'Athénée de la langue française, rue Neuve-des-Bons-Enfants, 25, sous le premier Empire (Voir aux Archives nationales le carton F17 1144 et le *Publiciste* du 16 décembre 1809).

L'Athénée central qui avait deux établissements, l'un rue Vivienne, 10, l'autre rue de Touraine Saint-Germain, 6, près de l'Odéon, et qui enseignait l'anglais, l'allemand, l'espagnol, le droit commercial, l'arithmétique commerciale; le seul nom un peu connu qu'on voie parmi ses professeurs dans le *Courrier français* du 14 décembre 1828, dont j'extrais ce qui le concerne, est Suckau.

L'Athénée des familles, rue de Monsigny, 6 (1).

L'Athénée populaire du XIIe arrondissement, où, sous la deuxième République, Demogeot enseignait l'histoire de France, M. A. Macé, alors professeur d'histoire au lycée Monge, l'histoire des institutions politiques; Demontz, la comptabilité commerciale; Gouiffès, la législation commerciale (2).

L'Athénée de la jeunesse, 3, quai Malaquais, qui donnait un cours complet pour l'éducation des jeunes personnes.

L'Athénée Européen, 33, rue de Montreuil.

Le Lycée industriel et commercial, passage Saunier, 11.

L'Athénée polyglotte, qui promettait de se charger de toute sorte de travaux, traduction, copie, rédaction, etc.

L'Athénée des Beaux-Arts, rue de Seine, 37, fondé en 1834 par M. Gendrin, et dont le nom indique assez l'objet.

J'ignore ce qu'était l'Athénée oriental situé quai des Grands-Augustins, 47.

APPENDICE K.

Liste des professeurs de la Société des bonnes lettres.

On se rappellera que les cours de cette Société se composaient de leçons assez espacées, et que les trois ou plutôt les deux séances par semaine dans lesquelles on entendait les orateurs ou lecteurs étaient surtout consacrées à des conférences isolées. Autrement le tableau qui va suivre donnerait une idée fausse.

1821 (3).

Duviquet (cours de littérature française), dont l'objet est

---

(1) *Courrier français*, 3 décembre 1837.

(2) *Ibid.*, 23 novembre 1848.

(3) Les cours commençaient quelquefois avant le 1er janvier, mais point assez régulièrement pour qu'on soit obligé de compter par année scolaire et non par année civile.

de prouver que toutes les beautés préconisées par l'école
romantique se rencontrent chez les classiques; Laurentie
(littérature latine); Raoul Rochette (considérations sur l'histoire); Abel Hugo (lectures sur la littérature espagnole);
Ch. Lacretelle (lecture de fragments de son Histoire du
XVIII⁰ siècle); Michaud (lecture de fragments de son Histoire des Croisades (Annales de la littérature et des arts,
vol. II et III, *passim*). Laurentie a publié son cours sous le
nom de *Etudes littéraires et morales sur les historiens latins*
(Paris, Méquignon, 2 vol.).

1822.

Duviquet (littérature); Ch. Lacretelle (morale); Abel Hugo
(littérature espagnole); Nicollet (astronomie); de Bois-Ber-
trand (économie politique); Berryer (cours pratique d'éloquence parlementaire); Dʳ Véron (physiologie) (Annales
précitées, vol. V et VI; Véron, *Mémoires d'un bourgeois de
Paris*).

1823.

A la page 121 du XI⁰ volume des mêmes Annales, on
trouvera quelques détails sur les cours de cette année;
Malitourne a lu notamment une notice sur Balzac et commencé un essai sur le roman.

1824.

Bayard ou Savary (physique); Véron (physiologie); Pariset (causes qui troublent ou favorisent dans l'homme l'économie animale); Abel Rémusat (lettres sur la Chine); Ch.
Lacretelle (histoire du XVIII⁰ siècle); Berryer (éloquence
parlementaire); Duviquet (étude des auteurs qui ont écrit
après La Harpe); Malitourne (continuation de l'essai sur
les romans); Auger (réflexions sur la comédie); Dussault
(critique littéraire). (Mêmes Annales, XIII⁰ vol., p. 388;
Discours d'ouverture prononcé à cette Société par Ch. Lacretelle, le 4 décembre 1823, et qui fut publié aussitôt.—Je

ne sais si Dussault, mort en 1824, eut le temps de commencer son cours.)

1825.

Pariset, Abel Rémusat, Auger, Malitourne, continuent
leurs cours ; Patin (tragédie grecque); Robert (histoire naturelle); Raoul Rochette (théâtre grec) (en particulier, je
crois, la comédie) ; Auger, Laurentie (extrait d'un traité
des bonnes lettres ; Alletz (essai sur la morale dans ses
rapports avec les arts); Rio, professeur au collège Louis-
le-Grand (histoire générale et histoire de France en particulier); Raoul Rochette, Ch. Lacretelle, ont dû aussi se
faire entendre quelquefois. (Mêmes annales, XVIIe vol.,
p. 390-391; *Moniteur* des 15 et 24 janvier 1815.)

1826.

Pariset, Rio, Patin, Auger, Alletz, Malitourne, continuent
leurs cours; Gaultier de Claubry (physique); Raoul Rochette (essai sur les révolutions de Genève) ; Girardin,
professeur au collège Henri IV (littérature française).
(Mêmes annales, XXIe vol., p. 432-433.)

1827.

Patin, Gautier de Claubry, continuent les mêmes
cours; Pariset (histoire des moralistes); Abel Rémusat
(génie et mœurs des peuples orientaux); Rio (histoire du
moyen âge); Caïx, professeur d'histoire au collège Charlemagne (histoire de France) ; Alletz (littérature sacrée); In-
delicato (et non Indedicato) (littérature italienne). (Mêmes
annales, XXVe vol, p. 516 ; *Moniteur* du 20 décembre 1826
et du 9 janvier 1827.)

1828.

Pariset (hygiène); Rio (histoire); Laurent de Jussieu
(morale) ; Despretz, professeur au collège Henri IV (physi-

que expérimentale); Patin (tragédie grecque); Fallon, professeur à Sainte-Barbe (poésie anglaise); Paoli (littérature italienne); Auger et Abel Rémusat ont dû aussi donner des conférences. (Mêmes annales, XXIX⁰ vol., p. 443; *Moniteur* du 11 janvier 1828.)

1829.

Despretz, Rio, Patin, Fallon continuent leurs cours; Dr Meyranx (sciences naturelles); baron d'Eckstein (philosophie du catholicisme); Febvé (cours de lecture à haute voix). (*Moniteur* du 13 janvier 1829.)

1830.

Le *Moniteur* du 7 mars 1830 contient la liste des séances de ce mois. Cette liste, qui comprend des conférences isolées et des cours, donne l'idée de la façon dont la Société concevait et composait l'ensemble de ses séances. — Lundi 1ᵉʳ mars, esquisses dramatiques sur la Révolution, par Ducancel. — Vendredi 5, lecture du discours sur le caractère moral et politique de Louis XIV, par Anatole Roux de Laborie, ouvrage couronné par la Société en 1829; contes en vers, par Vial. — Lundi 8, essai sur la tragédie grecque, par Patin; cours de morale, essai sur l'imagination, par Laurent de Jussieu. — Vendredi 12, cours d'histoire et d'éloquence parlementaire, par Moret, avocat à la Cour royale; cours de littérature française, par Nettement. — Lundi 15, littérature portugaise, fin des Lusiades, par Sarmento; fragment d'un voyage en Italie, par Lafitte. — Vendredi 19, poésie anglaise, Shakespeare, par Fallon; cours de morale, essai sur la curiosité, par Laurent de Jussieu. — Lundi 22, essai sur la tragédie grecque, par Patin; cours de littérature française, par Nettement. — Vendredi 26, cours d'histoire et d'éloquence parlementaire, par Moret; pièce de vers, par Lesguillon. — Lundi 29, sur l'état de la littérature au Brésil et les moyens de la développer, par Sarmento; cours de morale, essai sur l'étude, par Laurent de Jussieu.

INDEX DES NOMS PROPRES

TABLE DES MATIÈRES

L'enseignement supérieur libre en France.

Villemain en Sorbonne.

CHAPITRE II.

CHAPITRE III.

TOULOUSE. — IMP. A. CHAUVIN ET FILS, RUE DES SALENQUES, 28.

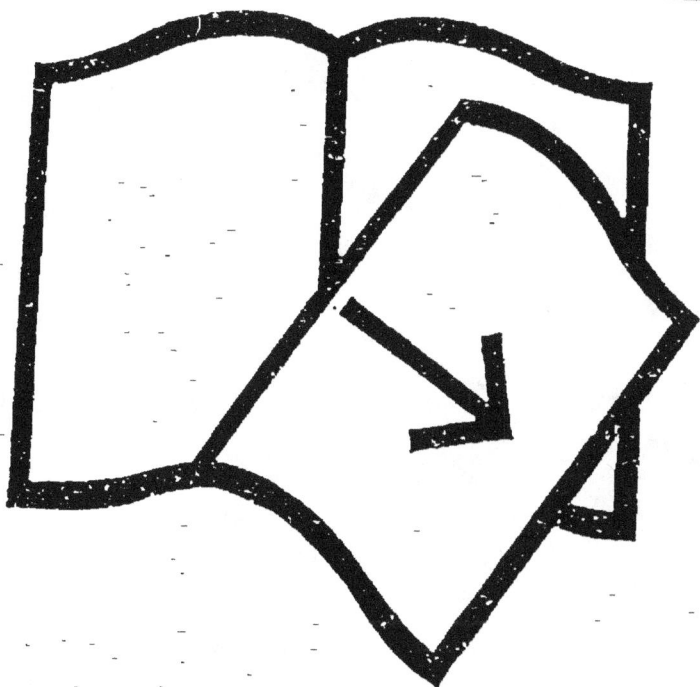

Documents manquants (pages, cahiers...)
NF Z 43-120-13

www.ingramcontent.com/pod-product-compliance
Lightning Source LLC
Chambersburg PA
CBHW050552270326
41926CB00012B/2019